W0056319

Bernward Gesang

Mit kühlem Kopf

Vom Nutzen der Philosophie für die Klimadebatte

Carl Hanser Verlag

Für Joy Grenouille

Mit diesem Buch unterstützen wir das Projekt
»Biogas, Landesweit, Vietnam«.

1. Auflage 2020

ISBN 978-3-446-26773-2

Umschlag: Anzinger und Rasp, München
Motiv: © traffic_analyzer/DigitalVision Vectors/Getty Images
Satz: Satz für Satz, Wangen im Allgäu
Druck und Bindung: CPI books GmbH, Leck
Printed in Germany

 MIX
Papier aus verantwortungs-
vollen Quellen
FSC® C083411

Der Witz ist die letzte Waffe des Wehrlosen.
Sigmund Freud,
*Der Witz und seine Beziehung
zum Unbewussten*

Inhalt

Vorbemerkung, aus gegebenem Anlass   11

Einleitung: Um was es geht   15
  1 Die Mächte der Finsternis   15
  2 Der Plan des Buches   21
  3 Technik als Messias der Moderne   30
  4 Warum wir nicht handeln: Dummheit, Egoismus,
     Pfadabhängigkeit und Sorge um Freiheit   32
  5 Utilitarismus – Was ist das?   41
  6 Es geht um viel! Die wichtigsten Thesen   47

Kapitel 1: Die große Transformation   48
  1 Die Saga von der großen Transformation:
     Zwei Lagerfeuer   48
  2 Einmal Herkules reicht   54
  3 Muss Herkules wirklich zwei Aufgaben bewältigen?   59
  4 Zwei Wege zur großen Transformation –
     Die wichtigsten Thesen   65

Kapitel 2: Was kann ich tun?   66
  1 Schnitzelfasten gegen den Klimawandel?   66
  2 Shoppen für eine bessere Welt   71
  3 Bringt ein Tropfen mehr das Fass zum Überlaufen?   73
  4 Die Doktrin vom großen Unterschied   84
  5 Wie kann ich am besten helfen?   93
  6 Politische Pflichten – Wenigstens wählen gehen 107
  7 Politische Pflichten – Kanzler werden! 109
  8 Investieren in eine bessere Welt 111

9 Die Folterinstrumente der ethischen Investoren 113

10 Über Unparteilichkeit und Überforderung 116

11 Spenden- und Engagementpflicht 119

12 Ein Portfolio zum Abschluss 123

13 Was kann ich tun? Die wichtigsten Thesen 126

Kapitel 3: Der starke Staat 128

1 Wo bleiben die Unternehmen? 128

2 Haben Staaten und Individuen dieselben Pflichten? 139

3 Was es heißt, ein Vorreiter zu sein 146

4 Politikversagen: Industriebüttel statt starke Staaten 152

5 Keine Helden: Die Politiker 154

6 Keine Helden: Die Bürger 161

7 Volksentscheide, Basisdemokratie:
Der Held der Zukunft – das Volk? 163

8 Was könnte unsere Demokratie einnehmen,
um zukunftsfähig zu werden? 166

9 Der Retter: Ein Zukunftsanwalt? 175

10 Keine Experimente! 181

11 Die Rolle von Unternehmen und Staaten –
Die wichtigsten Thesen 183

Kapitel 4: Tabus ade! 185

1 Worum es geht 185

2 Bioenergie – Mehr Klimaschutz
oder Wachstumsmotor? 190

3 Genfood – Kassenschlager für Konzerne oder
Waffe gegen den Hunger in der Welt? 196

4 Wer trägt Kosten und Risiken?
CCS, das den Staat nichts kostet 204

5 Der absolute Wahnsinn?
Geoengineering – Fakten 209

6 Der absolute Wahnsinn?
   Geoengineering – Forschung 212
7 Sind unsere Schlafzimmer wirklich Privatsache? 221
8 Das Recht auf Fortpflanzung 224
9 Bevölkerungspolitik bei uns! 232
10 Soziale Gerechtigkeit oder Klimaschutz? 237
11 Ist soziale Gerechtigkeit gerecht? 244
12 Gegen Tabus – Die wichtigsten Thesen 253

Kapitel 5: Ausblick 255
   1 Schatten 255
   2 Licht 257

Literatur 261

Vorbemerkung,
aus gegebenem Anlass

Die Corona-Krise kam scheinbar aus dem Nichts und liegt wie Blei über der gesamten Weltgesellschaft. Schlagbäume fielen um Länder und um Häuser, Wohnungen und Familien. Mit Gewalt wurde man auf seine Privatheit und Verletzlichkeit zurückgeworfen, jede Ablenkung fiel der Kontaktsperre zum Opfer. Jeder Einzelne erfuhr plötzlich Neues über sich selbst: erlebte sich auf einmal als Teil einer Risikogruppe, wurde abwechselnd von ernsthaften Befürchtungen und irrationalen Ängsten geschüttelt, musste die vertraute Arbeitsroutine in einer Woche neu erfinden. Und das alles vor einer Kulisse, die ein glänzender Frühling in ein sonniges Licht von Unwirklichkeit tauchte, aber dieses gleißende Licht kündete zugleich davon, dass eine zu oft verdrängte Gefahr nicht schlummert.

Ganz besonders überraschte, dass die ewig vorwärtsstürmende Welt offenbar auch an- und innehalten kann. Stillstand! Stille! An sich erst einmal paradiesisch! Für Corona konnten wir die rollenden Räder anhalten. Aber gleich drängte sich die Frage auf: War das verhältnismäßig? Oder anders: Würde man sich nicht wünschen, dass bei noch dramatischeren Krisen möglich wäre, was bei Corona anscheinend wie am Schnürchen lief, nämlich entschlossen in die Taschen zu greifen? Die Idee, all die gigantischen Hilfen für die Wirtschaft mit ökologischen Zielen zu verbinden und sie als Teil eines »Green New Deal« zu verstehen, hätte eigentlich nahegelegen, aber kam nur zögerlich ans Tageslicht. Bleibt zu hoffen, dass der *Glaube an wissenschaftliche Prognosen* durch Corona nicht leidet, denn was man über ein neues Virus weiß und was man seit Jahrzehnten an solider Forschung in Klimaprognostik investiert, ist nicht vergleichbar.

Zum ersten Mal in ihrer Amtszeit wandte sich die Bundeskanzlerin in einer Fernsehansprache an die Bevölkerung und erklärte Corona zur größten Herausforderung seit dem Ende des Zweiten Weltkriegs.

Angela Merkel irrte sich. Sie hat immer noch nicht verstanden, was wirklich auf dem Spiel steht. Der Klimawandel ist die größte Herausforderung in der Geschichte der Menschheit.

Das gilt einmal, wenn man sich auf das *Ausmaß möglicher Schäden* konzentriert: Die Klimakrise bedroht Milliarden von Menschenleben, löst Flüchtlingsströme und wirtschaftliche Verwerfungen aus, die unsere Vorstellungskraft übersteigen und die kein Rettungsschirm wird auffangen können.

Das gilt auch für die *Zeiträume*, die mögliche Rettungsmaßnahmen in Anspruch nehmen: Wir müssen Jahrzehnte vorher reagieren, um überhaupt Effekte auf das Klima erwarten zu können. Das ist viel schwieriger, als einfach nur zwei Meter Abstand vom nächsten potenziellen Virenherd zu halten. Wir sind Weltmeister im Verdrängen, das macht rechtzeitige Reaktionen schwieriger. So ging kein Aufschrei durch die Welt, als in China jene Märkte wieder öffneten, auf denen von der Fledermaus immer wieder Viren auf Menschen übergehen, weil diese alle Grenzen überschreiten und sich respektlos in geschlossene Lebensräume anderer Spezies einmischen. Mit so gestrickten Menschen ist Klimaschutz kein Kinderspiel.

Und das gilt vor allem, wenn man die *Komplexität der Gegenmaßnahmen* vergleicht: Corona kann man bekämpfen, indem man Abstand hält und sich die Hände wäscht. Den Klimawandel kann man nur bekämpfen, indem man seine ganze Lebensweise und das wirtschaftliche und politische Leben insgesamt prüft und ändert. Das ist angesichts eines unsichtbaren Feindes, den wir erst durch bewusstes Vorstellen und systematische Fantasie zum Leben bringen müssen, eine riesige Herausforderung.

Daher müssen wir weiter über den Klimawandel reden und mit kühlem Kopf erkennen, wo die Prioritäten liegen, bei aller verständlichen Existenzangst.

Einleitung:

Um was es geht

1 Die Mächte der Finsternis

Der Club of Rome* warnt uns seit Jahrzehnten davor, dass wir auf eine ökologische Katastrophe zulaufen, und findet inzwischen auch Unterstützung durch den Weltklimarat IPCC (Intergovernmental Panel on Climate Change). Wie in einem Fantasy-Roman beginnt die Geschichte von der ruinierten Umwelt mit der schrecklichen Übermacht des Bösen, anders als in diesen Erzählungen aber nicht in dunklen Höhlen, sondern in Glashochhäusern, die von Krawattenträgern bevölkert sind. Hier fallen die Entscheidungen über unser Wirtschaften und seine Abgründe. Dabei denkt man spontan an zwei Bereiche, von denen das Unglück der Erde seinen Ausgang nimmt: *globale Armut und ökologischer Raubbau an zukünftigen Generationen.* Ein dritter Bereich fällt allen ein, die nicht nur ein Herz, sondern auch einen Kopf für Tiere haben: unsere *Tierhaltung.* Wenn Tiere Rechte haben, treten wir diese mit Füßen, genauso wie wir es lange Zeit mit den Rechten von Sklaven gemacht haben.

Allerdings halten sich Fragmente der Klimaskepsis hartnäckig in den Hinterköpfen, obwohl man derzeit allerorten über Indizien für den Klimawandel stolpert. Ein paar elementare skeptische Thesen und Erwiderungen darauf, hier noch einmal in Kurzfassung (ausführlicher und mit Belegliteratur in Ge-

---

* Eine um den Fortbestand der Menschheit besorgte, hochrenommierte Vereinigung von interdisziplinären Experten.

sang 2011, 1. Kapitel; aktualisiert in Rahmstorf und Schellenhuber 2018):

1. *Erderwärmungen gab es immer wieder:* Richtig ist, dass es gegen Ende des Perms vor 290 bis 245 Millionen Jahren erdgeschichtlich zuletzt so warm war, wie es dank Klimawandel in Zukunft zu werden droht. Dort ereignete sich die größte Massenauslöschung von Spezies in der Erdgeschichte, die über 90 Prozent aller Arten betraf. Obwohl sich Menschen schützen können, gibt es bislang keine Antwort auf die Frage, wie circa 10 Milliarden Menschen, die zum großen Teil an Küsten leben und die ernährt werden wollen, in der Hitze der Zukunft bestehen können.

2. *Vom Jahr 1000 bis 1800 ist keine wesentliche CO_2-Veränderung messbar gewesen, aber es gab größere Klimaschwankungen (Warmzeit im Mittelalter):* Richtig ist, dass kein Wissenschaftler die Erwärmung ausschließlich auf Klimagase zurückführt und dass nur *globale* Klimaveränderungen durch globale Antriebe (CO_2) erklärt werden können. Die Warmzeit wurde jedoch in Europa beobachtet.

3. *Die Sonnenaktivität ist primär für die Erderwärmung zuständig, nicht der menschliche CO_2-Ausstoß:* Richtig ist, dass niemand einen Anteil der Sonne am Klimawandel leugnet, aber der IPCC setzt einen Beitrag von 0,5 Grad für anthropogene Treibhausgase im 20. Jahrhundert an. Die Sonne kann den Anstieg der Temperaturen in den letzten 40 Jahren nicht erklären.

4. *Das Klimasystem ist chaotisch, und man kann nicht prognostizieren, was bestimmte heutige Entwicklungen in vielen Jahrzehnten zur Folge haben:* Richtig ist, der IPCC sieht die Probleme von Klimaprognosen sehr wohl. Es geht lediglich um das Abschätzen möglicher Alternativen. Dabei haben sich

die Modelle des IPCC für die Berechnung vergangener Zustände sehr gut bewährt.

5. *Die Folgen der Erderwärmung sind nicht gravierend:* Richtig ist, nur *begrenzte* Erwärmungen werden bezüglich positiver Folgen diskutiert, und die zusätzliche Erwärmung auf bis zu 3 Grad zu begrenzen setzt bereits eine energische Klimapolitik voraus.

Seit Jahrzehnten versucht der Club of Rome uns mit seinen Kassandrarufen aufzuwecken (Meadows et al. 1972; v. Weizsäcker et al. 2017). In vielen Bücherregalen der Achtundsechziger stehen noch heute seine Berichte, wenn sie nicht auf dem Flohmarkt verhökert worden sind. Inzwischen wissen wir, dass einige dieser Berichte die Ressourcenknappheit dramatisierten, aber unterschätzt haben, wie knapp die Senken sind, also die Kapazitäten der Erde, Schadstoffe aufzunehmen (korrigiert in: Steffen et al. 2015). Allerdings bleibt die generelle Aussage gültig: *Ungehemmtes Wachstum führt uns in eine beispiellose Krise.* Durch den Klimawandel benachteiligen wir vorrangig auf der Südhalbkugel massiv zukünftige und auch gegenwärtige Generationen, ja wir verspielen ihre Existenzbedingungen. Zwar gibt es einige Philosophen, die meinen, dass Personen, die noch gar nicht existieren, auch keine Rechte haben. Aber auch wenn wir nicht wissen, *welche* Personen in Zukunft existieren werden, so wissen wir doch, dass *irgendwelche* Personen existieren werden. Diese haben vom Beginn ihrer Existenz an Rechte (im Sinne von Interessen, die mit Priorität zu schützen sind), wobei jetzt schon verunmöglicht werden kann, dass sie erfüllt werden. Zukünftige Personen haben vielleicht kein Recht, in Existenz zu kommen, sie werden jedoch jedenfalls Rechte haben, sobald sie existieren (Meyer 2018, 83 ff.). Wenn ich heute leichtsinnig ein offenes Messer liegen lasse und sich nicht zufällig morgen, sondern erst in 100 Jahren jemand daran verletzt, wird meine Verantwortung durch den zeitlichen Abstand nicht geringer. Wir haben also Verpflichtungen gegenüber zukünftigen Generationen, und wir verletzen diese, so jedenfalls die Ansicht des IPPC (Pachauri 2014).

Wie groß diese Verpflichtungen sind, kann man philosophisch austüfteln. Was gebietet der Wert der Gerechtigkeit? Sollen alle Menschen ein »gutes Leben« führen können, dürfen wir unseren Nachfahren den Planeten schlechter hinterlassen, als wir ihn vorgefunden haben? Aber das alles ist das Papier nicht wert, auf dem es steht. Für solche Fragen ist es schon zu spät, jetzt können wir gerade noch entscheiden, ob in Zukunft überhaupt Menschen leben werden und ob deren Grundbedürfnisse erfüllt werden können. Der Klimawandel ist die Speerspitze dieser Bedrohung zukünftiger Generationen. Wie in einem Fantasy-Roman geht es ums Ganze, um Sein oder Nichtsein. Darin unterscheiden sich die gegenwärtigen Bedrohungen von allen in der Vergangenheit.

Inwiefern ist aber wirklich »das Ganze« betroffen, wessen Überleben ist bedroht? Die erste Antwort: das Überleben von jedem von uns. Schon heute sterben auch bei uns frühzeitig viele (vor allem ältere) Menschen an Hitzewellen im Sommer (im Sommer 2018 geschätzt 10 000 in Deutschland, Focus 2018). Tropenkrankheiten stehen an unseren Türen Schlange, samt der fiesen Mücken zu ihrer Übertragung. Corona könnte dagegen nur eine Fingerübung gewesen sein, die uns kurz unsere Verletzlichkeit demonstriert hat. Die zweite Antwort: Das Überleben unserer Kinder ist bedroht, umso mehr, wenn sie im globalen Süden leben. Die Klimakatastrophen werden in den nächsten Jahrzehnten immer weiter zunehmen, Schutz wird immer aufwendiger, verschlingt immer mehr Lebensqualität und ist selbst für Reiche nicht sicher möglich. Arme müssen naturgemäß als Erste bluten. Die dritte Antwort: Das Überleben vieler unserer Enkel und vieler weiterer Menschen in ferner Zukunft ist gefährdet. Für Menschen, die zwischen 2050 und 2200 leben werden, wird es jedenfalls noch schwieriger als heute. Bis dahin nimmt die Klimagaskonzentration in der Atmosphäre noch zu, gleichgültig, was wir heute tun, weil sich Klimagase nur langsam abbauen. Die vierte Antwort: Im schlimmsten Fall könnte es so weit kommen, dass sich die Klimaerwärmung selbst durch Rückkopplungsprozesse unaufhaltsam aufschaukelt, etwa wenn tauendes Eis immer weniger Sonneneinstrahlung reflektiert, was die Meere erwärmt und wiederum mehr Eis zum Tauen bringt (siehe unter Kapitel 2, Abschnitt 1; Friedlingstein et al. 2014). Dann könnte eventuell die gesamte Menschheit zur Disposition stehen (Lynas 2008), zumal wenn wir globale und vielleicht atomare Verteilungskämpfe um immer knapper werdende Ressourcen wie Wasser miteinberechnen.

Das Armutsproblem verschärft die ökologische Krise schon jetzt und begrenzt unseren Handlungsspielraum. Derzeit leiden laut UN 821 Millionen Menschen an Hunger, was rund 11 Prozent der Weltbevölkerung entspricht. Alle drei Sekunden stirbt ein Mensch an Hunger, etwa 30–40 Millionen Menschen pro Jahr. Jedes vierte Kind ist chronisch unterernährt (Wikipedia, Welthunger). Meinungen, dass Armut eigentlich nichts mit unserer globalen Wirtschaftsordnung, sondern allein mit in armen Ländern hausgemachten Problemen wie Korruption, Machtmissbrauch und Misswirtschaft zu tun habe, dienen vorrangig der Entschuldigung von reichen Besitzstandswahrern. Globale Armut ist ein komplexes Phänomen, das mit vielen Ursachen zu tun hat (vgl. BUND et al. 1998, 386–428).

Die Weltmarktpreise für Lebensmittel und die globalisierte Wirtschaft verursachen ganz maßgeblich die Hungerkrise; die Mentalität von »Menschen in der Südsee«, wie Immanuel Kant es nennt, ist gewiss nicht schuld. Der Philosoph, der Königsberg nie verlassen hat, wusste zu berichten, dass diese Menschen, allein auf Müßiggang und Genuss bedacht, ihre Talente rosten lassen (Kant 1983, GMS, BA 55). Keineswegs stehen wir kurz vor der Lösung des Armutsproblems, wie uns die Presse und mancher Politiker* glauben machen wollen. Zwar wurden in den letzten Jahrzehnten Erfolge erzielt, die wird der Klimawandel aber wieder zunichtemachen. Dürren, Stürme und Überschwemmungen werden nicht nur Ernten vernichten, sondern die Böden im Süden** dauerhaft unfruchtbar machen, was dort Hungersnöte zur Folge haben wird. Und Hungersnöte gehören wiederum als Schreckenskulisse in den guten Fantasy-Plot.

Ich wähle in diesem Buch bewusst die Analogie zu Fantasy-Romanen, denn neben tatsächlichen Ähnlichkeiten und allerlei ironischen Späßen haben diese Geschichten einen großen Vorteil gegenüber etwa der aktuellen Politik und Zeitgeschichte. Sie können auf ein *festes Muster des Ereignisverlaufs* zurückgreifen, wie wir es brauchen, um uns mit Zielen zu identifizieren (Rorty 1998, 151). Jeder weiß sofort, worauf eine Fantasy-Geschichte hinausläuft, nämlich auf die Erlösung in Gestalt einer geheilten Welt. In der Realität weiß man leider gar nicht mehr, was die wertvollen Ziele sind (Klimaschutz, Wirtschaftswachstum, Digitalisierung und so weiter), dementsprechend kann man die Menschen auch nur noch schwer begeistern, sich auf den Weg dahin zu machen. Im Kampf um Mittelerde herrschen noch Klarheit und Einfachheit, ebenso wie im ewigen Ringen zwi-

---

* In dieser Arbeit wird aus Gründen der besseren Lesbarkeit die männliche Form verwendet. Weibliche und anderweitige Geschlechtsidentitäten werden damit ausdrücklich mitgemeint.
** Der eingebürgerte Begriff ist notorisch unscharf, denn gehört China zum Süden oder Norden? Gemeint sind Entwicklungs- und Schwellenländer, die man über Kennzahlen definieren kann.

schen dunkler und heller Seite der Macht. Diese Klarheit brauchen wir, wenn wir begeistert in die Schlacht um die Sicherung unserer Lebensgrundlagen ziehen sollen. Denn letztlich sind Menschen eben doch einfach gestrickt.

2 Der Plan des Buches

Also finden wir eine Welt in höchster Not vor, wie von Fantasy-Autoren verlangt. Die Frage drängt sich auf, wie sie wieder ein grünes blühendes Auenland, also friedlich und lebensfreundlich wird, und das auch noch nachhaltig. Ein bombastischeres Wortungetüm dafür lautet: *große Transformation*. Die Welt muss in einen nachhaltigen Zustand überführt werden, das meint große Transformation. Ein ganzes Arsenal an Waffen kann man zu diesem Zweck ergreifen. Welche sind aussichtsreich? Und welche soll der einzelne Mensch, das einzelne Unternehmen und der einzelne Staat führen, welche Schlachten schlagen? Einfach bei allem mitmachen, was möglich ist, das geht nicht. Also nur beim Aussichtsreichen mitmachen? Aber manches ist nur aussichtsreich für bestimmte Akteure, etwa für Staaten. Auf diesen Wegen sollten der Einzelne und das einzelne Unternehmen wohl nicht wandeln. Auf welchen aber dann?

Im Folgenden werde ich mich einem der zwei meistdiskutierten Wege zur großen Transformation, dem des »Wissenschaftlichen Beirats der Bundesregierung Globale Umweltveränderungen« (WBGU), anschließen. Dabei will ich die vom WBGU gemachten Vorschläge besonders da, wo sie nur angedeutet werden, mit eigenen Gedanken vertiefen und vor allen Dingen durch Warnungen vor *Transformationsfallen* ergänzen. Transformationsfallen sind Irrwege der Transformation, die sie letztlich verhindern, oder Einsichten, die man zu schnell verdrängt. Diese Fallen beruhen meist auf *Tabus* in der öffentlichen Diskussion. Es darf nicht bezweifelt werden, dass die direkte Verringerung des ökologischen Fußabdrucks des Individuums der beste Weg ist, um als Einzelner zum Klimaschutz beizutragen. Es darf nicht bezweifelt werden, dass unsere Demokratien ohne eingreifende Veränderung in der Lage sind, die Attacken des Klimawandels zu parieren. Es wird ein Denkverbot über verschiedene Techniken wie die grüne Gentechnik verhängt. Ebenso darf man nicht (allzu laut) über den Zusammenhang von Bevölkerungswachstum und Klimawandel nachdenken, denn solche Gedanken stammen aus schwarzbraunen Hinterzimmern des 19. Jahrhunderts. Zu guter Letzt darf man nicht bezweifeln, dass Klimaschutzmaßnahmen des Teufels sind, wenn sie irgendwie zulasten von Hartz-IV-Empfängern gehen könnten. Solche Tabus liefern jenen die Argumente, die behaupten, der Klimaschutz werde – speziell in Deutschland – zur Ersatzreligion. Religionen neigen dazu, Tabus aufzubauen und deren Bruch zu bestrafen, indem alte Begriffe wie Schuld und Sünde wiederauferstehen. Aber überall, wo die Religion wiederaufersteht, sollte auch die Aufklärung die Friedhöfe räumen. Und überall, wo man nach Aufklärung ruft, braucht es den kühlen Kopf der Philosophie. In der heutigen Situation kann eine tabulose Betrachtung aus der Distanz hilfreich sein. Die Philosophie kann neue Perspektiven eröffnen, wenn sie sich nicht im Elfenbeinturm einmauert, sondern sich als angewandte Ethik mit den empirischen Wissenschaften berät. Damit wird sie interdisziplinär, und wie jede Interdisziplinarität setzt sie sich dem Vorwurf aus zu dilettieren, denn man muss sich auf fremdes Territorium vorwagen (Vollmer 2010, 68). Aber da muss man »Inkompetenzbewältigungskompetenz«, bezogen auf andere und auf sich selbst, entwickeln. Nur bei seinem Leisten zu bleiben reicht einfach nicht mehr. Stellt man nur die philosophische

Seite dar und hofft darauf, dass andere das Bild vervollständigen, kann man lange warten. Andere Wissenschaftler verstehen die philosophische Darstellung nicht oder meiden Fremdes per se. Nur Lösungen, die aus allen Perspektiven plausibel sind, haben Chancen, umgesetzt zu werden. Es nützt daher nichts, sich auf die Grenzen seiner Disziplin zu berufen (jüngst etwa Meyer 2018, 206), man braucht schon auch den Mut zur Blamage, denn niemand kennt sich überall aus. Gleichwohl sollte man (schon aus Eigeninteresse) das Risiko dazu gering halten, indem man das Gespräch mit den Experten sucht.

Im Rest der Einleitung werde ich weiter nachzeichnen, worum es geht und warum wir angesichts einer solchen Bedrohung einfach nicht aktiv werden. Zudem will ich kurz die Methode, sprich die normative Ethik des *Utilitarismus*, erläutern, die ich im Buch zugrunde lege.

Im *1. Kapitel* will ich den Weg des WBGU genauer darstellen, vom Weg des Wuppertal Instituts für Klima, Umwelt, Energie abgrenzen und meine Entscheidung für den Weg des WBGU begründen. Der WBGU konzentriert sich auf die Klimawende, das Wuppertal Institut strebt eine sofortige Reform unseres *ganzen ökologischen Fußabdruckes* an. Beide Studien sehen die von ihnen geforderten Reformen als »Herkulesaufgabe(n)« an. Fragt sich nur, wie viel Herkules stemmen kann beziehungsweise wann wir ihn überfordern. Mit der Klimawende tun wir uns leider schon schwer genug. Das spricht dafür, sich so weit wie möglich auf sie zu konzentrieren.

Transformationsfalle: Versuche nicht, alles richtig zu machen und jeden Aspekt gleichermaßen zu berücksichtigen. Perfektion ist zwar wichtig, jedoch befinden wir uns heute in einer Notlage, unser alleiniges Ziel ist es erst einmal, nicht unterzugehen.

Im 2. *Kapitel* geht es um die vom WBGU angesprochenen individuellen Beiträge zur Klimawende. Leider versagen die Staaten, die für diese Wende eigentlich zuständig wären. Um nicht zu viel Zeit zu verlieren, werden individuelle Beiträge gefordert. Was können Individuen aber am sinnvollsten beitragen? Die Mehrheit glaubt, die Individuen sollten am besten ihre persönliche Emissionsbilanz direkt verbessern, indem sie ihre Autoschlüssel wegwerfen und auf den Grillabend verzichten. Es gibt jedoch bessere Vorschläge. Der Klimaschutz stellt uns vor eine riesige kollektive Aufgabe, bei der unklar ist, ob der winzig kleine Beitrag des Einzelnen überhaupt etwas bewirkt (Gesang 2017 b). Zudem ist eine Umstellung des persönlichen Emissionsverhaltens in Industrienationen sehr teuer, man bekommt wenig Klimaschutz für sein Geld beziehungsweise seinen Verzicht auf Wohlergehen. Deshalb muss man für den Einzelnen eine Aufgabe finden, bei der jeder Beitrag *sicher Gutes bewirkt*. Außerdem sollte man die Motivation zum Helfen der Menschen nicht überfordern. Eine direkte substanzielle Verkleinerung des ökologischen Fußabdruckes verlangt einen völlig neuen, spartanischen Lebensstil. Armen Bewohnern des Regenwaldes können wir stattdessen durch Spenden ermöglichen, ihr Auskommen zu finden, ohne den Wald zu zerstören oder ihn Großbetrieben auszuliefern.* Es fällt uns leichter, das zu finanzieren,

---

* Natürlich sind Großbetriebe in der Tiermast oder die Palmölindustrie auch Ursache von Rodungen, also auch Bataillone des Todes. Aber die Ebenen hängen zusammen: Oft gehört der Boden zum Beispiel in Indonesien den Gemeinden. Wenn deren Bewohnern ein Auskommen ermöglicht wird, ohne in dunklen Grüften nach Mammon zu graben, können die Gemeinden es sich leisten, ihr Land nicht herzugeben. Sie sind mit dem Land verbunden und wollen es nicht veräußern, wenn sie nicht müssen. Dieser Ansatz bewährt sich in der konkreten Arbeit der betreffenden NGOs. Zudem ergibt sich auch eine Möglichkeit für Geberländer, direkt mit Großbetrieben und lokalen Regierungen zu verhandeln, denn wie wir

als unser Privatleben umzustellen. *So bekämpft man mit Geld Armut und tut etwas für Menschenrechte, Klima, Bodenqualität, Wasserversorgung und Artenschutz.* Jeder dabei nicht veruntreute Euro unterstützt einen konkreten Menschen und geht nicht in der Masse verloren. Nebenbei ist es derzeit wesentlich billiger, CO_2 im Süden als im hochtechnisierten Norden zu vermeiden (vgl. Weimann 2009, 64 f.). Man bekommt mehr Klimaschutz für denselben Einsatz und kann, wenn man hier seinen Beitrag leistet, sein Auto vorerst noch weiterfahren, bis neue Technologien zum Beispiel die klimaneutrale Mobilität sichern. Es bringt nichts, Spenden *und* Verhaltensumstellung zu fordern, denn wenn man zu viel auf einmal fordert, sinkt erfahrungsgemäß das Engagement. Daher sollten wir zuerst das tun, was die meisten Emissionen vermeidet, und dieses lieber mit voller Kraft als halbherzig. Allerdings hilft uns diese indirekte Strategie nur eine begrenzte Zeit lang: Wenn es effizienter wird, in Industrieländern als in Entwicklungsländern zu investieren, hat diese Brückenstrategie ausgedient. Insgesamt soll es darum gehen, wie das Individuum den größtmöglichen Unterschied auf dem Weg zu einer besseren Welt machen kann, es geht um die *Doktrin vom großen Unterschied.* Diese Strategie soll im weiteren Verlauf begründet werden.

Transformationsfalle: Verschwende nicht das kostbare und erschöpfbare Engagement von Individuen, indem sie sich verzetteln und kaum einen Unterschied machen können.

noch sehen werden, liegen circa 100 Milliarden Dollar bei der Weltbank für Klimaschutz in Entwicklungsländern abrufbar, aber die Regierungen dieser Länder verzichten auf den Abruf (siehe unten).

Im *3. Kapitel* soll nach einem Abstecher zu den Unternehmen der Staat im Vordergrund stehen. Haben Individuen und Staaten dieselben Pflichten? Nein, weil Staaten auch auf der politischen Bühne stehen und daher *Vorreiter* sein sollten, die Allianzen schmieden und Technologien fördern müssen. Den Vorreiterstatus will ich gegen einige Ökonomen verteidigen, denen die FDP im Halbschlaf lauscht, also immer dann Sätze nachplappert, wenn sie ins Programm passen. Allerdings geht es nicht darum, eine konkrete Liste mit staatlichen Maßnahmen für den Weg zur Transformation zu verfassen. Hier sind die besten Wege stadtbekannt oder wirklich nur von Experten etwa des WBGU zu beurteilen. Es geht vielmehr darum, die Pflichten des Staates erst einmal zu definieren und »Bedingungen der Möglichkeit« zu untersuchen, damit der Staat diese Rolle ausfüllen kann. Heute sind unsere westlichen Demokratien institutionell falsch aufgestellt. Politiker werden belohnt, indem sie wiedergewählt werden, und das geschieht meist, wenn sie vier Jahre die Interessen ihrer Klientel bedienen. Zukünftige Generationen können nicht wählen und gegenwärtige Politiker weder belohnen noch strafen. Also gibt es Anreize, dass die Gegenwart Aufgaben zulasten der Zukunft verschiebt. *Um die riesigen Probleme der Transformation zu lösen, müssen wir unsere Institutionen erst umbauen, ehe wir effiziente Schritte von ihnen erwarten können.* Die weit verbreitete Überzeugung, dass mehr Bürgerbeteiligung diese Probleme lösen könne, teile ich nicht. Mehr Beteiligung sorgt für vieles, aber vorrangig für weniger Windräder in der Nähe meiner Hängematte. Vorschläge, wie es anders laufen könnte, finden sich in dem vom WBGU vorgelegten Reformmodell für unsere Demokratie, das die Stichworte »Zukunftskammern« und »Parlamentssitze für die Zukunft« liefert. Ich will die Fehler im Strickmuster unserer heutigen Demokratie darlegen und neue demokratisch legitimierte Institutionen anregen. Brauchen wir einen Zukunftsanwalt mit Vetorecht für die Rechte zukünftiger Generationen? So etwas gab es bis zum Jahr 2012 im verlorenen Paradies Ungarn, bevor dieses Land von der dunklen Seite der Macht verführt wurde.

> Transformationsfalle: Ohne Vorreiterstaaten, neue Institutionen und einen Umbau der politischen Systeme ist eine große Transformation nur schwer möglich.

Im 4. *Kapitel* soll an einige unpopuläre und vernachlässigte Technologien und Denkweisen erinnert werden, die der WBGU oft nur antippt. Ich will auf generelle blinde Punkte hinweisen, etwa wo man sich bei der irrtümlichen Bewertung von Alternativen verrannt hat, hinter der sich ein normatives Problem verbirgt. *Bioenergie aus Biomasse* lehnt das Umweltbundesamt (UBA) etwa derzeit ab, während der WBGU früher schon einmal ein positives Gutachten dazu erstellt hat. Zu einigen dahinter liegenden Motiven kann ich als Philosoph und Wissenschaftstheoretiker Stellung nehmen.

Beim Einsatz *grüner Gentechnik* werden von Gegnern massive Gesundheitsschäden befürchtet. Sie könnte aber auch angesichts immer schwererer klimatischer Verhältnisse für gute Ernten und für einen weniger ausgeprägten Flächennutzungskonflikt zwischen dem Anbau von Nahrungsmitteln und Energiepflanzen sorgen. Allerdings droht die Gefahr, hier nur weitere Gewinne für eine zentralisierte Landwirtschaft zu ermöglichen, da Gentechnik die Höfe von Kleinbauern unter Druck setzt. Bayer und Monsanto lassen grüßen, Vorkämpfer des Lichts stellt man sich anders vor. Ich will eine Trennlinie formulieren, ab der man von grüner Gentechnik Gebrauch machen und vor deren Erreichen man dies tunlichst vermeiden sollte: Grüne Gentechnik gegen den Hunger auf der Welt: ja. Grüne Gentechnik zur Profitmaximierung: nein. Konkreter gesagt: Vitaminreis: eher ja. Erdbeeren in Norwegen: eher nein.

Der WBGU erwähnt *Carbon Capture and Storage* (CCS) als zu erforschende Technologie. CCS, also das Abspalten und Einlagern von Kohlenstoff aus Kohle beziehungsweise Biomasse (BECCS) im Erdboden, könnte wertvolle Beiträge zur Transformation leisten. Das zu behaupten erfordert aber einigen Mut. Eigentlich sieht CCS wie ein geschlagenes Heer auf dem Rückzug aus. Nichts bei seiner Erprobung läuft glatt. Ein ungewöhnlicher Weg, den M. Allen aus Oxford verteidigt, kann das Erscheinungsbild gleichwohl aufpolieren. Allen schwört auf die Erfindungskraft unserer Ingenieure: Wenn die Politik ihnen und den Firmen, die sie anstellen, CCS vorschreibt, würden sie das schaffen. *Die Wirtschaft soll Risiken und Kosten dieser Technik voll tragen.* Beerdigen wir einen Teil des CO_2-Problems, indem wir das lästige Gas in der Erde verstauen! Wenn es aber doch nicht klappt, soll es die Bürger nichts kosten.

CCS könnte man auch unter *Geoengineering* fassen. Das sind Techniken, die auf kontinentaler oder globaler Ebene beispielsweise Klimagase aus der Atmosphäre herausholen, ihre Wirkung verzögern oder die Sonnenstrahlung so manipulieren sollen, dass sie nicht mehr voll auf die Erde trifft. Spiegel im Weltall wären so eine Option. Ob das nun Wahnsinn oder ein Hoffnungsträger ist: Philosophen wie S. Gardiner haben hier argumentiert, *dass man so etwas vielleicht nicht einmal erforschen sollte* (Gardiner 2011; 2014). Wo Philosophen eventuell schon Schaden anrichten, indem man sich an ihnen orientiert, müssen Philosophen das korrigieren. Daher mein Einsatz für dieses Thema.

Ein weiteres »heißes Eisen« sind die Fragen der *Bevölkerungspolitik.* Der Gedanke drängt sich auf: Wenn unsere Welt »voll« ist (v. Weizsäcker et al. 2017) und jeder weitere Mensch ein

Recht auf menschenwürdige Lebensbedingungen hat, gibt es eine Möglichkeit zu regulieren, indem man den Zufluss drosselt. Insbesondere weil die, die schon auf der Welt sind, sich nicht einigen können, den Gürtel enger zu schnallen. Wenn unser Problem das Produkt aus der Anzahl der Menschen und deren individuellem Lebensstil ist, drängt sich der Gedanke geradezu auf, nicht nur bei einem der beiden Faktoren des Produkts anzusetzen. Aber viele Menschen zucken zusammen, wenn sie das Wort »Bevölkerungspolitik« hören. Sie denken an Missbrauch, unfreiwillige Sterilisationen und Ähnliches. Und sollten sich Staaten nicht völlig aus den Schlafzimmern ihrer Bürger heraushalten? Hier gibt es erneut großen Diskussionsbedarf, dem sich kaum jemand stellt.

Der Klimaschutz provoziert immer wieder einen Konflikt zwischen *Umweltpolitik und sozialer Gerechtigkeit.* Wie ernst müssen wir soziale Gerechtigkeit nehmen, beziehungsweise kann sie engagierten Klimaschutz überwiegen? Erst einmal muss man feststellen, dass bei der Energiewende bisher wirklich einiges ungerecht verlaufen ist. Damit eine Energiewende gelingt, muss sie auf Akzeptanz und Konsens setzen, sie muss einen Ausgleich für soziale Ungerechtigkeiten bieten. *Aber verdient es soziale Gerechtigkeit nicht nur, als Mittel für den Klimaschutz ernst genommen zu werden, sondern ist sie vielleicht ein »Wert an sich«, der den Wert des Klimaschutzes sogar überwiegen kann?* Auch hierüber wird öffentlich wenig gestritten, und Tabus wohnen allerorten.

Ich kann nicht prognostizieren, welcher Weg am schnellsten »ins Grüne« führt. Allerdings kann ich davor warnen, Holzwege zu beschreiten und bestimmte Wege zu tabuisieren und gar nicht zu diskutieren. Dabei ist die angeführte Liste der Tabus keineswegs vollständig. Auch über den Fürsten der Unterwelt persönlich, vertreten durch seine schlimmste Ausgeburt, die

Atomenergie, müsste zumindest noch einmal diskutiert werden, angesichts stetig steigenden Energiebedarfs. Immerhin vertrauen sich Nationen wie Frankreich nicht ganz ohne Grund diesem Monster an. Lösungsmöglichkeiten gehören auf und nicht unter den Tisch. Alles andere ist eine Transformationsfalle, die aufgedeckt gehört. (Allerdings glaube ich gemeinsam mit dem WBGU nicht an die Atomenergie.)

Transformationsfalle: Tabuisiere nicht vorschnell Lösungswege, sondern versuche, mit offenem Verstand Impulse für große Unterschiede auf dem Weg zum Guten zu setzen.

5. Ausblick: Zuletzt soll ausgewertet werden, wo wir bislang mit der großen Transformation stehen und welche Chancen wir haben, das Ziel zu erreichen. Zahlen und Entwicklungen, die Mut machen, sollen solchen, die Gefahr bedeuten, gegenübergestellt werden.

3 Technik als Messias der Moderne

Die große Frage der Gegenwart und Zukunft besteht darin, wie wir die drei Hauptprobleme im Rahmen unseres Wirtschaftssystems lösen können: Armut, ökologischer Raubbau an den Lebensgrundlagen zukünftiger Generationen und Verletzung von Tierrechten. Das ist das einfache und klare Ziel, das wir genauso klar und einfach kommunizieren müssen. Darum geht es, alles andere ist sekundär. Die Frage stellt sich verschärft angesichts sich ständig verschlechternder Rahmenbedingungen, etwa der fortwährend ansteigenden Weltbevölkerung und fortwährend ansteigender Emissionen. Jeder zusätzliche Mensch auf der Erde sollte unter lebenswürdigen Bedingungen leben können, doch damit erhöht sich der »Druck im Kessel«: Für jeden sollte ein vernünftiger Anteil der ohnehin viel zu knappen Ressourcen und Senken verfügbar sein, sonst wird der globale soziale Frieden noch erheblicher als derzeit gefährdet sein. Miserabel zu leben wird sich auf Dauer kaum jemand gefallen lassen, und es verringert Wohlergehen.

Bleibt die Hoffnung einiger Ökonomen, dass sich diese grausig gerüsteten Heere der Nacht »von selbst« auflösen (merkwürdiges Drehbuch!), durch neue Techniken, die es uns erlauben, Grenzen zu überschreiten. Bekanntlich werden Menschen am kreativsten, wenn ihnen das Wasser bis zum Hals steht. Das meinen manche Ökonomen, die offenbar viel Fantasie entwickeln, aber wenig Fantasy-Romane gelesen haben (Myers und Simon 1994). Sonst wüssten sie, dass so etwas dort nie passiert. Die unbelesenen Ökonomen sollten sich fragen, wie oft uns technische Wunder retten werden. Es ist keine verantwortliche Strategie, Problem auf Problem zu häufen (zum Beispiel atomare Endlagerung, Klimawandel, Mangel an Phosphor und Seltenen Erden, Antibiotikaresistenz et cetera) und dabei immer wieder auf bisher nicht erfolgreiche technische Lösungen, also ungedeckte Schecks zu hoffen. Keiner von diesen darf platzen, denn der Einsatz ist zu hoch, er umfasst eventuell die gesamte Menschheit (Jonas 1985). Bei einem Privatmenschen mit einer solchen Zockermentalität würden wir nicht von Kreativität, sondern von verantwortungsloser Spielsucht sprechen. Zwar werden wir ohne neue Technologien die Krise kaum bewältigen, *aber hier geht es wohlgemerkt nicht um einen unerwarteten Notstand, gegen den man sich mit technischen Mitteln wehren muss. Hier wird wissentlich ein Notstand geschaffen, im Vertrauen darauf, dass uns schon rechtzeitig eine bisher unbekannte technische Lösung einfallen wird, um ihn zu bewältigen. Und das*

gilt nicht nur für einen Notstand, sondern für eine ganze Serie von
Notständen.

Dass »erlösende« Techniken auch zwiespältig sein können, illustriert schon eine uralte Studie zum »Tanaland« (Dörner und Reither 1978). Dort wurde am Computer ein Entwicklungsland simuliert, dem junge Experten helfen sollten. Die eingesetzten Technologien führten jedoch mittelfristig zum Ruin des Landes, denn die Wirkungen der Technologien waren zwiespältig. Die Eingriffe wurden anhand »unverzweigter«, linearer Ursache-Wirkungs-Ketten (auf A folgt B, dann C und D) geplant, die Realität aber erweist sich als ein komplexes System mit Wechselwirkungen (A wirkt auf C und D wieder auf B und so weiter). Ein Beispiel aus der Wirklichkeit, das uns beinahe den Kopf gekostet hätte, sind die FCKWs, in den Fünfzigerjahren des vergangenen Jahrhunderts gepriesen, in den Achtzigern verboten. Wir können uns also weder auf konkrete Technologien noch auf die benannte Strategie verlassen. Beim Klimawandel jedoch haben wir uns in eine derart aussichtslose Situation manövriert, dass wir uns möglicherweise kaum noch anders als mit technischen Mitteln und einer riesigen Portion Glück befreien können.

4 Warum wir nicht handeln: Dummheit, Egoismus, Pfadabhängigkeit und Sorge um Freiheit

Seit Jahrzehnten kennen wir diese Bedrohung. Warum handeln wir nicht einfach verantwortungsvoll? Es gibt neben unserem Technikglauben mindestens vier gute Erklärungen für dieses Mysterium. Eine verweist auf unser begrenztes Erkenntnisvermögen, die zweite auf unsere egoistischen Neigungen, die dritte auf Pfadabhängigkeiten und die vierte auf den hohen Wert der Freiheit, der nicht gefährdet werden dürfe.

An diesen Erklärungen ist natürlich viel Wahres. Unsere Erkenntnis ist auf Anschauung, also auf das Sichtbare verwiesen, was uns die evolutionäre Erkenntnistheorie demonstriert hat, seit Mitte des letzten Jahrhunderts Konrad Lorenz die Erkenntnis von Menschen an »dummen Gänsen« erforschte (Lorenz 1973). Der abstrakte Klimawandel bereitet uns daher besondere Probleme.

Die Evolution hat uns zudem mit Neigungen ausgestattet, in deren Fokus wir selbst und unsere nahe Umgebung stehen. Wir selbst, unsere Familie und unsere Freunde sind uns wichtig. Nach diesem Kriterium entscheiden wir uns oft für die einfachsten und kostensparendsten (landläufig: die faulsten) Lösungen. Universelles Denken und Verständnis für die Situation von anderen, gerade wenn wir sie nicht persönlich kennen, fallen uns hingegen schwer. Darüber hat schon David Hume lamentiert (Hume 1955). Unsere besagten Gebrechen waren in der Evolution kein großes Problem. Wenn wir einen Landstrich verwüstet hatten, konnten wir zum nächsten weiterziehen, die Welt war groß, und wir waren wenige. Das hat sich geändert. *Wir sind eine Art, der der natürliche Fressfeind abhandengekommen ist und die es nicht schafft, sich von den Tierarten, denen dieses Malheur auch schon zustieß, abzugrenzen und sich aus Einsicht selbst zu beschränken.*

Drittens bestimmen Pfadabhängigkeiten unser Leben. Wir haben uns in bestimmten Denk- und Lebensweisen einbetoniert. Uns fehlen der Mut, der Fleiß und das Wissen, diese tief eingefahrenen Wegfurchen wieder zu verlassen, selbst wenn wir wissen, dass diese Wege Holzwege sind. Dazu kommt, dass wir auch finanziell festgelegt sind: Jeder Richtungswechsel wird immens teuer sein, auch wenn uns Ökonomen wie Niklas Stern attestiert haben, dass ein »Weiter so« noch viel teurer wird (Stern 2009, 94).

Eine ehrenhaftere Erklärung unseres Zögerns und Zauderns ist die Befürchtung, unsere mühevoll aus den Wirrungen einer despotischen und inhumanen Geschichte blutig erkämpfte Freiheit stehe hier zur Disposition. Freiheit ist keineswegs selbstverständlich. Erst in der Aufklärung konnte sie sich in westlichen Gesellschaften durchsetzen, anderen Gesellschaften ist sie immer noch nicht selbstverständlich. Mühevolle Reformbewegungen und blutige Revolutionen, also zahlreiche Leben von Freiheitskämpfern waren nötig, um diese historische Errungenschaft zu realisieren. Monarchen und Feudalsysteme mussten in langem, zähem Ringen überwunden werden, ehe diese Selbstverwirklichung des Menschen erreicht wurde, die schon Pico della Mirandola im 15. Jahrhundert als solche beschrieben hat (della Mirandola 1990). Nach extremen Rückschlägen erstand in der zweiten Hälfte des 20. Jahrhunderts die Freiheit wie Phönix aus der Asche. Diese empfindliche Errungenschaft, die nur wenige Jahrzehnte Zeit hatte, sich zu entwickeln, könnte nun durch klimapolitische Maßnahmen bedroht werden – so empfinden es nicht wenige Menschen. SUV-Verbote, Veggiedays und Kohleausstieg. In den großen Epen der Geschichte und des Fantasy-Genres kämpfen die Helden immer für die Freiheit, schon deshalb sind wir auf deren Seite.

Auch unsere gemeinsam mit der individuellen Freiheit geborene freiheitlich-demokratische Grundordnung gerät durch die Umweltbewegung unter Druck. Mit der Angst, dieses sensible Erbe aufs Spiel zu setzen, lässt sich viel von der Zurückhaltung erklären, mit der wir »radikalen« Maßnahmen begegnen, die uns vor der ökologischen Bedrohung schützen sollen. Das zumindest ist die ehrenwerteste Erklärung unseres Zögerns, denn sie geht auf einen Konflikt ethischer Werte und nicht nur auf »menschliches Versagen« zurück.

Was ist Besonderes an diesem Konflikt? Nirgends genießen wir vollständige Freiheit. Sie wird auf vielen Feldern eingeschränkt, weil sie mit anderen Interessen kollidieren würde. Das beginnt im Kleinen, wenn wir im Restaurant nicht mehr rauchen dürfen, geht weiter über vielfältige Verkehrsregeln bis hin zu Eingriffen in unser Eigentum zugunsten sozialer Gerechtigkeit, etwa in der Mietgesetzgebung oder bei der Besteuerung. Laufend müssen Freiheiten im Interessenausgleich ausgehandelt werden. Das Besondere am Konflikt zwischen Freiheit und Ökologie liegt darin, dass es zweifach *um Freiheit als solche* zu gehen scheint: Auf der einen Seite wird bemängelt, dass der Konflikt das Potenzial hat, unsere freiheitlich-demokratische Ordnung selbst zu verändern. Seine Lösung könnte neue Strukturen erfordern, welche durch Integration zukünftiger Generationen etwa die demokratische Repräsentation verändern (vgl. Kapitel 3). Kritiker sehen hier die »Freiheit an sich« durch »Ökodiktaturen« (ähnlich wie früher durch kommunistische Diktaturen) infrage gestellt. Auf der anderen Seite der Medaille könnte ebenfalls die Freiheit selbst auf dem Spiel stehen, wenn wir der Ökologie nicht den nötigen Raum geben. *Nur Lebende können frei sein, und ohne das Überleben sicherzustellen, gibt es keine Freiheit mehr, das zeigt schon Corona.*

Nun kann man sich fragen, auf wie viele Freiheiten wir verzichten könnten, ohne die freie Gesellschaft aufs Spiel zu setzen. *Dabei spielt uns allerdings die Gewöhnung böse Streiche.* Die Gurtpflicht beim Autofahren wurde einst als inakzeptables Bevormunden kritisiert, heute spricht kaum noch jemand davon. Wer aus Amerika nach Deutschland kommt, wird sich sehr schnell durch den Staat gegängelt und kontrolliert vorkommen – nach ein paar Jahren hat er sich daran gewöhnt. Von der

Menge der verzichtbaren Freiheiten her zu argumentieren ist also nicht sehr vielversprechend. Richtiger scheint der Ansatz, das Überleben in den Mittelpunkt zu stellen und zu überlegen, *welche Freiheiten mit ihm unverträglich sind*. In diesem Sinne will ich einige Bedenken gegen die Rechtfertigung des Nichtstuns aus Angst um die Freiheit anführen, die auch zeigen, wie radikale Klimapolitik das wertvolle Gut der Freiheit dauerhaft *beschützen* kann, weshalb ihr unsere Sympathien gehören sollten:

1. *Radikale oder engagierte Klimapolitik verstehe ich als eine Politik, die sich im Rahmen unserer liberalen Demokratien bewegt, aber innerhalb dieses Rahmens einen klaren Primat des Klimaschutzes realisiert.* Derzeit liegt der Primat klar bei Wirtschaftsinteressen. Sowohl Anreize wie Verbote können dies ändern. So verständlich die Befürchtungen des Freiheitsverlustes auch sind, man wird selbst radikale Klimapolitik, die sich zu ordnungspolitischen Verboten hinreißen lässt, *auch als Ermöglichen der Freiheit* verstehen müssen. Zukünftige Menschen haben nur dann die Freiheit, etwa Wälder oder seltene Tierarten kennenzulernen, wenn es diese in Zukunft auch noch gibt. *Radikale Klima- und Umweltpolitik kann Freiheit bewahren*, denn ohne sie gehen Freiheiten verloren, etwa die Freiheit, sich an Küsten niederzulassen oder sich stressfrei und gesund abseits von Verkehr und Mikroplastik zu bewegen. Dabei wird Klimapolitik klug beraten sein, den Weg des Verbots so selten wie möglich zu wählen, denn viele Verbote erzeugen Gegenwehr und Frustration, wie die Demonstrationen gegen Corona-Beschränkungen erneut zeigen. Das gilt es, wenn möglich, zu verhindern, das heißt: »Größtmögliche Freiheit bei Erreichung der demokratisch gesteckten Ziele mitdenken« (Loske 2014, 9, vgl. Nida-Rümelin 2015, 280).

2. *Moderate Einschnitte heute ersparen drastische Einschnitte morgen.* Wenn die Situation außer Kontrolle gerät, und genau das prophezeien die Wissenschaftler beim Nichtstun, drohen in Zukunft enorme Verwerfungen, auf die dann nur kurzfristig und mit drastischen Mitteln reagiert werden kann. Gerade wem die Corona-Maßnahmen drastisch vorkamen, müsste ein dauerhaftes Notstandsregime aufgrund von Klimaschäden fürchten. Für Demokratie und Freiheit könnte dann erst recht kein Platz mehr sein. *Entweder wir schaffen heute einen Übergang »by design«, oder morgen droht ein Übergang »by desaster«.*

3. Man muss diese Thesen radikalisieren: Nicht nur die Freiheit, zum Beispiel bestimmte Verhaltensweisen auszuleben, wird durch engagierte Klimapolitik bewahrt, auch die Freiheit als solche, also jedwede Freiheit kann sich dereinst solcher Politik verdanken. Und nun kommt in abgewandelter Form der Gemeinplatz, dass man Geld nicht essen kann: *Ohne halbwegs intakte Umwelt gibt es kein Leben, und ohne Leben gibt es keine Freiheit.* Daran führt kein Weg vorbei, hier führt Philosophie direkt zur indianischen Weisheitslehre, die diesen Gemeinplatz populär gemacht hat. Dass der Wigwam der Philosophie weniger angemessen als der Hörsaal ist, möchte ich betonen, aber Ausnahmen bestätigen die Regel. Wir Menschen sind Naturwesen, und als solche haben wir Bedürfnisse, die nur die Natur stillen kann. Zwar mögen wir das in den Glaspalästen der Hochfinanz und den schrill beleuchteten Laboren der Wissenschaft vergessen, jedoch holt die Natur uns spätestens am Mittagstisch wieder ein. Zwar wird auch der Klimawandel wahrscheinlich nicht die ganze Menschheit ausrotten (dagegen: Lynas 2008), sodass auch eine Freiheit »danach« bestehen wird. Aber dennoch: Für alle an Folgen der Klimaerwärmung gestorbenen Men-

schen ging die Freiheit unwiederbringlich mit dem eigenen Ende unter. Aus der Perspektive des Einzelnen, den die Klimakrise umbringt, bleibt es also wahr, dass Leben Freiheit erst möglich macht. Und man beachte, ein Verlust von Freiheiten durch Verbote kann *vorübergehend* sein, man kann Verbote nach einer Zeit wieder aufheben. Der Verlust von Leben ist allerdings *irreversibel*, wie sich in den letzten Jahrtausenden rumgesprochen haben dürfte.

Dass diese existenzielle Bedrohung letztlich für Milliarden von Menschen real ist, heißt, es zu akzeptieren, wenn wir den Klimawandel ernst nehmen und nicht insgeheim Klimaskeptiker bleiben (zur Auseinandersetzung mit ihnen: Gesang 2011, Kapitel 1).

Natürlich bleibt zu befürchten, dass dieses Argument vom Vorrang des Lebens eine Keule ist, die fast alles rechtfertigen kann. Daher muss man diese Erkenntnis dosiert anwenden: *nur dort etwas verbieten, wo es verboten werden muss, und, noch radikaler, nur dort die Demokratie verändern, wo sie verändert werden muss, um zu überleben.* Das heißt, auch *lieber Anreize setzen als Verbote erlassen* (dazu mehr in 4.8), auch wenn das die soziale Ungleichheit verschärft: Eine Verteuerung ist de facto ein Verbot für Arme, das nicht für Reiche gilt. Allerdings ist eine kapitalistische Gesellschaft leider auch nicht durch Gleichheit gekennzeichnet. Sozialpolitik muss hier einiges kompensieren.

4. Die Freiheiten, die wir verlieren könnten, haben wir zu großen Teilen nie legitim besessen. Schon die Erfinder des Liberalismus kannten dessen Grenzen. John Stuart Mill schrieb in seiner Schrift »Über die Freiheit«, dass »der einzige Zweck, um dessentwillen man Zwang gegen den Willen eines Mitglieds einer zivilisierten Gemeinschaft rechtmäßig ausüben darf, der ist: Die Schädigung anderer zu verhüten. […] Nur

insofern sein Verhalten andere in Mitleidenschaft zieht, ist jemand der Gesellschaft verantwortlich« (Mill 2001, 16 f.). Der Urvater des Liberalismus, John Locke, sah das ähnlich. Er dachte über die Aneignung von Grund und Boden nach und arbeitete ein Prinzip aus, wie man diese Güter durch Vermischen von Arbeit und Natur legitim in Besitz nehmen könne. Einzige Einschränkung dabei: Es müsse genügend von diesen Gütern für andere zurückbleiben, wenn jemand »seine Fahne in den Boden stecke« und einen Teil als sein Eigentum deklariere (Locke 1999, 23 ff.). Bei beiden Philosophen scheint dasselbe Prinzip durch: *Freiheit darf nicht zulasten Dritter gehen, sie darf niemandem schaden.* Hier kommt der Verdacht auf, dass wir viele Freiheiten nie legitim unsere eigenen nennen konnten, denn sie sind nur möglich, indem sie beispielsweise zulasten zukünftiger Generationen, also »Dritter« gehen.

Natürlich kann man befürchten, dass sich die Einschränkungen derart häufen, dass wir das Gut einer freien Lebensweise insgesamt einbüßen. Diese Konsequenz kann sich niemand wünschen, es soll hier nicht wie in China aussehen. Deshalb muss klar sein, dass nicht etwa politische Freiheiten (Meinungsfreiheit, Versammlungsfreiheit, Wahlrecht) durch Ordnungsrecht bedroht sind, sondern dass wirtschaftliche Freiheiten (Konsumfreiheit, Freiheit bei der Produktion von Waren) im Mittelpunkt der Debatte stehen. Und selbst diese bleiben beim obigen Bekenntnis zum Primat von Anreizveränderungen vor Verboten prinzipiell bestehen. *Also ist es nicht realistisch, eine prinzipiell illiberale Gesellschaft zu befürchten, sondern eher ein rhetorischer Popanz.* Mit Übertreibung wird Stimmung zugunsten von kurzfristigen Profitinteressen gemacht. Daran, dass solche Mittel verwendet werden, zeigt sich, dass die als ethische Wertedebatte gestartete Kontroverse doch wieder in blanken Egoismus zurückzufallen droht. Und in der Tat, angesichts einiger bislang lediglich erwogener Verbote gleich das ganze Gebäude der freien Gesellschaftsordnung bedroht zu sehen ist verdächtig, da sich Freiheitsinteressen und Egoismus oft nicht so recht unterscheiden lassen.

5. Verbote erfordern einen »Verbieter«, und auch Anreizveränderungen müssen auf eine zentrale Gewalt zurückgehen. Das geht an die Emotion. Wer dürfte uns etwas verbieten oder uns einschränken, die wir eben in einer freiheitlichen Gesellschaft aufgewachsen sind? Die Antwort scheint klar: Das kann nur der Staat. Dessen Image wird daher schnell beschädigt, viele Liberale trauen ihm von jeher nicht über den Weg. Dann werden schnell Verdächtigungen wie die einer *verkappten Ökodiktatur* laut. Der ehemalige grüne Bundestagsabgeordnete Hermann Ott hat dagegen einmal gesagt: »Angst vor einer Ökodiktatur beschwören meist diejenigen herauf, die alles tun, um sie nötig zu machen« (Ott 2014, 87). Dabei gerät häufig in Vergessenheit, dass alle staatlichen Eingriffe und Verbote sowie eine Veränderung demokratischer Strukturen bei uns nur auf den Souverän, also den Wähler zurückgehen können. *Nur wir selbst können uns auf Dauer zwingen.* Natürlich gibt es in Demokratien einige Tricks, wie man am Souverän vorbei Politik machen kann. Ideensammlungen dazu kann man in Brüssel erwerben. Aber auf Dauer haben nur Maßnahmen Bestand, die auch dem Willen des Wählers entsprechen. Das mag von ökologischer Seite aus ein Systemfehler der Demokratie sein, es ist auch ein Schutzwall vor Fremdbestimmung. So wird die Urangst eingehegt, dass andere über uns bestimmen könnten. Wir werden im dritten Kapitel noch ausführlicher diskutieren, wie wir die Demokratie trotz dieses Schutzwalls ein Stück weit reformie-

ren können. Die spontane Ablehnung jeglicher Fremdbestimmung und die berechtigte Angst um unsere Demokratie
reichen nicht hin, um energische Klimapolitik auszubrem-
sen. Das werden wir an besagtem Ort noch ausführlich besprechen.

Transformationsfalle: Lass dich nicht vom Pathos der Freiheit
verleiten zu verkennen, dass wir alle biologische Wesen
sind und die Natur nicht mit uns verhandelt, sondern knallhart
zuschlägt. Corona zeigt, wenn es an biologische Grundbedürfnisse geht, sind viele Freiheiten von einem Tag auf den
anderen entbehrlich.

5 Utilitarismus –
Was ist das?

Jede Bewertung ruht auf einem ethischen Fundament. Was genau charakterisiert den Utilitarismus, der meinen Bewertungen
zugrunde liegt? Ein geradezu »natürlich« anmutendes Verfahren, um Handlungen moralisch zu bewerten, besteht darin, zuerst die *Folgen einer Handlung* für die von ihr Betroffenen abzuwägen. Dieses Verfahren praktizieren wir auch im Alltag, ohne
uns dessen immer bewusst zu sein. Ethische Entscheidungen
werden also fast überall auch unter Zuhilfenahme einer Analyse der Konsequenzen dieser Entscheidungen getroffen. Meint
man, diese Analyse *allein* reiche aus, um die ethische Bewertung
durchzuführen, dann ist man *Konsequenzialist*. Aber schnell
drängt sich die Frage auf, nach welchem Maßstab man denn
die Konsequenzen einer fraglichen Handlung bewerten soll. Es
reicht nicht, immer nur auf die Folgen »auszuweichen«, es muss
einen Wert geben, dem zufolge »gute« Konsequenzen gut sind.

Die prominenteste Antwort auf die Frage nach einem Maßstab lautet: Die Menge des *Nutzens*, den eine Handlung hervorbringt, soll ihr Maßstab sein. Aber diese Antwort ist unterbestimmt. Nutzen für wen? Und was genau ist Nutzen? Die bekannteste konsequenzialistische Ethik, *der Utilitarismus*, beantwortet diese Fragen genauer: Nutzen ist nicht nur der individuelle Nutzen des Akteurs, sondern der »Gesamtnutzen«, also der Nutzen, der insgesamt für alle von der Handlung betroffenen Individuen durch diese Handlung entsteht. Auf die Frage, was Nutzen genau bedeutet, antworten Utilitaristen: Glück! Aber was ist Glück? Für »klassische Utilitaristen« bemisst sich die Größe des Glücks an der Bilanz lustvoller und schmerzvoller Gefühle. Ansonsten kann man es als Befriedigung der reflektierten Interessen verstehen, die man hat. Dabei fordert der Utilitarist, Interessenbefriedigung oder Lust zu *maximieren* und Schmerz und Frustration zu minimieren. Und letztlich wird dann dieses Glückskriterium zum *einzigen* Maßstab der moralischen Qualität von Handlungen erklärt. All die komplizierten ethischen Probleme, die sich in allen möglichen Situationen stellen, sollen also beispielsweise allein durch einen Vergleich von Lust und Schmerz der Betroffenen zu lösen sein.

Um den Utilitarismus genauer darzustellen (eine Begründung habe ich in Gesang 2011, Kapitel 3, versucht), kann man vier »Grundpfeiler« der Theorie unterscheiden:

1. *Universelle Glücksmaximierung:* Es ist ein *an sich wertvolles Gut*, dass Lebewesen Lust, Freude oder Befriedigung empfinden. Dieses an sich oder intrinsisch wertvolle Gut, nennen wir es vorerst undifferenziert Glück oder Wohlergehen, möchte der Utilitarist *maximieren*, das heißt, er möchte, dass die Gesamtsumme des Glücks in der Welt so groß wie möglich wird. Damit setzt der Utilitarist dem nur auf sich

schauenden Egoisten ein *universelles* Prinzip entgegen, anhand dessen er Handlungen als moralisch richtig oder falsch beurteilt. Dieser Gedanke ist intuitiv einleuchtend und sehr einfach. Man will, dass es den Lebewesen gut geht, und zwar so gut wie möglich. Mehr Glück ist besser als weniger Glück. Es würde irrational und falsch anmuten, wenn man sich darauf beschränken wollte, dort einen kleineren Betrag an Glück zu produzieren, wo man auch einen größeren produzieren könnte.

2. *Wertmonismus:* Der Utilitarismus basiert auf der Vorstellung, dass es *ein und nur ein* an sich wertvolles Gut gibt und dass man daher alle moralisch relevanten Güter in die eine »Währung« Glück umrechnen kann. Glück wird als die Quelle verstanden, der alle anderen moralischen Werte entspringen. Gerechtigkeit hat nur dann einen Wert, wenn sie etwas zum Vermehren des Glücks beiträgt. Hingegen findet sich in unserem Alltag oft eine *wertpluralistische* Grundeinstellung, der zufolge es verschiedene gleichberechtigte Werte, nämlich zum Beispiel Glück, Gerechtigkeit, Freiheit oder Würde, gibt. Der monistische Ansatz ist schwer zu verstehen, wenngleich auf der Hand liegt, dass er die Ethik enorm vereinfacht, ja ein Stück weit operationalisierbar macht.

Ich möchte eine Begründung dieses intuitiv schwierigen Punktes wenigstens andeuten: Betrachten wir das Beispiel der Gerechtigkeit. Ist Gerechtigkeit wertvoll, wenn sich durch ihre Realisierung niemandes Wünsche erfüllen, wenn sie niemandes Glück vergrößert? Wäre es nicht völlig gleichgültig, ob eine solche »glücksleere« Gerechtigkeit existieren würde, da sich niemand durch sie besser fühlt?

Stellen wir uns das Beispiel »Sadomasochiens« vor. Das ist eine Welt, die aus Sadisten und Masochisten besteht. Die einen quälen gerne Menschen, selbst wenn diese Masochisten sind, die anderen werden gerne gequält. Beide Gruppen sind maximal befriedigt, in ihrer Welt ist die Glückssumme groß. Wir haben es mit einem Glücksfall einer Koevolution zu tun. Nun tritt der irdische Alltagsethiker auf und moniert, dass diese Welt zutiefst ungerecht und menschenunwürdig sei. Die Sadisten beuteten die Masochisten aus (unabhängig davon, ob eine Zustimmung der Masochisten vorliege oder nicht, man könne sich ja auch nicht freiwillig versklaven), und die Menschenwürde letztlich beider Gruppen sei nicht gewahrt. Dann ändert der Moralapostel diese Welt, die danach gerechter und menschenwürdiger ist. Denn es gibt nur eine Gerechtigkeit (und Würde), die von der Perspektive der Menschen und ihrem Glück unabhängig ist, zumindest frei nach I. Kant, der in dieser Sache einen dezidierten Standpunkt vertritt: »Wenn die Gerechtigkeit untergeht, so hat es keinen Wert mehr, daß Menschen auf Erden leben […] die Gerechtigkeit hört auf, eine zu sein, wenn sie sich für irgend einen Preis weggibt« (Kant 1983, MdS A 197). Zudem versucht der Moralapostel, die Bewohner Sadomasochiens für die Werte sensibel zu machen, die sie seiner Meinung nach »übersehen« haben. Aber vergebens: Die unglücklichen Sadisten und Masochisten träumen an ihren Lagerfeuern von der schönen Vergangenheit. Ist die Intervention zu rechtfertigen? Zeigt das Beispiel nicht, dass Gerechtigkeit und Menschenwürde nur abgeleitete Werte zweiter Ordnung sind, die nur normativen Gehalt haben, wenn sie sich in Interessenbefriedigung widerspiegeln? Das Beispiel könnte dazu zwingen, einige Intuitionen auf den Prüfstand zu stellen, selbst wenn man meint, »Sadomasochien« sei eine traurige Welt, in der man sich keinen Platz im Neubaugebiet suchen würde.

3. *Konsequenzialismus:* Alle moralischen Fragen sind mit Blick auf ihre Konsequenzen in Hinsicht auf die Maximierung des

an sich wertvollen Gutes Glück zu bewerten und zu entscheiden. Gibt es nur ein an sich wertvolles, also intrinsisches Gut, dann müssen alle weiteren Güter extrinsisch sein, also von ihren Konsequenzen für das Vermehren des einzig intrinsischen Gutes abgeleitet werden.

4. *Aggregierbarkeit:* Ein weiterer Pfeiler des Utilitarismus besteht darin, dass Nutzen messbar, interpersonal vergleichbar und anhäufbar sein soll, sodass durch das Aufaddieren des Individualnutzens aller Personen eine Summe des Gesamtnutzens erstellt werden kann. Die Güte eines Zustands kann demnach durch die Größe dieser Gesamtsumme bestimmt werden. Man spricht in diesem Zusammenhang von einem *Nutzenkalkül*, in dem solche Berechnungen vollzogen werden sollen. Sieht sich ein Handelnder einer Handlungsalternative gegenüber, sollte er berechnen, wie viel Glück durch die alternativen Handlungen wohin fließen wird. Im Anschluss sollte er jene Alternative wählen, die den größten Betrag an Glück für alle Betroffenen produziert.

Es zeigt sich aber, dass utilitaristische Nutzenvergleiche hochgradig fehleranfällig sind. Nahezu sicher sind Aussagen darüber, dass die allermeisten Umverteilungen von Nord nach Süd enormen Nutzen generieren würden. Aber je kleiner die Nutzenunterschiede zwischen den Subjekten werden, desto größer ist die Fehleranfälligkeit von utilitaristischen Vergleichen. Man sollte sich also gerade in Fällen, in denen sich zwei Alternativen um eine sehr kleine Nutzeneinheit zu unterscheiden scheinen, eines direkten utilitaristischen Vergleichs enthalten!

Allerdings hat man mit einem Bekenntnis zum Utilitarismus zwar die ethischen Stimmen in der Partitur des Musikdramas mit dem grandiosen Titel »normative Ethik« vervollständigt, aber dieses klingt deshalb nicht besser, sondern immer noch nach Donaueschingen im Jahr 1970. Was nützt es dem Politiker, Unternehmer oder Manager, wenn er liest, dass er als Kantianer a, als Utilitarist b und als Vertragstheoretiker c tun soll? Wie ordnet man einen völlig dissonanten Orchesterklang zu einer Harmonie? Sollen Politiker und Unternehmer selbst normative Ethik betreiben, sich also die Vor- und Nachteile der Modelle klarmachen, um einen eigenen Standpunkt zu beziehen? Im Idealfall wäre das gefordert, aber de facto führt es häufig dazu, dass Praktiker sich überfordert von der Ethik abwenden.

Das eigentlich gute Vorhaben, sich für Ethik zu interessieren, fällt dann zusammen wie ein Kartenhaus. Daher sollte, wenn immer möglich, eine *Konsensposition* formuliert werden, der Kantianer, Utilitaristen, Mitleidsethiker und andere Moralphilosophen weitestgehend zustimmen können. Diese Position ist aber utilitaristisch begründet. Der Gesamtnutzen steigt, wenn weniger Praktiker Reißaus nehmen und stattdessen Ethik umsetzen. Deshalb sollte man den Konsens suchen, was für den Klimaschutz allgemein gut funktioniert (Gesang 2011, 164 ff.).

Danksagungen: Ich möchte mich für wertvolle Anregungen zum Buch bedanken, einschließlich solcher zu den Vorarbeiten in Form wissenschaftlicher Aufsätze, die ich mit zahlreichen Kollegen diskutieren durfte. Besonders bedanken will ich mich bei den Mitgliedern meines Universitätsseminars zum Thema. Betonen möchte ich die Beiträge von: F. Ackenhausen, H. Schmidt, M. Feth. Bedanken möchte ich mich auch bei den Ökonomen H.-W. Sinn und C. Kemfert. Zudem bin ich Mitgliedern des Öko-Instituts Freiburg zu Dank verpflichtet, besonders: K. Hennenberger und M. Möller. Zu guter Letzt haben auch private Freunde viel beigetragen. Besonders: G. Bronner, S. Göhl, M. Große-Beilage, K. Goergen und M. Post. Für Korrekturen bedanke ich mich bei M. Lindner und S. Lücke, für ihr aufwendiges Lektorat den Lektoren des Hanser Verlags, insbesondere T. Heyl.

6 Es geht um viel!
Die wichtigsten Thesen

1. Der Klimawandel bedroht jeden von uns heute schon, beispielsweise indem alte Menschen bei uns an Hitzewellen versterben. Besonders zukünftige Generationen bedroht er existenziell, und diese haben Rechte, die wir derzeit mit Füßen treten.

2. Aus Freiheitsliebe nicht gegen den Klimawandel zu handeln, weil Handeln auch Verbote bedeutet, ist kurzsichtig. Entweder wir schränken heute zeitweilig einige Freiheiten ein, oder wir müssen morgen Notstandsgesetze wie in der Corona-Krise dauerhaft ertragen. Heute können wir einen Übergang »per design« arrangieren, morgen wird er uns viel drastischer »by desaster« aufgezwungen.

3. Die Methode zur ethischen Bewertung von Handlungen, die ich in diesem Buch verwende, ist ein auf Konsens zwischen verschiedenen Ethiken ausgerichteter Utilitarismus. Dieser hat das Ziel, die Summe des Wohlergehens auf der Welt möglichst groß ausfallen zu lassen.

Kapitel 1

Die große Transformation

1 Die Saga von der großen Transformation: Zwei Lagerfeuer

Zu Beginn braucht jede angewandte Ethik ein Bad im Drachenblut empirischer Wissenschaft, um sich vor Wunden in den bevorstehenden Kämpfen zu schützen. Bringen wir also diese heiße Dusche für den kühlen Kopf hinter uns: Die Saga von der großen Transformation beginnt mit dem Hauptgutachten des WBGU 2011. Darin werden den politischen Entscheidern verschiedene Wege zur Transformation vorgeschlagen, die eine Klimaerwärmung über 2 Grad hinaus mit 2/3 Wahrscheinlichkeit verhindern sollen (WBGU 2011, 182). Inzwischen hat die Wissenschaftsgemeinschaft sogar das 1,5-Grad-Ziel gesetzt, um sogenannten Feedback-Prozessen im Kohlenstoffkreislauf (dazu später mehr) noch sicherer vorzubeugen. Was ist genauer unter großer Transformation im Sinne des WBGU zu verstehen?

Ein Hauptmerkmal des Gutachtens ist die Konzentration auf ein einziges Problem, den Wandel der Gesellschaft zur *Klimaverträglichkeit*. Nachhaltigkeit dagegen steht nicht im Fokus, Klimaverträglichkeit wird als (einzige?) »notwendige Bedingung« von Nachhaltigkeit in den Vordergrund gestellt. Und tatsächlich wird in dem Bericht deutlich, welch eine *Herkulesaufgabe* (WBGU 2011, 29) damit angestoßen wird. Wie in jedem Fantasy-Roman ist der Feind übermächtig, der Weg zum Sieg steinig. Die zitierten Studien machen – anders als ich – ihre metaphorischen Anleihen bei der Antike. Herkules ist ihr Held. So sollen er und andere historische Helden Gastrollen übernehmen.

Der wichtigste Schritt geht von »starken Staaten« aus: Diese müssen *einen globalen CO_2-Preis durchsetzen* und mit einer globalen Energiewende koppeln, die letztlich 100 Prozent Energie aus erneuerbaren Energien realisiert (WBGU 2011, 182). (Die Klimakonferenz von Madrid 2019 hat gezeigt, dass Herkules hier bereits unter akuten Schwächeanfällen gelitten hat.) Das können die Staaten am besten, wenn sie nach innen wie nach außen *neue Institutionen* bilden, die Kooperationen ermöglichen. Die Staaten werden durch einzelne Pioniere des Wandels aus der Zivilgesellschaft unterstützt. Transformation entscheidet sich auf drei Kernfeldern: *Energie, Urbanisierung und Landnutzung.* Dabei werden alle drei Felder auf die Dimension Klimaverträglichkeit fokussiert.

Das beste Mittel zu einem einheitlichen Kohlenstoffpreis ist ein globaler Emissionshandel, der auf der Ebene der Unternehmen ansetzt. Ökonomen behaupten, dass man so die Emissionsziele mehr als 50 Prozent effizienter erreiche. Außerdem liefert er Anreize für darin unerfahrene Länder, überhaupt funktionsfähige Institutionen aufzubauen (WBGU 2011, 190; Sinn 2009, 433). Er wirkt zielgenauer als eine Steuer, bei der die Gefahr droht, dass Bürger etwa weiter ihr Auto fahren, weil sie es sich leisten können und starke Gefühle für einen Blechhaufen hegen. So soll ein *klimaverträgliches Wachstum* erreicht werden, was mit Kosten von nur einigen Prozent des globalen BIP verbunden wäre (WBGU 2011, 7). Der wesentliche Transmissionsriemen für die Wende seien dabei *Aufklärung und Vernunft,* die dann, wie seit Jahrhunderten erwartet, endlich ihren Job tun.

Gegenmodelle, die sich ganz vom Wachstumsziel verabschieden, wie die *Postwachstumsökonomie* (PWÖ), weisen die

Autoren des WBGU zurück. Nach ihrer Einschätzung existiert bisher kein Modell, nach dem eine Volkswirtschaft ohne Wachstum stabil funktionieren könnte. Dekarbonisierung und moderates Wachstum schließen sich nicht aus. In einer durch Postwachstumsökonomie hervorgerufenen wirtschaftlichen Depression gingen nicht zuletzt alle umweltpolitischen Gestaltungsspielräume verloren (WBGU 2011, 189). Aus ethischen Gründen schließlich könne insbesondere von den Entwicklungs- und Schwellenländern derzeit kein Verzicht auf Wachstum gefordert werden. Dies widerspräche dem entwicklungspolitischen Ziel der Armutsbekämpfung (WBGU 2011, 189; weitere Kritik an der PWÖ: Gesang 2016, Kapitel 3*).

Kernenergie wird aufgrund von Betriebsrisiken (so heißen atomare Katastrophen wirklich), der Gefahr des Weiterverkaufs von radioaktivem Material an Schurken, ihrer Untauglichkeit als Übergangstechnik zu den erneuerbaren Energien (man kann die Kraftwerke nicht, je nach Laune des Windes, an- und abschalten) und den leidigen Endlagerungsproblemen abgelehnt (WBGU 2011, 3). *CCS*, also das Bunkern von CO_2 unter der Erde, soll weiter erforscht werden. Die Wende möchte der WBGU

---

*   Eine Revolution unserer Konsumgewohnheiten greift am ehesten dort, wo ein *Milieu für »postmaterialistische Werte«* existiert. Die Psychologen Diener und Seligman schreiben, dass das erst der Fall ist, nachdem die Basisbedürfnisse in Gesellschaften erfüllt sind (Diener und Seligman 2004, 1). Oder prosaischer: Erst kommt das Fressen, dann die Moral. Also ist Genügsamkeit oder Suffizienz als Lebensstil im globalen Süden allenfalls ein Oberklassenprojekt. Zudem wird Suffizienz auch bei uns durch einen Effekt bedroht, den der Glücksforscher R. A. Easterlin schon festgestellt hat: Auch wenn eine reiche Volkswirtschaft das durchschnittliche Glück pro Kopf nicht durch Wachstum erhöht, bleibt Einkommen für die Individuen attraktiv, solange sie damit besser gestellt werden als ihre Referenzgruppe (Freunde, Kollegen und so fort) (Clarke et al. 2008). Erneut in prosaischer Essenz: Der Mensch ist ein Neidwesen.

ökonomisch durch einen internationalen Emissionshandel und, solange es den nicht gibt oder ein lokaler Handel wie in Europa notorisch verbockt wird, über Einspeisevergütungen für erneuerbare Energien erreichen (WBGU 2011, 305).

Politisch ist das mit dem Sheriffstern, also *ordnungsrechtlich* durchzusetzen und von vielen weiteren Maßnahmen (Staatsziel: Klimaschutz, Klimaverträglichkeitsprüfung für Gesetze, Verbandsklagerecht für NGOs und so weiter) zu flankieren. Die Institutionen sollen in Richtung »Global Governance« zu internationaler Kooperation ausgeweitet werden. Der Weltstaat lässt grüßen. National sollen bessere Bürgerbeteiligung (WBGU 2011, 10), »deliberative Zukunftskammern« und Parlamentssitze für »Anwälte der Zukunft« (vgl. 3. Kapitel) das Spektrum bereichern und *mehr Qualifikation und mehr Partizipation* garantieren.

Von der industriellen Revolution unterscheidet sich die anstehende Transformation darin, dass sie nicht mehr automatisch abläuft. Sie muss bewusst politisch und wirtschaftlich gesteuert werden. Wenn wir bislang wie Herdentiere immer weitergezogen sind, nachdem wir einen Landstrich verwüstet hatten, müssen wir nun stehen bleiben und uns durch Vernunft selbst Handschellen und Fußketten anlegen. Und das in historisch unglaublich kurzer Zeit, *die Vernunft muss einschlagen wie eine Kanonenkugel.*

Ein anderes, ebenfalls mythologisch inspiriertes Heldenepos wird aktuell vom Wuppertal Institut für Klima, Umwelt, Energie und seinem Präsidenten Uwe Schneidewind vertreten. Das Epos nennt sich ebenfalls »große Transformation«, womit es bewusst an die alte Saga vom WBGU anknüpft. Hier wird nun allerdings die Dimension des Bösen, das wir abwehren müssen, noch einmal gesteigert. Folgerichtig wird nicht mehr von nur einer »Herkulesaufgabe« (Schneidewind 2018, 208) gesprochen, sondern der antike Held wird gleich mehrfach gebucht. Auf ihn wartet auch die Zusatzaufgabe, *die ganze Erde ins ökologische Gleichgewicht zu bringen*, also den ökologischen Fußabdruck der Menschheit zu korrigieren und die Kreislaufwirtschaft einzuleiten. Der Klimawandel tritt *als gleichberechtigt mit alldem* an Herkules heran. Diese Herkulesaufgaben werden übersichtlicherweise in einem Zahlenmaß ausgedrückt, Pro-Kopf-Ausstoß von Klimagasen und Pro-Kopf-Ressourcenverbrauch werden zu einem Wert verrechnet: *Das Ziel ist einfach und pointiert als die »8-Tonnen-pro-Kopf-Ausstoß-Gesellschaft« fassbar, zu Deutsch: 8TPKAG* (Schneidewind 2018, 161). Oder noch prosaischer und mit himmlischen Längen formuliert: »Nur wenn es gelingt, insgesamt den ökologischen Druck von diesem Planeten zu nehmen, werden die ökologischen Bedingungen erhalten bleiben, die die rasante Entwicklung der menschlichen Zivilisation […] ermöglicht haben. […] Neben der Frage der Dekarbonisierung steht daher die Umsetzung einer Kreislaufwirtschaft ganz oben auf der politischen Agenda […]« (Schneidewind 2018, 127, 166). Die 8-Tonnen-Gesellschaft wird nicht nur in drei, sondern gleich in sieben Kampfarenen ausgefochten. Armer Herkules.

Das *Solarzeitalter*, also die vom WBGU angestrebte völlige Versorgung durch erneuerbare Energien, ist eher eine Schreckensvision für das Wuppertal-Institut und die Postwachstumsökonomie, denn mit sauberer Energie kann die Ressourcenausbeutung neuen Schwung aufnehmen. Gefordert wird insbesondere eine *Änderung des Konsum- und Produktionsverhaltens*, denn spätestens die Kreislaufwirtschaft ist mit technischen Innovationen allein kaum zu schultern (Schneidewind 2018, 213): Je kleinteiliger die Produkte, desto schwerer sind die Bestandteile zwecks Wiederverwertung sauber herauszuschälen und desto mehr Energie verbraucht das Recyceln. Es hilft nur weniger Konsum und weniger Produktion.* Ob *Wirtschafts-wachstum und ökologische Wende vereinbar sind, wird nicht the-matisiert*, aber es liegt auf der Hand, dass die »Landnahme-Dy-namik« des Kapitalismus grundlegend korrigiert werden muss, wie das auch von den Vertretern der *Postwachstumsökonomie* (PWÖ) gefordert wird.

Die Dringlichkeit der Klimawende verbürgt der IPCC. Die Dringlichkeit der Ressourcenwende, die letztlich bedrohte Öko-systemfunktionen weiter gewährleisten soll, stützt sich sowohl auf die Berichte des Club of Rome (Meadows 1972; v. Weizsäcker et al. 2017) als auch auf J. Rockströms Studie zu den »planeta-ren Grenzen« (Steffen et al. 2015). Diese beiden Wenden sollen *ohne Verlust von Lebenszufriedenheit* vonstattengehen (Schnei-dewind 2018, 163), was irgendwie nach Kinderkriegen ohne Schwangerschaft klingt.**

Der Wandel soll »inkrementell« durch alle bereits beim WBGU aufgeführten Akteure gestaltet werden (Gott sei Dank ist Herkules wieder dabei, aber von seinen ebenfalls benötigten Zwillingsgeschwistern ist keine Rede). Der Kapitalismus ist zu reformieren, so soll etwa ein *generelles Verbot* erlassen werden, *Kosten auf die Zukunft zu vertagen. Suffizienz* auf allen Ebenen und in allen globalen Regionen *wird zum Leitbild* (Schneide-wind 2018, 178 ff.). Mit ihr lassen sich beruhigenderweise sogar Geschäfte machen, wenn man sie besonders geschickt organi-sieren kann.

---

*   Genau genommen hilft es nur, gar nicht mehr zu produzieren, aber diese Konsequenz der PWÖ wird oft verschwiegen.

** Dass die große Transformation *ohne Einbußen an Lebenszufriedenheit ab-laufen* könne, ist eine These, die mindestens an Meta-Studien festgemacht sein sollte. Die von Schneidewind zitierte Studie zieht selbst ein skepti-sches Fazit bezüglich der eigenen Repräsentativität (Buhl et al. 2017, 10). Zudem bietet sie keine plausible Erklärung für ihren Befund.

Die wichtigsten Unterschiede auf einen Blick:

	WBGU	Wuppertal Institut
Zentral	Klimaschutz	Klima- und Ressourcen-wende
Wichtiges Mittel zum Etappenziel	Dekarbonisierung via Emissionshandel	Neuer Lebensstil via Konsumverringerung
Klassifikation	Green New Deal	PWÖ

2 Einmal Herkules reicht

Im Rückblick auf die letzten beiden Jahrzehnte kommt man zu dem Fazit, dass zwar viel über eine Klimawende geredet, aber (selbst beim Musterschüler EU) wenig umgesetzt wurde. Insbesondere die bewusst gesteuerte Transformation wurde noch nicht erreicht: Die globalen Emissionswerte steigen weiter, die Zeitfenster für Etappenziele, die der WBGU und andere Gremien aufgemacht haben, werden nicht eingehalten. Zwar ist seit 2019 eine gewisse »grüne Stimmung« in Deutschland spürbar, aber Trump, Bolsonaro und Konsorten regieren als Mischwesen von Comic-Figuren und Dämonen der Unterwelt die Erde. Selbst das Böse kommt heute nur als Clown maskiert zum Vorschein. Was folgt daraus? Dass die große Transformation, egal welcher Schattierung, erst einmal eine Wahnsinnsanforderung und schnell auch Überforderung bedeutet. Herkules ist in Seenot!

Nun kann man sagen: Damit ist die Sache erledigt, wir kriegen das nicht hin und stecken den Kopf in den Sand. Aber schon früher hatte ich gefordert (Gesang 2016, 98 ff.): Es gilt, die wahrscheinlichsten Lösungen im Unwahrscheinlichen zu finden. Denn Resignation wäre katastrophal unverantwortlich, solange nicht definitiv klar ist, dass wir scheitern. Daher: *Ich sehe kaum Sinn darin, dem ohnehin überlasteten Herkules jetzt noch eine Aufgabe wie die Ressourcenwende aufzubürden, an der er scheitern muss.* Und wenn wir genauer hinsehen, sind die beiden vom Wuppertal Institut angeforderten Transformationen in ihrer Relevanz höchst unterschiedlich begründet: Bei der Klimawende haben wir den riesengroßen IPCC (derzeit sind 195 Länder beteiligt), der diese Wende begründet und untersucht. Hier sammelt sich der geballte Sachverstand der Wissenschaftscommunity. Was die sofortige Notwendigkeit der Ressourcenwende angeht, haben wir natürlich auch diverse Befunde. Die sind allerdings nicht so breit aufgestellt wie die Berichte des IPCC. Eher schlimmer, die Prognosen für den Ressourcennotstand haben schon zahlreiche Korrekturen durchlaufen. Die anfänglich vom Club of Rome diagnostizierte Rohstoffknappheit ist so nicht eingetreten, wie das Wuppertal Institut selbst feststellt (Schneidewind 2018, 124): Die Preise für Rohstoffe sind infolge ihrer Verknappung gestiegen, was den sparsameren Einsatz dieser Stoffe und neue Förderarten begünstigt hat. Hoimar von Ditfurth sagte uns in den Achtzigerjahren aufgrund sauren Regens für das neue Jahrtausend verkarstete Wälder voraus (v. Ditfurth 1985, 113–129), er hat sich geirrt. Also: *Die Natur hat sich immer wieder als zäher und der Mensch als erfindungsreicher erwiesen, als zuvor gedacht.* Natürlich ändert das nichts an der Tatsache, dass die Ressourcen endlich sind und unsere expansive Wirtschaftsweise auf Dauer nicht durchzuhalten ist. *Aber dass wir genau jetzt eine zweite, genauso dringliche Krise wie die Klimakrise zu bewältigen haben, sodass beide Jobs gleichzeitig für Herkules ausgeschrieben werden müssen, das ist keineswegs* klar.

Wenn ich recht habe, dann müsste Herkules nicht sofort noch eine zweite riesige Aufgabe übernehmen, vielmehr bliebe ihm Zeit, mit Priorität den Klimajob zu erledigen, ehe vielleicht ab der Mitte des Jahrhunderts durch Technik und sinkende Bevölkerungs- und Wachstumsdynamik ohnehin »Druck aus dem Kessel« genommen wird (Klingholz 2014). *Vielleicht ist ein gestalteter Übergang zu Gesellschaften mit drastisch geringerer Bevölkerung unsere einzige Möglichkeit, auf Dauer wirklich nachhaltig zu leben und bei den Ökosystemen all das einzusparen, um was wir sie heute übernutzen*, um einen Ausgleich zu schaffen. Jedenfalls ist eine direkte Korrektur des ökologischen Fußabdruckes nach der Methode des deutschen Papstes der PWÖ N. Paech kein Pappenstiel: »Die Menschen in der Welt von Niko Paech versorgen sich zu einem guten Teil selbst. Ihre alltäglichen Hilfen sind mechanische Nähmaschinen, einfache Angelruten und Fahrräder. Auf den Straßen tauchen wieder vermehrt Pferdewagen auf. ›Energiesklaven‹ wie Rolltreppen und elektrische Zahnbürsten haben ausgedient« (Neff 2019). Ich fürchte, selbst den Motivierteren unter uns wird auf diesem Weg die Motivation abhandenkommen, daher suche ich im nächsten Kapitel nach Alternativen.

Die Analysen des *ökologischen Fußabdrucks* bestätigen Schneidewinds skeptisches Fazit im Blick auf die Grenzen des Wachstums. Die Inanspruchnahme des Planeten zur Befriedigung menschlicher Bedürfnisse überschreitet nach Daten des *Global Footprint Network* (The Global Footprint Network, ohne Jahr) derzeit die Kapazität der verfügbaren Flächen um insgesamt 50 Prozent. Der Fußabdruck ist aber vorrangig ein *reporting tool* für den Status quo und *weniger ein Prognosemittel* für zukünftige Entwicklungen (Rees 2000, 373; Kitzes et al. 2009, 2002).

Als wichtigsten Beleg für seine These der Gleichgewichtigkeit der beiden Wenden führt Schneidewind die *Rockström-Studie* an. Sie erschien erstmals 2009 und wurde 2015 überarbeitet.* Das Verfahren blieb dasselbe: Im Jahr 2009 veröffentlichte eine Gruppe von 29 renommierten Umweltwissenschaftlern eine erste Übersicht über die Grenzen der Ökosystemdienstleistungen. Dabei ermittelten sie neun planetare Grenzen, die elementar für den Fortbestand der menschlichen Spezies sind. Weiterhin ermittelten sie die quantitativen Grenzen für sieben der neun Bereiche, in denen noch verbleibende, sichere Handlungsspielräume für Menschen angesiedelt sein sollten. Dann *schätzten sie ab*, wie weit diese Grenzen schon ausgereizt sind. Dabei stellten sie fest, dass drei Grenzen bereits zum Zeitpunkt der ersten Veröffentlichung 2009 überschritten waren, 2015 kamen weitere hinzu. Eine planetare Grenze zu überschreiten bedeutet aber noch nicht, dass das Erdsystem »umkippt«, allerdings nimmt das Risiko mit dem Grad der Überschreitung jeder Grenze zu. Die Grenzen werden allein durch die *Abschätzung der beteiligten Forscher* definiert. Das ist eine ganz andere Erkenntnislage als bei den IPCC-Reporten, deren Zuverlässigkeit um vieles höher liegen dürfte. Die Rockström-Studie stellt Gefährdungen dar, ohne zu prognostizieren, was passieren könnte, wenn man diese nicht umgehend abstellt. Wenn wir mehr als 843 GT CO_2 zusätzlich in die Luft blasen, steht das 2-Grad-Ziel mit einer Wahrscheinlichkeit von 2/3 zur Disposition (USGCRP 2017). Derartig klare und quantifizierte Prognosen will und kann die Rockström-Studie nicht aufstellen.

So viel zu den Argumenten, dass die Ressourcenwende genauso dringlich einzuleiten sei wie die Klimawende. *Herkules kann demnach nach der derzeitigen, schmalen Wissenslage erst*

---

* Hier wurden neue Daten und teils auch regionale Grenzwerte hinzugefügt. Die ursprüngliche Studie von Rockström wurde 2015 unter seiner Beteiligung korrigiert und von Will Steffen et al. veröffentlicht. Ich spreche allerdings der Einfachheit halber durchgängig von der Rockström-Studie.

mit Vorrang das Klima reparieren und danach die Welt ins öko-
logische Gleichgewicht bringen. Ihn wird's freuen. Das werden
wir unten nochmals an der Rockström-Grenze Biodiversität
verdeutlichen.

Transformationsfalle: Versuche nicht alle ökologischen
Probleme zugleich zu lösen, sondern gib dem Klimaschutz
den Primat.

Heißt das, dass wir uns um die Ressourcenwende erst einmal gar
nicht kümmern müssen? Natürlich nicht. Sie ist dringlich, und
wir verursachen irreparable Schäden, wenn wir sie nicht in Angriff nehmen. Allerdings verstehe ich unter dem Erledigen einer
»Herkulesaufgabe« einen Versuch der Gesellschaft, ein Problem
sofort abzustellen, es nicht abzumildern, sondern notfalls mit
Priorität vor anderen Aufgaben zu lösen. Die Ressourcenwende
kann man etwas langsamer, also in Abstimmung mit zahlreichen anderen Partialinteressen wie Arbeitsplatzsicherheit oder
Investorenschutz behandeln und dabei auch Kompromisse eingehen. *Der Klimaschutz hingegen sprengt gerade diese bisher gän-*
gige demokratische Interessenbalancierung. Darauf verweist etwa
die »Fridays for Future«-Bewegung. Er ist nicht mehr ein Interesse unter vielen, sondern er hat Priorität. Unser Denken so
umzustellen müssen wir täglich trainieren.

3 Muss Herkules
wirklich zwei Aufgaben
bewältigen?

Natürlich müssen wir auch den WBGU-Bericht ergänzen und aktualisieren. So wird das dort beschworene 2-Grad-Ziel heute durch ein 1,5-Grad-Ziel ersetzt. 2011 hatte sich der WBGU etwa noch nicht mit dem Einfluss der Digitalisierung auf die Umwelt auseinandergesetzt. Diese Frage ist wenig erforscht, und noch fehlt ein systematischer Ansatz, wie man Digitalisierung und Ökologie miteinander verbinden kann. *Obwohl der Begriff »Digitalisierung« in der Corona-Krise einen Heiligenschein verpasst bekommen hat, weiß doch niemand, wo der Strom dafür herkommen soll.* Digitalisierung birgt für die Nachhaltigkeit Chancen und Risiken. Chancen liegen zum Beispiel in der besseren Organisation von Produkt- und Ressourcenströmen (zum Beispiel regional beim »digitalen Dorf«, bei dem der Lebensmittellieferant auf digitale Bestellung hin ins Dorf kommt). Man verspricht sich, in der Landwirtschaft etwa 70 Prozent der Herbizide einzusparen, indem man Unkräuter auf dem Feld entdeckt und Bekämpfungsmaßnahmen gezielt über eine Software koordiniert. Auch Netzwerke für erneuerbare Energien sind auf dezentrale Steuerung per Computer angewiesen (»smart grids«), man kann etwa Häuser digital verwalten und so den Energiebedarf effizienter steuern (»digital home«). Vielfältige Einsparungen sind zu erwarten. Im Moment jedoch steigert die Digitalisierung den Strombedarf enorm, wovor der dänische Think Tank »The Shift Project« warnt (Kerl 2019). Die Prognosen für die Energiekosten großer Unternehmen steigen in den nächsten Jahren sprunghaft, wegen der erwarteten Digitalisierung. Das gesamte Zahlenwerk, auf dessen Grundlage zum Jahrtausendwechsel die deutsche Energiewende konzipiert wurde, basiert auf den »veralteten« Techniken von damals. Wären Investitionen in nachhaltige Digitalisierung nicht ein Kandidat für ein perfektes Corona-Investitionsprogramm?

> Transformationsfalle: Vertraue nicht blind darauf,
> dass mehr Digitalisierung vorbehaltlos gut ist, sondern
> versuche Digitalisierung nachhaltig zu gestalten.

Es lässt sich natürlich darüber nachdenken, ob die nachhaltigste Form der Digitalisierung nicht im Verzicht auf Digitalisierung besteht. So erhält man Null-Stromverbrauch, kann allerdings auch Prozesse des Lebens nicht effizienter als gewohnt organisieren. Zudem ist ein kompletter Ausstieg wohl keine Option für Industrienationen, die im Wettbewerb mit anderen Ländern stehen. Wir können wieder nur die schlimmsten Auswirkungen lindern, daher müssen wir einfach versuchen, aus der Digitalisierung ökologisch das Beste zu machen. Auf andere Präzisierungen des WBGU-Berichts werden wir noch zu sprechen kommen. Eine Grundsatzfrage stellt sich jedoch noch: *Lassen sich Klimawende und Ressourcenwende überhaupt trennscharf voneinander unterscheiden, wie das die beiden Studien suggerieren?*

Für eine Klimawende müssen Emissionen reduziert werden, und das erreicht man über eine Energiewende, Verkehrswende, Landwirtschaftswende und Ressourcenwende. Der Begriff »Ressourcen« ist ein Sammelbecken. Natürliche Ressourcen umfassen fossile Energieträger, mineralische, metallische Stoffe, Wasser, Boden bis hin zu Biodiversität. Eine Trennung ist wenig sinnvoll, dafür gibt es zu viele Überschneidungen. Entsprechend hilft eine Prioritätenliste der »Wenden« nicht weiter. So weit der Einwand.

Wenn man »Ressourcenwende« als eine Abkehr von der Verwendung fossiler Energieträger versteht, macht es wenig

Sinn, sie von der Klimawende zu unterscheiden. Ich würde sie also eher so definieren, *dass »Ressourcenwende« sich darauf bezieht, den ökologischen Fußabdruck zu verringern, sofern es um andere ökologische Probleme als den Klimawandel geht* (Abfallvermeidung, Knappheit von Materialien und so weiter). Natürlich sind beide »Wenden« dann immer noch nicht strikt kausal trennbar. Aber es gibt beim Verringern des ökologischen Fußabdruckes sowohl Aspekte, die Klimaschutz ermöglichen oder aber erschweren. Wenn das Recycling eines Produkts zum Beispiel sehr energieaufwendig wird, können »recyceln« und »Klimagase vermeiden« sich widersprechen. Oder: Der Schutz einer bestimmten Art steht dem Anbau von Biomasse als erneuerbare Energie entgegen. Ob sich die Wenden ergänzen oder nicht, ist immer rein zufällig (wobei sie sich faktisch glücklicherweise häufiger ergänzen), bis zu der trivialen Einsicht: Keine Wirtschaftsaktivität bedeutet keine Klimagase, insofern bedeutet Konsumverzicht immer Verbesserung der Ressourcensituation und Verbesserung des Klimas. Aber auch dabei kann man unterscheiden, ob man verzichtet, um Abfall zu vermeiden oder um das Klima zu schützen. Hier sind *verschiedene Zielsetzungen* beteiligt, und an denen kann man oft eine Hierarchisierung festmachen. »Priorität der Klimawende« bedeutet, *dem Klimaschutz relative Priorität zu geben.* Wenn Reycling viele Emissionen erzeugt, muss man eventuell auch einmal verzichten. Entstehen jedoch nur geringfügige Klimagase, kann Recycling nach wie vor eine Option sein, tatsächlich scheint es häufig Klimagase zu sparen. Klimaschutz und das Schonen der Ressourcen kann man also tendenziell als zwei Aufgaben unterscheiden.

In diesem Sinne soll die Aussagekraft der Rockström-Studie am Punkt Biodiversität genauer geprüft werden. So wird die Verbindung dieser Rockström-Grenze, die gemäß Rockström einen der größten Brückenköpfe der Finsternis im Reich des Lichts darstellt, mit dem Wohlergehen von Mensch und Tier hinterfragt. (Dabei ist zu betonen, dass ein Primat des Klimaschutzes, den ich hier vertrete, auch der Biodiversität maximal zugutekommt, denn Klimawandel ist der größte Artenkiller.) Ist jede der Millionen Insektenarten, sind all die lästigen Mücken und Zecken, die es gibt, wertvoll und schützenswert? Beim Beantworten dieser Frage gibt es *zwei Argumentationslinien, eine betont den Nutzen für Mensch und Tier, die andere den Eigenwert der Natur.*

Die naheliegendste Antwort hebt auf den Nutzen ab: Die Welternährung beruht auf circa 20 Pflanzenarten, die 90 Prozent der Nahrung liefern. Durch die Züchtung auf bestimmte, ökonomisch reizvolle Merkmale wurden diese Arten verstärkt und andere weniger angebaut. Dieses Verdrängen führte zum Artenschwund. Die verbleibenden Kulturpflanzen sind extrem krankheitsanfällig, der Weizen ist in der Tat schon durch das Einkreuzen einer Wildsorte vor Krankheit gerettet worden (Streit 2007, 98). Was, wenn es diese Sorte nicht mehr gegeben hätte? Biodiversität abzubauen bedeutet ein unkalkulierbares Risiko. Vielfalt ist zudem nicht nur ein ästhetischer Gewinn, wir verdanken ihr etwa die Entwicklung neuer Medikamente. Aber genauso gilt, was der Ökologe D. Ehrenfeld schreibt: »Viele Arten, vielleicht sogar die meisten, haben im herkömmlichen Sinn überhaupt keinen Wert, auch keinen verborgenen. [...] Auch mit noch so viel Phantasie kann man sich nicht vorstellen, dass sie lebenswichtige Zahnräder in der ökologischen Maschine sein sollen« (Ehrenfeld 1992, 238). Trotzdem setzt sich Ehrenfeld im Sinne der zweiten Argumentationslinie für einen entschiedenen Artenschutz ein, denn er meint, dass Arten einen Wert an sich haben und dass »die Zerstörung der biologischen Vielfalt als solche ein Unrecht darstellt« (Ehrenfeld 1992, 238). Hier berühren wir die generelle Frage, ab wo ethische Rechte beginnen und was ethisch überhaupt wertvoll und schützenswert ist. Das ist die *Leitfrage der Umweltethik*, sie thematisiert, ob die Natur insgesamt oder nur bestimmte Teile von ihr schützenswert sind. Ist der Grand Canoyn wertvoll an sich, ist jede Amöbe und jedes Bakterium schützenswert, auch der Erreger der Schlafkrankheit?

Was Biodiversität bedingt, hängt von normativen Vorgaben ab. Wenn man »biozentrisch« meint, Biodiversität sei ein Wert an sich, also unabhängig von Mensch und Tier*, dann erreicht man schnell eine Position, nach der *jedes* Aussterben einer Art ein großes Übel ist. Dann wird man jedoch mit Albert Schweitzer immer noch gewichten müssen, welches Leben wertvoller als anderes ist (Schweitzer 1960). Denn jedes Leben für gleich wertvoll zu halten klingt zwar gut, ist aber de facto unmöglich. Das lernt man, wenn man eine Mücke erschlägt oder eine Ameise zertrampelt und dabei weniger Gewissensbisse verspürt, als wenn man seine liebe Großmutter zerstückelt. Lehnt man solchen Biozentrismus ab, wird Artensterben erst dann bedrohlich, wenn eine Wechselwirkung zum Wohlergehen empfindungsfähiger Lebewesen gegeben ist. Die Gefahr freilich wächst trotzdem mit jedem Aussterben jeder lästigen Mückenart, denn wir wissen nicht genug, um diesen Prozess genau bewerten zu können: Das Artensterben ist ein *potenzielles* Übel, denn das Risiko, dass Mensch und Tier leiden, wird dadurch vergrößert, auch wenn Ehrenfelds Meinung wahr sein sollte,

---

* Diese Position heißt »Biozentrismus« und begründet sich durch einen Eigenwert von Natur oder Leben. Werte existieren jenseits empfindungsfähiger Lebewesen, aufgrund deren natürlichen Ursprungs oder schlicht weil sie leben. Woher diese Werte jedoch stammen, bleibt ein Rätsel (vgl. Perry 1967). Die Argumente dafür überwiegen, dass der Biozentrismus widerlegt ist (Gesang und Möller 2019).

dass viele Arten keine Bedeutung im Räderwerk der Natur haben. Anders als biozentrisch begründet, steckt in fast jedem Artensterben ein unabsehbares Risiko, das nach Möglichkeit vermieden werden muss. Allerdings ist die *Dringlichkeit des Artenschutzes* und damit die Interpretation des Ausdrucks »nach Möglichkeit« von individuellen Einschätzungen abhängig, ganz ohne Risiko kann man eben nicht einmal nichts tun.* Dass beim Artenschutz kein Spielraum mehr gegeben sei, ist Spekulation. Man sollte insbesondere mit dieser (und mit jeder?) Rockström-Grenze vorsichtig umgehen, um ihre Bedeutung zu verstehen. Hier zeigt sich noch einmal, dass es sinnvoll ist, Klimawende und Artenschutz begrifflich und kausal zu unterscheiden, auch wenn beide natürlich Wechselwirkungen aufeinander haben. Wären Klimawende, Ressourcenwende und Artenschutz nicht zu differenzieren, könnten wir sie auch nicht hierarchisieren, wie in diesem Abschnitt geschehen. Also bleibt es bei zwei Herkulesaufgaben.

Transformationsfalle: Artenschutz ist wichtig,
aber Klimaschutz ist wichtiger.

---

* Das ist übrigens unabhängig davon, ob man den Biozentrismus teilt. Dieser plädiert ja auch nur für einen gewissen Wert, den zum Beispiel Leben qua Leben hat. Das ist analog zur Feststellung, dass jedes Artensterben Risiken birgt. Wie groß das Risiko oder der Wert dann eingeschätzt wird, ist aber eine andere Sache.

4 Zwei Wege zur großen Transformation – Die wichtigsten Thesen

1. Der eine Weg zur großen Transformation wird vom »Wissenschaftlichen Beirat der Bundesregierung Globale Umweltveränderungen« (WBGU) formuliert. Er fokussiert primär auf Klimaschutz und setzt auf einen Green New Deal, der ins Solarzeitalter führen soll. Der andere Weg wird vom Wuppertal Institut für Klima, Umwelt, Energie ausbuchstabiert, versucht das ökologische Gleichgewicht insgesamt zu thematisieren und sieht einen konsumärmeren Lebensstil als zentrales Mittel dazu.

2. Ich favorisiere den ersten Weg, denn eine Klimawende überfordert uns bereits, und das gesamte ökologische Gleichgewicht herzustellen ist noch anspruchsvoller und wird uns im verbleibenden engen Zeitfenster erst recht nicht gelingen. Obwohl sich Klimawende und das Schaffen eines ökologischen Gleichgewichts überschneiden, kann man sie voneinander trennen.

3. Biodiversität ist beispielsweise enorm wichtig für das ökologische Gleichgewicht, aber manchmal ein Hemmschuh für die Klimawende. Ich plädiere für ein Primat von Klimaschutz vor dem Artenschutz.

4. Digitalisierung verspricht ein zentrales Mittel auf dem Weg zum Solarzeitalter zu sein. Aber noch ist völlig unklar, woher der Strom für diese neuen Technologien kommen soll.

Kapitel 2
Was kann ich tun?

1 Schnitzelfasten
gegen den Klimawandel?

Man kann staatlichen Klimaschutz als Programm für Wachstum, technologische Marktführerschaft und Arbeitsplätze verstehen. Genauso kann privater Klimaschutz als Win-win-Verhältnis betrachtet werden: Denn er spart Geld (beispielsweise keine teuren Flüge) und fördert die Gesundheit (weniger Fleisch bedeutet geringeres Krebsrisiko). Auch kann er erstaunliche Metamorphosen bewirken, wenn etwa ein risikoscheuer Beamter zum Unternehmer wird und unversehens mit Strom handelt – und wenn die Ölheizung auf die Müllkippe kommt, wird auch noch ein neuer Kellerraum frei. Diese Sicht setzt darauf, Mut zu machen. Das ist richtig und wichtig. Jeder sollte nach solchen unerwarteten Gewinnen suchen und so durch sein eigenes Emissionsverhalten Klimaschutz betreiben. Aber auch wenn sich das alle Bürger und Staaten zu Herzen nehmen, wird es nicht reichen, um die in Paris verabschiedeten Klimaziele einzuhalten, und die beruhen nicht einfach auf willkürlichen Absprachen, sondern auf realen Gefahren, die beim Überschreiten drohen.

Was ist so schlimm daran, wenn unsere Staaten das 2-Grad-Ziel verpatzen, woran sie gerade hart arbeiten? Natürlich melden sich da viele, die es offenbar wissen: Stürme, Fluten, Eis weg, »Eisbär schwimmt« und besonders »Eisbär schwimmt nicht mehr«! Das stimmt, aber was es insbesondere mit dem 2- beziehungsweise 1,5-Grad-Ziel auf sich hat, ist weniger bekannt. Wenn wir diese roten Linien überschreiten, laufen wir Gefahr, dass das Klimasystem Domino mit uns spielt. So wie beim Domino ein Stein nach dem anderen kippt, gibt es beim Klima »Kipppunkte«, die Ähnliches bewirken können: Fällt ein Kipppunkt, dann läuft die Erwärmung eventuell unkontrollierbar ohne unser Zutun weiter. Ein mögliches Szenario: Ab 1,5 Grad Erwärmung können zum Beispiel zusätzlich zum bisherigen Schlamassel Bodenbakterien aktiviert werden, die CO_2 freisetzen, das zuvor im Boden gebunden war. Das heizt die Erde auf 3 Grad auf. Dann würden die permanent gefrorenen Böden des Nordens, etwa in Sibirien, auftauen. Das würde einen Methanschub auslösen, groß genug, um die Temperatur um ein weiteres Grad ansteigen zu lassen. Nun würde auch das Methanhydrat vom Meeresgrund abschmelzen, ein Stein fällt nach dem anderen um. Wir kommen von 1,5 Grad automatisch zu 6 Grad. So funktionieren die oben schon angesprochenen Feedback-Mechanismen im Kohlenstoffkreislauf (Friedlingstein et al. 2006; Gregory et al. 2009; Friedlingstein et al. 2014). Das Abschmelzen der Eispanzer und die damit geringere Reflexion des Sonnenlichts bilden einen anderen Kipppunkt (Hansen 2009, 72 ff.), und es gibt noch weitere. Die Konsequenz dieser Kettenreaktion wäre katastrophal, nicht nur für den Süden, der auf dieser Welt nun einmal zum Leiden verurteilt scheint, sondern auch für uns: Von 1,5 Grad führt ein Weg zu 6 Grad, ohne dass wir noch etwas aufhalten könnten (Lynas 2008). *Wir müssen also jetzt handeln, bevor die Schreckenskaskade startet.*

Wenn also mehr Klimaschutz nötig ist, als nur Win-win-Potenziale zu aktivieren, müssen wir beginnen, über *Opfer statt Geschäfte* zu reden. Was heißt das, bezogen auf private Verhältnisse? Man kann es ablehnen, den Klimaschutz überhaupt als private Aufgabe zu verstehen: Das ist nicht mein Job, sondern der des Staates. Dieser Standpunkt mag auch richtig sein. Ohne staatliche Koordination scheint jeder private Einsatz zum Scheitern verurteilt, weil einfach nicht sichergestellt ist, dass genügend Akteure am selben Strang ziehen. Aufgaben wie den Klimaschutz kann niemand allein stemmen, es geht um Probleme kollektiven Handelns. In der Theorie alles richtig, *jedoch was soll man tun, wenn die Staaten versagen und einfach nicht ihren Job machen?* Erstens haben wir auch als Individuen in der Mehrheit Verantwortung für dieses Versagen, denn wir wählen die Regierungen, und zwar bislang immer solche, die sich nicht sonderlich um Klimaschutz kümmerten. Zweitens kann man überlegen, ob die einzelnen Menschen nicht einspringen müssen, wenn Staaten versagen. Der Job ist zu wichtig, um unerledigt zu bleiben. Aber wie können die Einzelnen helfen, wenn kollektives Handeln besonders mit staatlicher Koordination am erfolgreichsten ist? *Man muss das Handeln des Einzelnen »entkollektivieren« und seinen Erfolg unabhängig vom Handeln anderer machen.* Das heißt: Man kann persönlich etwas Sinnvolleres gegen den Klimawandel tun, als seine Autoschlüssel wegzuwerfen und die Kulturpraktik des Grillens zu verabschieden. Solche Strategien werden von Niko Paech zu Ende gedacht und führen, wie wir im ersten Kapitel schon gehört haben, um 120 Jahre zurück, als noch vorrangig Pferdekutschen auf den Straßen unterwegs waren. Ich glaube, dass sich viele täuschen, wenn sie sich für diese Strategie entscheiden. Da genügt es nicht, Pappbecher zu vermeiden, da geht es um einen wirklich radikalen Umstellungsprozess. Ein paar kleine Schritte, die dem Einzelnen gerade nicht wehtun, reichen keinesfalls, es geht um eine große Rolle rückwärts. Wenn klar wird, was das bedeutet, werden viele zurückschrecken und die Motivation verlieren. Zudem hat diese Strategie bislang selbst bei solch simplen Schritten wie der Einführung der Energiesparlampen versagt, wo die Politik dem unfähigen Verbraucher zu Hilfe eilen musste. Daher will ich nach anderen Wegen suchen. Wie eine neue Handlungsstrategie aussehen könnte, will ich im Folgenden entwickeln, indem ich die Rolle des Einzelnen bei der großen Transformation präzisiere.

Der WBGU hilft uns da wenig, da er Pflichten von Individuen und Unternehmen zwar erwähnt, aber nicht ausführt: »*Es geht um einen neuen Weltgesellschaftsvertrag für eine klimaverträgliche und nachhaltige Weltwirtschaftsordnung.* Dessen zentrale Idee ist, dass Individuen und die Zivilgesellschaften, die Staaten und die Staatengemeinschaft sowie die Wirtschaft und die Wissenschaft kollektive Verantwortung für die Vermeidung gefährlichen Klimawandels und für die Abwendung anderer Gefährdungen der Menschheit als Teil des Erdsystems übernehmen« (WBGU 2011, 2). Ansonsten spielen Akteure auf der Mikro- oder Mesoebene vorrangig als Beispiele für Pioniere des Wandels eine Rolle. Hier sollten wir also einhaken und Genaueres ergänzen.

Da die Politik nicht zu Unrecht als lahme Ente bekannt ist, lautet das übliche Rezept: Fangen wir selbst im Kleinen an, stellen wir unser eigenes Leben um. Schnitzel ade, weniger fliegen, mehr Ökostrom nutzen, Ölheizung raus, beim Einkauf Ökobilanzen von Produkten vergleichen und Autoschlüssel wegwerfen. Werden wir selbst zu Helden, jeder beginnt bei sich selbst. Wenn es darum geht, bei etwas Falschem nicht mitzumachen und die eigene »Integrität« zu wahren, ist das ehrenvoll und die einzig mögliche Art, sich moralisch zu verhalten. Klingt aber auch für manche nach dem spaßfreien Leben eines Heiligen oder weniger prosaisch: Das kann teuer werden, und viele sehen nicht, dass die eventuell enormen Opfer wirklich etwas bewirken. Warum das? Weil der Einzelne erst etwas bewirkt, wenn viele so handeln! Wenn viele Leute über einen grünen Rasen laufen, ist das schlecht für den Rasen, auf dem ein brauner Weg entsteht. Wenn ich aber allein drüberlaufe, entsteht kein Weg, schade ich keinem. So auch die ungefähr zehn Tonnen CO_2, die jeder von uns im Schnitt pro Jahr emittiert: für sich genommen kein Problem. Also bewirkt auch eine durch mein Verhalten verringerte Menge *allein* nichts. Nur wenn das viele tun, bewirkt es etwas: Aber wenn das jeder dächte und so handelte! Jedoch mein Verhalten nehmen die meisten anderen gar nicht wahr, ich habe kaum Einfluss auf sie, jedenfalls nicht auf viele. Wenn jeder so dächte, wäre das schlimm, aber mein Denken und Handeln hat einfach keine Verbindung zu dem, was die anderen denken und tun. *Mein isoliertes Schnitzelfasten macht allein den Kohl nicht fett, den Rasen nicht braun und das Klima nicht besser.* Wieso sollte ich also Opfer auf mich nehmen, wenn es isoliert nichts bewirkt, zumindest solange ich nicht erwarten kann, dass genug andere mitmachen? Kann ich das nicht erwarten? *Konsequentes Handeln dieser Art ist höchstens typisch für Teile westlicher Eliten, die global gesehen eine kleine Minderheit sind.* Wenn ich etwas aufgebe, was mir viel bedeutet, dann wenigstens nicht umsonst, sagen sich viele.

Für einige Menschen ist ein alternativer Lebensweg gar *kein Opfer, sondern Teil der Selbstverwirklichung.* Für sie zählt meist nicht, ob sie einen Unterschied im Verlauf des Weltgeschehens machen, sondern für sie ist es wichtig, eine konsequente Lebenshaltung einzunehmen. Diese Menschen sind hier nicht angesprochen. Wem nichts fehlt, wenn er beispielsweise vegan lebt, hat keinen Grund, diese Kooperation zu verweigern. Verwirrend ist, dass in den großen Heldenepen immer jene, die konsequent leben und keinen Unterschied machen wollen, am Ende den Unterschied machen. Aber da endet dann auch die Analogie von Epos und Realität. Nur wer dem Urlaub auf den Malediven nachtrauert (ich nenne ihn »Otto Normalverbraucher«), ist hier angesprochen. Diese Verbraucher könnten sagen: Verhaltensänderungen kosten mich sehr viel (zwar nicht immer an Geld, aber an Wohlergehen, denn der Verzicht auf die Malediven schmerzt), ohne dass ich mir über den Effekt sicher sein kann. Zwar haben Konsumentenbewegungen insgesamt durchaus Erfolge, aber *mein Beitrag dazu macht eventuell keinen Unterschied*. Zudem: Wenn dieser Beitrag etwas bewirkt, dann auch nur eine kaum spürbare Verbesserung. Das Kosten-Nutzen-Verhältnis erscheint Otto Normalverbraucher miserabel. Ist es also schlau, an seinen Emissionen zu arbeiten? Vielleicht gibt es effektivere Wege, die Welt besser zu machen. Diese Wege haben eine höhere Erfolgswahrscheinlichkeit und versprechen mehr Wirkung für den individuellen Einsatz.

2 Shoppen für eine bessere Welt

Machen wir uns dieselben Probleme von einer anderen Seite aus plausibel, nämlich vom *ethischen Konsum* aus. Die Heldentaten der Moderne könnten täglich im Supermarkt passieren. Die Auswahl erschlägt uns, und wir können immer mehr extrem billig kaufen. Der einzelne Verbraucher profitiert von dieser Bequemlichkeit, aber er weiß oder ahnt, dass Blut an diesen Waren klebt: Tierquälerei am Fleisch, Kindersklaverei an der Schokolade oder Frauenarbeit zu Hungerlöhnen am T-Shirt.

Also warum nicht alle Käufer zu Helden der großen Transformation werden lassen? Um Sklaverei und die anderen Übel zu vermeiden, kann eine ausreichende Anzahl von Menschen durch Veränderung ihrer Einkaufsgewohnheiten kooperieren. Die Unternehmen könnten auf neue Konsumgewohnheiten und Verbraucherpräferenzen reagieren, die durch den Aufstieg der Fair-Trade-Bewegung oder durch erfolgreiche Verbraucherboykotte plausibel gemacht werden (O'Rourke 2012). Das Hauptproblem bei dieser »Standardstrategie«, durch Kooperation des Einzelnen beim Umstellen des Emissions- oder Konsumverhaltens die Welt zu verbessern, ist erneut: Jeder einzelne Verbraucher kann sich entscheiden, nichts zu ändern, und sich stattdessen auf die Anstrengungen anderer verlassen. Er kann argumentieren, dass es unwahrscheinlich ist, dass Unternehmen ihre Produktion anpassen, weil ein einzelnes Produkt mehr oder weniger verkauft wird, und dass sein Kauf daher keinen Unterschied macht.

Für den Einzelnen scheint ein einzelner Kauf keinen großen Unterschied zu machen, aber massenhafte Käufe schädigen andere – so ein naheliegender Einwand. *Kann ich mit meinem einzelnen Kauf einen Unterschied zum Besseren oder zum Schlechteren machen?* Bin ich moralisch verpflichtet, auf bestimmte Einkäufe zu verzichten? Für den Alltagsverstand sieht es nach fehlender Fairness und Solidarität aus, darüber überhaupt nur nachzudenken. Wenn alle zusammen Großes bewirken können, wieso sollte ich meinen Teil nicht beisteuern? Wenn ich mich drücke, profitiere ich vom Erfolg der Entbehrungen anderer Konsumenten, trage aber nichts zum Erfolg bei. Ich dürfte, landläufig beurteilt, wohl ein Schmarotzer sein.

Aber dieser Vorwurf übersieht, dass ich das Geld, das ich durch meine Nicht-Teilnahme am Projekt »Einkaufen für eine bessere Welt« spare, auch für eine bessere Welt einsetzen kann. Wie denn das? Mein einzelner, kleiner Kauf verbessert die Welt wahrscheinlich nicht. Aber mit dem Geld, das ich beim billigen Einkaufen einspare, kann ich die Welt spürbar besser machen. Besonders indem ich es für Projekte einsetze, bei denen der Erfolg nicht davon abhängt, ob andere sich beteiligen. Und genau da liegt die Crux beim »Shoppen für das Gute«: Es macht erst einen Effekt, wenn genug Leute mitmachen. Und es dürfen auch nicht zu viele Leute mitmachen, denn dann tritt der gute Zweck ohnehin, auch ohne mein Dazutun, ein. Wenn ich etwas verändern kann, dann nur dort, wo der Erfolg »Spitz auf Knopf« steht.

Transformationsfalle: Vertraue beim individuellen Klimaschutz oder Konsumverhalten nicht blind auf die Standardstrategie.

3 Bringt ein Tropfen mehr das Fass zum Überlaufen?*

Gerade in den letzten Jahren haben Philosophen für den ethischen Konsum des Einzelnen plädiert, obwohl man kaum wissen könne, ob es auf einen einzelnen Kauf ankomme. Daher könne man sich nur an den *Erwartungsnutzen* halten, das ist das Produkt aus Eintrittswahrscheinlichkeit eines Schadens und Schadensgröße (Kagan 2011; Matheny 2002; Singer 1980; Parfit 1987). Ein Erwartungsnutzenkalkül zwinge jedoch, den Einzelkauf ernst zu nehmen. Anlass genug, die bisherigen Thesen über die (fehlende) Bedeutung einer Einzelhandlung gründlich zu vertiefen.

Versteht man unsere Situation als »Schwellenwertproblem«, gewinnt man ein Argument, warum eine kleine Einzelhandlung einen großen Unterschied machen sollte. Dabei nehme ich zur Kenntnis, dass durchaus prominente praktische Philosophen diesem Argument folgen. Aber selbst wenn ich mich irre und sie recht haben, glaube ich, dass die von mir im Folgenden entwickelte Strategie besser ist (also mehr Wohlergehen erzeugt)

---

* Dieser Abschnitt belegt meine Skepsis gegen den Wert kleiner individueller Konsumausgaben detailliert. Eilige Leser können ihn überspringen.

als die Standardstrategie, das persönliche Emissionsverhalten direkt zu verändern.

Das Gewicht einer Einzelhandlung erklärt etwa Shelly Kagan am Beispiel des Kaufs eines Huhns. Er geht davon aus, dass Hühner auf einer Hühnerfarm aufgezogen und geschlachtet werden, bevor sie an die Fleischereitheke eines Supermarktes geliefert werden. Auf den ersten Blick macht der individuelle Hühnerkauf keinen Unterschied, und der Kunde kann die Hände in Unschuld waschen. Das Huhn ist bereits mausetot, wenn es im Supermarkt ankommt, das Kind ist schon in den Brunnen gefallen, sprich der Schaden bereits entstanden und kann nicht auf den Akt des Einkaufs zurückgeführt werden. Dennoch könnte ein einziger Hühnerkauf die Bestellung (und damit den Tod) neuer Hühner auslösen. Im Szenario bestellt der Supermarkt nicht für jedes verkaufte Huhn ein neues Huhn. Stattdessen wird in festen Zyklen bestellt: Sobald beispielsweise 25 Hühner verkauft sind, werden 25 Hühner nachbestellt. Das geschieht aufgrund von eisernen Marktgesetzen wie dem, dass Angebot und Nachfrage aufeinander abgestimmt werden müssen, um Über- oder Unterproduktion zu vermeiden (Kagan 2011, 124). Ökonomen können erleichtert aufatmen, die Welt ist hier noch in Ordnung. Die Hühnerfarm reagiert auf die Bestellung des Supermarktes, das heißt, sie tötet 25 Hühner und lässt 25 neue Eier ausbrüten. Das Szenario entspricht einem Schwellenwertfall, bei dem jeder 25. Kauf einen Schwellenwert darstellt. Der 25., 50., 75. Hühnerkauf und so fort löst den tragischen Tod von 25 weiteren Hühnern aus.

Jetzt lassen sich zwei Fälle unterscheiden:

1. *Die Menge der Einkäufe ist gleich 25*
   (oder eines exakten Vielfachen von 25).

Wenn genau 25 Hühner verkauft wurden, kann jeder Hühnerkauf direkt mit dem Schaden verbunden werden, der mit dem Tod der Hühner verbunden ist. Wer diesen Schaden nicht sieht, ist nicht nur nicht empathisch und kein Freund des Huhns. Er muss leugnen, dass Tiere, die bei der Reizleitung ähnlich funktionieren und den Schmerz genauso fliehen wie wir selbst, genauso leiden wie wir selbst. Wenn ein Kunde sein Huhn nicht gekauft hätte, wäre die kritische Schwelle nicht erreicht worden, und somit wären keine zusätzlichen Hühner bestellt und getötet worden (wir bewegen uns immer noch im begrenzten Zeitraum eines Handelstages). Da dies für jeden einzelnen der 25 Verbraucher gilt, kann man daraus schließen, dass jeder Kauf einen moralisch relevanten Unterschied machte.

2. *Die Menge der Einkäufe ist ungleich 25*
   (oder eines exakten Vielfachen davon).

In diesem Fall kann der individuelle Kauf nicht mehr direkt mit dem Tod der Hühner in Verbindung gebracht werden. Also ist der Käufer aus dem Schneider? Nehmen wir an, 28 Hühner wären verkauft worden. Selbst wenn ein einzelner Verbraucher auf seinen Kauf verzichtet hätte, wären noch 27 Hühner über die Theke gegangen, und damit wären immer noch 25 neue Hühner bestellt und getötet worden. Kann daher der einzelne Käufer als unschuldig gelten? Der einzelne Konsument kennt die Menge der Käufer und den Schwellenwert nicht und hat daher keine Ahnung, ob er mit Fall 1 oder 2 konfrontiert ist. Wenn der Schwellenwert weiter bei 25 Verkäufen liegt, könnte der Käufer in 1/25 Fällen zu der grausigen Gruppe gehören, die den Wert 25 oder eines exakten Vielfachen davon auslöst. In 24 Fällen findet sich der Käufer in einer glücklichen Gruppe, die das nicht schafft.

Um nun eine Antwort auf die Frage zu finden, ob der Einzelne einen Unterschied macht, verwenden die Analytiker, die eine Verantwortung des Einzelnen annehmen, nicht das altbewährte Gottesurteil, sondern das Konzept des *Erwartungsnutzens*. Dieser besteht, kompliziert gesagt, in der Summe der Nutzenwerte der möglichen Ergebnisse einer Handlung multipliziert mit den jeweiligen Wahrscheinlichkeiten, dass diese Ergebnisse real werden (Briggs 2016). Einfach erklärt, ist mit *Nutzenwerten* Folgendes gemeint: In Bezug auf den Kauf oder Tod genau eines Huhns besteht ein positiver Nutzenwert in dem Vergnügen, das sich aus dem Verzehr des Huhnes ableiten lässt. Huhn schmeckt gut! (Und ehrlich gesagt, nur darum haben sich die Helden der Vergangenheit gekümmert, aber es gibt ja auch Fortschritt!) Der Tod des armen Federviehs stellt einen Schaden dar (nehmen wir der Einfachheit halber an, es handele sich um Bio-Hühner, für die der Tod keine Erlösung war), der ebenfalls in Betracht gezogen werden muss. Auch das Huhn lebt gern! Wiegt man beides ab, erhält man den Nutzenwert des Verzehrs eines Huhns. Kagan und andere Verteidiger einer Verantwortung des Einzelnen beim Konsum gehen davon aus, dass der Schaden, der durch das Töten des Huhns entsteht, immer größer ist als der Genuss, es zu essen (Kagan 2011, 122). Für das Huhn ist es schlimmer, nie wieder im Misthaufen zu picken und nie wieder in der Sonne zu baden, als für den Menschen, zu einer bestimmten Mahlzeit statt in einen Hühnerschenkel in Tofu zu beißen. Vielleicht hat er schon am nächsten Tag vergessen, was er am Vortag gegessen hat: Daher ist der Nutzenwert des Kaufs beziehungsweise Todes beziehungsweise Verzehrs *eines* Huhn immer negativ.

Nun ist die *Eintrittswahrscheinlichkeit* der Ergebnisse eines Hühnerkaufs noch zu erklären: Die Eintrittswahrscheinlichkeit beantwortet die Frage, wie wahrscheinlich der nach obiger Festlegung negative Nutzen, also der Schaden, eintritt, der mit dem Kauf jedes Huhns im Supermarkt verbunden ist. Das hängt von der Größe der *Käufergruppe* ab, zu der der Verbraucher gehört. Machen wir uns das klarer: Wenn die Käufergruppe genau gleich 25 Menschen oder eines genauen Vielfachen (50, 75 und so weiter) davon ist (Fall 1), ist der Kauf jedes Huhns offensichtlich mit dem Tod weiterer 25 Hühner verbunden. Ist dies nicht der Fall (Fall 2), kann dem Kauf erst einmal kein Schaden zugeordnet werden. Während Fall 1 relativ unwahrscheinlich ist, ist Fall 2 der bei Weitem wahrscheinlichere.

Im ersten Fall ist die Frage nach dem Unterschied klar: Durch meinen Kauf eines Huhns verursache ich den Tod von 25 Hühnern mit (Größe des Nutzens/Schadens der möglichen Ergebnisse). Ich trage 1/25 Anteil an dem Ergebnis des Todes von 25 Hühnern, das durch meine und 24 andere Kaufentscheidungen entsteht (Eintrittswahrscheinlichkeit des Nutzens durch meinen Kauf). Damit ist mein Beitrag dazu, also meine Schuld, gleich der, ein Huhn auf dem Gewissen zu haben, denn $1/25 \times 25$ ergibt 1. Da nun, wie wir gesehen haben, das traurige Dahinscheiden eines Huhns schlimmer ist als der Genuss, der durch mein schnödes, fetttriefendes Grillhähnchen entsteht, ist der Fall 1 klar: Durch meinen Kauf entsteht *immer* mehr Leid als Wohlergehen (Kagan 2011, 125).

Fall 2, der viel wahrscheinlicher eintritt, fordert unsere mathematischen Grundkenntnisse auf ähnliche Weise. Wir wissen: Alle T Hühnerkäufe wird ein Schwellenwert ausgelöst, und entsprechend werden T Hühner nachbeordert. T bleibt aufgrund der unterstellten Relation von Angebot und Nachfrage konstant, so viel wie nachgefragt wird, wird wieder angeboten. Der Schaden, den mein Kauf maximal auslösen kann, ist der Tod von T Hühnern. Ich bin einer von T Käufern, der für das Massaker an T Hühnern verantwortlich sein kann. Ich habe also die Wahrscheinlichkeit (1/T), zu einer Käufergruppe zu gehören, die das schafft, genauso wie jeder der anderen Käufer aus der Menge T (= Eintrittswahrscheinlichkeit). Der Erwartungsnutzen meines Kaufs, also das Produkt aus verursachtem Schaden und Eintrittswahrscheinlichkeit des Schadens, beträgt 1/T × T. Das ergibt den Erwartungsnutzenwert 1, das heißt wiederum denselben Wert, als wenn ich ein Huhn ganz gewiss und höchstpersönlich töte. Nun haben wir aber schon festgestellt, dass ein Huhn zu töten *immer* schlechter ist, als ein Huhn zu essen (es sei denn, ich kann mich nicht anders ernähren). Für ein Bio-Huhn ist ein glückliches Leben für weitere Jahre wichtiger als mir mein Mittagessen, bei dem ich sowieso unsicher war, ob ich Huhn, Krabben oder Tofu bestellen wollte. Also ist mein Kauf im Fall 2 ganz wie im ersten Fall *immer mit einem negativen Erwartungsnutzen versehen*, weil ich nicht weiß, ob ich einen Schwellenwert auslöse. In der Sprache des Wohlergehens gesprochen, schade ich immer mehr, als ich nutze, wenn ich ein Huhn unter den dargelegten Bedingungen kaufe. Also: Hühnerkauf ist immer pfui! (Kagan 2011, 127).

Nun kann ich an diesem Beispiel herumnörgeln. Immerhin wird hier das Wohl von Tieren mit dem von Menschen verglichen. Vielleicht ist das Wohlergehen von Menschen aber viel mehr wert als das von Tieren. Aber das Beispiel soll auch für andere Konsumgüter gelten, wie zum Beispiel T-Shirts. Alle 100 T-Shirt-Verkäufe wird eine neue Tranche von 100 T-Shirts unter unmenschlichen Bedingungen produziert. Dass eine Arbeiterin einige Minuten länger nicht zur Toilette darf, einige Minuten länger in Lebensgefahr in einem baufälligen Gemäuer arbeiten muss, einige Minuten länger nicht trinken darf und unter großer Hitze leiden muss, während sie weiter finanziell ausgebeutet wird, all das ist durch meine Freude an einem neuen billigen T-Shirt nicht zu toppen, das ich wegwerfe, nachdem ich es nur wenige Male getragen habe. Es geht um dieselben Verhältnisse wie auf der Hühnerfarm, nur riecht es nicht so streng. Hier wird nicht mehr Tier und Mensch verglichen, der Einwand fällt flach. Also Spiel, Satz und Sieg für die Konsumentenethik?

Ich fürchte, nein. Die Argumentation der Konsumentenethiker geht davon aus, dass eine *Symmetrie zwischen Angebot und Nachfrage* existiert, sodass zum Beispiel nach jedem Verkauf von 25 Hühnern 25 neue Hühner geordert werden. Das stimmt nur unter ganz bestimmten Bedingungen. Erst einmal müssen Marktgesetze das Geschehen lenken. Auch wenn man an tristen, traurigen Tagen meinen könnte, dass dies überall der Fall ist, so ist das ein Irrtum. Wenn man Kagans Argumentation etwa auf die Klimaethik anwenden will, läuft sie jedenfalls schief.[*] *Hier bestimmen nicht Markt-, sondern Naturgesetze, wo Schwellenwerte liegen* (Nefsky 2012, 369; Gesang 2017b, 13). Es gibt verschiedene Szenarien, wie die Natur sich verhalten könnte. So meinen manche Klimaforscher, wenn ein bestimmter Kipppunkt bei der Erderwärmung überschritten werde, würden sich über Rückkopplungseffekte in der Natur unaufhaltsam neue Schäden einstellen, schlimmstenfalls bis zur Ausrottung allen höheren Lebens (Lynas 2008, 215–240). Zudem nehmen sie an, dass wir diesen Punkt mit den bisherigen Emissionen bereits auslösen werden, also gar nichts mehr tun können, um den Klimawandel zu regulieren (vgl. dazu Cox et al. 2000, 182–184; Hansen et al. 2007, 2287–2312; vgl. Rahmstorf und Schellnhuber 2018, 98). Damit wäre mein jetziger Beitrag ganz gleichgültig. Egal,

---

[*] Er versucht auch eine Argumentation ohne Rückgriff auf Erfahrung anzubringen, die allerdings nur eine der beiden Lösungen für das sogenannte »Paradoxon des Hügels« (Sorites Paradox) wiederholt, und ein Paradoxon wäre nicht paradox, wenn es nicht zwei Lösungen gäbe, von denen jede gleich plausibel wäre (vgl. Gesang 2017b, 15f.).

was ich jetzt tue: Das Kind ist schon in den Brunnen gefallen (Gesang 2017b, 6–9).

Es gibt auch noch wahrscheinlichere Szenarien für das Verhalten der Natur, die Kagans Argument torpedieren. So könnten einige Kilogramm CO_2, die ich bei einer Autofahrt freisetze, schlicht eine zu kleine Menge sein, um in einem so großen System wie dem Klimasystem eine Veränderung zu bewirken. Das System ist chaotisch, und vielleicht reagiert es nicht »linear« gemäß der einfachen Gleichung, nach der jedes Gramm mehr an CO_2 einen größeren Schaden auslöst. Solche nichtlinearen Systeme kennen wir aus der Quantenphysik und der Theorie der Messapparate (Gesang 2017b, 17). Die im letzten Abschnitt dargelegte Argumentation der Konsumenten- und Klimaethiker ist im Blick auf das Klima keineswegs sicher und hängt von Szenarien darüber ab, wie die Natur reagiert. *Also ist die These unplausibel, dass meine einzelne Schadstoffemission immer notwendig einen Unterschied macht.* Die Eintrittswahrscheinlichkeit eines Schadens durch mein Handeln wird durch diese Szenarien verkleinert oder auf null gesenkt, wobei sie sowieso schon sehr klein ist, sodass man sie bei der Erwartungsnutzenanalyse nur durch riesige Schadenserwartungen ausgleichen kann.

Auf Märkten hängt das Erwartungsnutzenargument der Konsumentenethiker von den Beschaffenheiten der Märkte ab, nicht jeder Markt wirft das gewünschte Ergebnis ab. Viele Märkte sind hoffnungslos verzerrt, insbesondere der Fleischmarkt, dem Kagan sein tragisches Huhn entlehnte. Hier herrschen nicht allein die Könige Angebot und Nachfrage, vielmehr sind diese Märkte etwa in Europa von der EU zugunsten der Angebotsseite reguliert. Ziel ist es, den Lebensstandard der Bauern und die Ernährungssicherheit zu gewährleisten, wie es ausdrücklich in den Bestimmungen zur Agrarpolitik der EU heißt (European Commission o. D.). Wie wirkt sich das auf das

Hühnerdrama aus? Offenbar kann die Nachfrage sinken, aber sobald sie ein bestimmtes Niveau unterschreitet, werden die Verluste der Hühnerproduzenten von der EU aufgefangen, um die einheimische Produktion zu sichern. Der ehemalige EU-Agrarkommissar Dacian Ciolos hat verkündet, dass die EU-Lebensmittelsubventionen nur ausgesetzt wurden, weil sie gerade nicht notwendig sind, aber jederzeit wieder aktiviert werden können (Mari 2014; Reichert 2014). Die Fleischproduzenten wissen, dass bei Einbrüchen der Nachfrage unter ihnen ein »politisches Sicherheitsnetz« gespannt ist, und können sich daher entspannt zurücklehnen. Nach meiner Meinung gelten die Argumente der Konsumentenethiker aber nicht nur unter den Bedingungen einer gewogenen Natur, außerdem setzen sie auch die Herrschaft von Angebot und Nachfrage voraus (vgl. Gesang und Ullrich 2020a). Die unterliegen aber auf fast allen Märkten staatlicher Regulierung – zum Glück. Tatsächlich müsste man zahlreiche komplexe Zusammenhänge (marktverzerrende Faktoren) berücksichtigen, ehe man Klarheit über den Einfluss des eigenen Kaufverhaltens erzielt.

Und ein weiterer Faktor muss beachtet werden, der beim Beitrag des Einzelnen zum Vermeiden von Klimagasen eine Rolle spielt: Ökonomen wie Hans-Werner Sinn weisen auf eine Komplikation hin, die *die Angebotsseite betrifft, also die Perspektive der Ölscheiche beziehungsweise sonstiger Eigentümer fossiler Brennstoffe* (Sinn 2009, Kapitel 7; vgl. Weimann 2009, 181, 186). Angenommen, wir drosseln die Nachfrage nach schmutzigen Energieträgern und werden langfristig »clean«, dann wäre das Gold der Wüste nie wieder so wertvoll wie heute. Das weckt bei den Besitzern dieser Ressourcen den Anreiz, ihre Vorräte jetzt noch zu verkaufen, bevor sie wertlos im Boden liegen bleiben. Der für die Zukunft zu erwartende Gewinn wird immer geringer. Folglich könnten die Scheiche mit Preissenkungen auf unsere grüne Politik reagieren, um ihre Schätze noch zu versilbern (eine Grenze bilden freilich Produktions- und Transportkosten fossiler Brennstoffe und die Verwertbarkeit dieser durch Abnehmerländer.) Unsere Sparbemühungen subventionieren dann nur den Erwerb von Kohle, Öl oder Gas im globalen Süden. Das nennt Sinn das »grüne Paradoxon«: *Die geringere Nachfrage führt zu einem schnelleren Abbau und Verbrauch fossiler Ressourcen.*

Für den Einzelnen bedeutet das noch nichts, solange er im marginalen Bereich agiert, in dem noch nicht klar ist, ob sich die Gesamtnachfrage durch das Handeln der Einzelnen deutlich senkt. Wenn jedoch dieser marginale Bereich verlassen wird, provoziert persönliches Sparen eine Antwort der dunklen Seite der Macht, die den Effekt des Sparens aufheben kann. Zwar ist diese Gefahr bis jetzt noch hypothetisch, denn leider sparen wir bislang keine fossilen Brennstoffe ein, aber wenn das in Zukunft gelingt, müssen wir die Gefahr ernst nehmen. Und die Ängste der dunklen Lords vor einem globalen Nachfragekartell könnten diese dazu bringen, jetzt schon zu reagieren, denn wo keine Nachfrage mehr vorhanden ist, stehen die fossilen Fürsten der Finsternis im Dunkeln. Allerdings lässt sich nicht absehen, wie deutlich ihre Antwort ausfallen wird, denn der Effekt ist nur das Ergebnis *theoretischer Überlegungen.* Aber wenn man die Eigeninteressen der Schwellen- und Entwicklungsländer beobachtet, muss man zur Kenntnis nehmen, dass die häufig statt wirksamen Klimaschutzes nur nachholendes Wirtschaftswachstum verfolgen, also potenzielle Abnehmer sind. Zwar kann man zynisch hoffen, dass in Zeiten gerade dort zunehmender Klimakatastrophen die Prioritäten neu geordnet werden und man vielleicht erkennt, dass man sich ohne Klimaschutz mehr schadet, als nützt. Aber allein auf diese Einsicht zu bauen, reicht nicht aus.

Ein kritischer Blick auf die Konsumentenethik zeigt also, dass der einzelne Konsum *die Umweltbilanz wenn, dann nur minimal beeinflusst.* Was hätte man auch anderes erwartet? (vgl. Budolfson 2019, 1718) Dass wegen eines T-Shirt-Kaufs die Welt zusammenbricht? So kann man die Perspektive ändern und sagen: *Kleine Schäden oder Gewinne, über deren Existenz man erst lange nachgrübeln muss, sollten uns nicht interessieren, solange wir große Schäden vermeiden oder großen Nutzen bewirken können.* Also sollte man zur *Doktrin vom großen Unterschied* übergehen und die großen Herausforderungen abarbeiten. Man kann (vgl. nächster Abschnitt) also nur die großen Räder drehen – oder auf die bisherigen Befunde ganz anders reagieren: und zwar so, dass man die Frage, ob der einzelne Kauf einen Unterschied macht, zurückweist. Vielleicht kommt es doch mehr auf die Haltung des Käufers an und auf sein Verantwortungsbewusstsein, einen fairen Anteil am entstehenden Gesamtschaden zu tragen. Wahres Heldentum besteht demnach darin, tugendhaft seine Minnelieder zu singen, und äußert sich auch in symbolischen Handlungen. Damit rettet man die Konsumentenethik, indem man den Schauplatz wechselt. Ich will solche Manöver nicht kommentieren. Für mich ist klar, dass es darauf ankommt, ob man eine Veränderung in der Welt bewirkt. Ob man Leid oder Freude verursacht, darum geht es beim Handeln, bei der Ethik wie im wahren Rittertum.* Das meinen wahrscheinlich auch die meisten Konsumenten, die es komisch finden, wenn sie sich einschränken sollen, obwohl es keinen Unterschied in der Welt macht, ob sie das tun oder nicht.

---

* Wo es möglich ist, plädiere ich für eine Konsensethik, die Brücken zwischen den Ethiktypen baut. In diesem Buch spielt jedoch die *Doktrin vom großen Unterschied* eine große Rolle, und diese ist zum Beispiel kaum mit kantischer Ethik kompatibel.

4 Die Doktrin vom großen Unterschied

Damit sind wir zurück bei der schon erwähnten *Doktrin vom großen Unterschied*. Was ist damit genau gemeint? »Verzettle dich nicht im Kleinen, solange du klar Größeres bewirken kannst«, lautet die Maxime dieser Doktrin. Auch die Frage nach den Wirkungen einer Einzelhandlung lässt sich unter die Rubrik »Entscheiden unter Unsicherheit« einordnen. Ich weiß etwa nicht, ob sich die beabsichtigten positiven Folgen einer Kooperation einstellen, weil ich nicht weiß, wie die anderen Menschen handeln werden. Ich kann dieses Unwissen nicht generell über Erwartungsnutzenkalküle ausschalten. Außerdem kann ich meinen Beitrag zur Kooperation kaum messen, da er winzig klein ist, falls er überhaupt eine Rolle spielt. Anders läge der Fall, wenn mein Beitrag einen Schwellenwert überschreitet. Dann wäre aber nachzuweisen, dass nur er das allein tut und nicht noch andere mit ihm. Sonst wäre es nicht auf meine Handlung angekommen, um den Unterschied zu machen. Kagan will dieses Problem über seine Argumentation bewältigen, aber für bestimmte Fälle gelingt ihm das nicht. Solche Fälle von anderen zu unterscheiden, klingt nicht nur extrem schwierig, es ist auch schwierig. Daher konzentrieren wir uns lieber auf das, was wir halbwegs sicher wissen.

Wir wissen wenigstens um große Schäden oder Gewinne und darum, welche Handlungen zu den sehr nützlichen oder sehr schädlichen gehören, denn diese »ragen sichtbar« aus anderen Alternativen heraus. Natürlich ist unser Wissen nicht unfehlbar, aber wenn wir überhaupt etwas wissen, dann dieses. *Wir können also mit Schätzungen im Großen arbeiten!* Wir wissen etwa, dass es nützlicher ist, zehn Hungernde einen Monat lang zu ernähren, als 100 deutschen Arbeitern für die gleiche

Zeit einen Mindestlohn von 9,50 statt 9,49 Euro pro Stunde zu zahlen. Darauf, dass wir große Folgenkomplexe halbwegs sicher abschätzen können, basiert unser gesamtes Entscheiden in Alltag und Politik. Wenn wir glauben, nicht einmal das zu können, müssen wir den Kopf in den Sand stecken und sämtliche Entscheidungen unterlassen. (Gesang 2020b)

Schätzen kann man, wie gesagt, gut, wenn die Unterschiede zwischen den abgeschätzten Alternativen groß sind. Machen wir das an Beispielen klar: Es gibt Handlungen, deren großer Nutzen ziemlich sicher ist, etwa eine Spende an eine *zertifizierte Wohltätigkeitsorganisation*. Was ist das? W. MacAskill führt beispielsweise fünf Fragen auf, nach denen Hilfsorganisationen evaluiert werden sollten und die der Organisation »GiveWell« als empirisch nachgeprüfte Bewertungsgrundlage für Hilfsorganisationen dienen: »1. Was tut diese Hilfsorgansation? […] 2. Wie kostenwirksam sind die einzelnen Programmbereiche? […] 3. Wie verlässlich sind die Angaben zur Funktionsweise der einzelnen Programme? […] 4. Wie gut werden die einzelnen Programme umgesetzt? […] 5. Braucht diese Organisation zusätzliche Finanzmittel?« (MacAskill 2016, 132).[*]

Vergleichsweise unsicher ist hingegen, ob meine Kooperation beim Boykott eines großen Ölkonzerns etwas nützt. Mit 30 Euro kann ich einen Blinden sehend machen, was bewirken aber die 30 Euro, die ich statt einem boykottierten »schlechten« einem teureren, »fast genauso schlechten« anderen Ölkonzern

---

[*] Fragen wie »Kommt meine Spende wirklich an?« sind dann eben häufig nur Ausreden, weil solche Fehler nach bestem Wissen und Gewissen in der Zertifizierung ausgeschlossen werden. Es handelt sich hier primär um Schutzbehauptungen, die mangelnden Willen zu helfen kaschieren sollen. Sicher, man kann sich auch hier irren. Irren ist menschlich, und Wissenschaft wird nicht von unfehlbaren Erzengeln und Vulkaniern, sondern von Menschen betrieben. Aber im Regelfall fallen viele Probleme weg.

zukommen lasse, weil ich nun einmal tanken muss? Die schiere Größe des Nutzenunterschieds, den eine effektive Spende im Vergleich zu einem individuellen Boykott bewirkt, macht ein Fehlurteil unwahrscheinlicher. Der Nutzen springt ins Auge.

Wir erkennen sicherer, ob eine Farbe blau oder gelb ist, während wir nahe beieinanderliegende Farbschattierungen wie Mausgrau und Aschgrau oft nicht auseinanderhalten können (womit Loriot schon punkten konnte). Um Fehlurteile zu vermeiden, sollten wir die Grauzone meiden und uns auf die sichereren Fälle konzentrieren. Das gilt nicht nur bei Wahrnehmungen, sondern auch bei Begriffen. Ob der Sportler Oscar Pistorius durch seine Beinprothesen therapiert oder »gedopt« wurde, ist unklar. Bei den Olympischen Spielen durfte er nicht teilnehmen, nachdem Gutachten eingeholt werden mussten, weil seine aus medizinischen Gründen angefertigten Prothesen als Doping gewertet wurden. Klar ist hingegen, dass eine Herztransplantation eine Therapiemaßnahme ist. Auch bei Begriffen wissen wir um Fälle im Kern des Begriffs besser Bescheid als um die Randzonen.

Je kleiner die Unterschiede zwischen den Alternativen werden, desto größer ist die Fehleranfälligkeit unseres Urteils, da unser Abschätzungs- und auch unser Kalkulationsvermögen schnell an ihre Grenzen geraten. *Gerade in Fällen, in denen sich zwei Handlungen nach erster Schätzung lediglich um eine sehr kleine Nutzeneinheit unterscheiden, sollte man sich nicht für eine der unklaren Optionen engagieren. Man sollte sein Engagement nicht an einem aufwendigen Nachweis eines kleinen Unterschieds festmachen, sondern eine dritte Option mit deutlich höheren Gewinnen suchen.*

Statt sich eventuell auf Haarspaltereien einzulassen, ob man eine Spaßfahrt im SUV von 100 Kilometern tun oder unterlassen sollte, weil sie eventuell das Weltklima spürbar verschlechtert, sollte man also lieber zum Beispiel an eine zertifizierte Hilfsorganisation spenden, die das Bekämpfen von Armut und Klimaschutz verbindet. Wie wir noch sehen werden, gibt es Organisationen, die sich *beiden Zwecken zugleich* widmen und Spenden als langfristige Hilfe zur Selbsthilfe statt als Almosen verstehen. Wenn ich regelmäßig für diesen Zweck spende, werde ich besser handeln, als wenn ich viele kleine und eher unwichtige Projekte addiere und etwa meinen kleinen Beitrag dafür leiste, dass Strohhalme aus dem richtigen Material verwendet werden.

Durch die Kopplung der Ziele beim Spenden wird die Hilfe, die ich leiste, *entkollektiviert*. Schon *eine* Spende kann einen Menschen retten, und wir werden gleich Wege kennenlernen, die diesen Nutzen noch einmal mit Nutzen für das Klima koppeln. Es geht erst einmal darum, dass sich unabhängig davon, wie viele beim Spenden mitziehen, ein Nutzen beim einzelnen Empfänger der Hilfe einstellt. Der Geber etwa sichert dem Empfänger seinen Lebensunterhalt. *Der Spender sollte den größten erreichbaren Nutzen oder Gewinn identifizieren und sich darauf konzentrieren.* Die Doktrin vom großen Unterschied besagt, dass sich jeder Akteur dort zurückhalten soll, wo es unwahrscheinlich ist, dass er große Unterschiede bewirken kann. Und das ist bei sozialen Kooperationen oft der Fall, ich nenne sie dann »symbolische Kooperationen«.

Diese Gedanken wecken bei vielen Menschen starken Widerspruch. Heißt das nicht, dass man sich bei Kooperationen zurückhalten sollte, statt seinen Teil beizutragen? Das klingt erstens nach Drückebergerei, also danach, *Trittbrettfahren zu rechtfertigen.* Zweitens sind viele große Erfolge durch Kooperation zustande gekommen. Bewirkt bewusster Konsum nicht ein verändertes Verhalten bei Unternehmen? Hat man nicht den Shell-Konzern schon einmal durch Boykott dazu gezwungen, eine Bohrinsel ordnungsgemäß zu entsorgen, statt sie einfach im Meer zu versenken, wie ursprünglich geplant? Ist die Macht der vielen kleinen Taten nicht riesig, auch wenn in Heldenepen immer nur die großen, ruhmreichen Kämpfe besungen werden?

Diese beiden Einwände sind gut nachvollziehbar. Der erste geht von der falschen Voraussetzung aus, man wolle sich aus der Kooperation herauswinden, um sich vor dem eigenen Beitrag zu drücken. »Drückebergertum« träfe dann auf Gerechtigkeit, auf der Kooperationen beruhen. Aber darum geht es nicht. Es geht darum, wo man seine Mittel am besten einsetzt, um die Welt zu verbessern. Von beidem haben wir nur begrenzte Kapazitäten, das wird in Heldenepen immer unterschlagen. Wenn man diese Kapazitäten für symbolische Kooperationen einsetzt, verpuffen sie eventuell wirkungslos. (Man hat zwar abends das gute Gefühl, gekämpft zu haben, aber mehr kommt bei diesem Kampf oft leider nicht heraus.) Es geht also nicht um Drückebergertum, sondern um Effizienz. Zwar kann man sich damit trösten, dass Gerechtigkeit ein Selbstzweck und ein Beitrag zu ihr immer wertvoll sei. Dem möchte ich jedoch entgegensetzen, dass Gerechtigkeit, wie in der Einleitung gesagt, dazu da ist, dass die Menschen mit ihr besser leben. Eine gerechte Welt, in der sich niemand besser fühlt als in der ungerechten, ist kein Fortschritt, es geht um die Menschen und ihr Wohlergehen, nicht um abstrakte Werte, die tatsächlich nur ein Mittel dazu sind (anders sieht das: Kant 1983, MdS A 197).

Der zweite Einwand ist komplizierter. Sicher, auch empirische Studien zeigen, dass die Kooperation aller, etwa beim Konsum, etwas bringen kann. Allerdings ist es eine andere Frage, ob meine Teilnahme an der Kooperation etwas bringt und ob mein Beitrag nicht andernorts wertvoller wäre. Aber warum? Wenn alle Menschen die letzte Frage für sich beantworten würden,

wenn also alle so denken würden, käme keine Kooperation zustande. Die ist aber nützlich. Ergo: Wenn alle so nicht denken
dürfen, darf auch ich es nicht! (Singer 1975). Ist das überzeugend?

Also noch einmal genauer hingeschaut: Wann ist eine Kooperation aller oder vieler nützlich? Meist kommt es darauf an,
dass ein Schwellenwert überschritten wird, wobei mein Beitrag
nicht unbedingt hilfreich sein muss (siehe oben). Also: Ich weiß
nicht, ob mein Beitrag benötigt wird oder nicht. Wenn ich mich
bei dieser Informationslage gegen die Kooperation entscheide
und jeder auf dieselbe Weise kalkuliert, dann wird jeder so entscheiden, und die Kooperation bricht zusammen. Aber halt: Ich
mag es sehr bedauern, aber so wichtig bin ich nicht! Mein Verhalten entscheidet nicht, wie sich alle anderen verhalten, wie
oben schon festgestellt. Im Gegenteil, mein Verhalten hat normalerweise kaum eine Auswirkung auf das der anderen. Die
entscheiden unabhängig von mir, es sei denn, ich bin ein Vorbild, ein berühmter Held, also heutzutage ein Influencer, und
ich poste meine Entscheidung auf Facebook, wo mir Hundert-
tausende folgen. Das ist aber ein Sonderfall, den ich bei den
»politischen Pflichten« unten diskutiere.

Ansonsten stellt sich für mich nur die Frage: Beteilige ich
mich mit Ressourcen, die mir *nur einmal* zur Verfügung stehen,
an einem großen und nur minimal beeinflussbaren Kooperationsprojekt, dessen Ausgang von vielen Unbekannten abhängt,
oder setze ich auf einen ziemlich sicheren Gewinn, etwa durch
Spenden? Wenn ich beides gemeinsam kann, schön, aber dann
ist die Sache noch nicht ganz zu Ende gedacht. *Wenn ich spenden und kooperieren könnte, wieso sollte ich dann beides tun,
wenn Spenden viel effizienter ist?* Alle Ressourcen, die ich ins
Kooperieren stecke, könnte ich mit mehr Effekt ins Spenden investieren. Statt beides zu tun, empfiehlt es sich, mehr zu spen-

den, zumindest eine Zeit lang, als sogenannte Brückenstrategie (dazu später mehr).

Was aber, wenn mir die Kooperation persönlich *etwas bringt*, wenn ich etwa mein Emissionsverhalten verändere und danach ein gutes Gewissen habe, das Gefühl, mit mir selbst in Übereinstimmung zu sein, gemäß meiner Überzeugungen zu handeln? Außerdem erfahre ich ein super Teamgefühl, gesellschaftliche Anerkennung, ja ich kann meinem Leben vielleicht zu einem Teil einen Sinn geben. Das mag sein, aber diese Effekte muss ich von meinen Kosten der Kooperation (dazu gleich Genaueres) abziehen beziehungsweise zu den Gewinnen hinzurechnen. Wenn meine Motivation zu symbolischer Kooperation in den gerade benannten Gewinnen besteht, muss ich beim Auflisten dessen, was diese bewirkt, auch diese Effekte nennen. Dann ist der »Gewinn« durch Kooperieren gar nicht mehr so klein, er ist vielmehr erheblich. Also stimmt die ganze Voraussetzung hier nicht mehr, dass ich nicht weiß, ob und wie viel mein Kooperieren einbringt. Wenn Kooperieren den größten Unterschied macht, und zwar durch Auswirkungen auf mich selbst, dann ist Kooperieren von der Doktrin vom großen Unterschied gedeckt. Allerdings geht es mir dann weniger um die Ziele der Kooperation selbst, sondern um ihre Wirkungen auf mich. Es sind also nicht nur moralische, sondern auch egozentrische Gewinne im Spiel, die sich jetzt vermischen. Also entweder: Kooperation ist nicht symbolisch, wenn ihre Wirkungen auf den Akteur groß sind, dann könnte auch die Doktrin vom großen Unterschied diese Kooperation möglicherweise empfehlen. Oder aber der Verteidiger der Kooperation sagt: Nein, so wollte ich das nicht verstanden wissen, es geht mir um die Sache selbst, um das Ziel der Kooperation, nicht um mich. Wollte ich nur, dass es mir besser geht, würde ich beispielsweise die Fridays-for-Future-Demonstration sofort gegen den Swimmingpool eintauschen. Aber dann habe ich wieder den Einwand am Hals, dass manche Kooperation selbst nur symbolischen Effekt hat.

Zur Erläuterung der erwähnten Kosten von Kooperationen: Die Standardstrategie könnte de facto erst einmal Geld sparen, indem ich zum Beispiel kein Auto mehr finanziere und nicht mehr in den Urlaub fliege, aber finanzielle Kosten hat sie definitiv, sobald die vom geänderten Nachfrageverhalten betroffenen Industrien Arbeitsplätze abbauen müssen und eventuell eine Rezession folgt. Jedenfalls kostet ein verändertes Verhalten in der Regel Wohlergehen. Es gibt Ausnahmen: Wenn es für den Normalverbraucher, der Fleisch isst, viel kostet, auf saftige Burger zu verzichten, wird dies für mich, den Fleisch ekelt, kein Verlust sein. Wohlergehen ist subjektiv. Zudem liegt es nicht für immer fest, was als Einbuße empfunden wird. Man kann sich und seine Interessen trainieren. *Es ist die Größe Wohlergehen, die in der Rubrik »Kosten« wirklich zählt.* Um sie zu repräsentieren, werde ich sie hier einfach in finanziellen Kosten widerspiegeln. Ob und wie das wirklich funktioniert, ist umstritten, ich brauche es hier nur, um zu veranschaulichen.

Also: *Jeder hat die Verantwortung, sein moralisches Engagement möglichst effizient einzusetzen, denn er sollte die Welt um so viel besser machen, wie er kann.* Er sollte versuchen, den größten Unterschied zu machen. Kooperation sollte man nicht anderen guten Optionen vorziehen, solange es sich nur um eine symbolische Kooperation handelt. Dass dies das Gelingen des Kooperationsprojekts gefährdet, indem es die Zahl der Teilnehmenden senkt, ist wahr. Aber es senkt die Teilnehmerzahl nur zu einem so verschwindenden Teil, dass es höchstwahrscheinlich keinen Unterschied macht. Die anderen handeln unabhängig von mir und nehmen von meiner Entscheidung in der Regel keine Notiz (zu Ausnahmen später). Zudem kooperieren sie aus den verschiedensten Motiven, zum Beispiel um die oben beschriebenen persönlichen Gewinne (gutes Gewissen, soziale Anerkennung et cetera) einzustreichen oder einfach, weil es gerade »in« ist. Solche Kooperationen werden auch fortbestehen, wenn ich mich abwende, um den größtmöglichen Unterschied zu machen. Der Konsumverzicht kommt auch ohne mich an sein Ziel oder eben nicht, ich kann etwas Besseres tun. Wenn eine große Zahl der Menschen plötzlich und unwahrscheinlicherweise beginnt, die Effizienz zu kalkulieren, sodass viele Kooperationsprojekte genau darunter leiden, müsste man erneut überlegen. Natürlich ist es noch riskanter, dieses Denken öffentlich zu machen, denn so wird eine Anzahl anderer beeinflusst, die gemeinsam doch einen Effekt machen könnten. Auch das ist wahr. Aber besser, die einzelnen Akteure bewirken mit ihren knappen Ressourcen große Unterschiede, als dass sie ihre Kräfte großteils vergeuden, was derzeit beim Klimaschutz der Fall zu sein scheint. Außerdem ist eine Kooperation ja nicht der einzige Weg zum Kooperationsziel, man kann politisch Kooperation erzwingen. Dann ist wenigstens klar, dass die Anzahl der Kooperateure stimmt. Das ganze Manöver ist deshalb »anrüchig« und ansatzweise »zu kühl gedacht«, weil wir seit dem Kindergarten darauf getrimmt werden, symbolische Kooperationen ohne Murren zu ertragen, eingehegt von Redeweisen wie »Tanz nicht aus der Reihe« bis hin zu »Kleinvieh macht auch Mist«. Genau dieses »Aus der Reihe tanzen« erfordert Übung und ein wenig Mut.

Transformationsfalle: Schau dir genau an, ob es bei deinem Beitrag zum Konsum und so weiter nicht um vergleichsweise kleine Verbesserungen der Welt geht, während du größere bewirken könntest.

Das führt oft dazu, lieber andere, wirkungsvollere Instrumente als die Beteiligung an großen Kooperationsvorhaben zu wählen. Bevorzuge zum Beispiel Instrumente, die direkt helfen – etwa Spenden für den richtigen Zweck.

5 Wie kann ich am besten helfen?

Ich helfe also sicherer, wenn ich entgegen der Standardstrategie etwas tue, was auch allein betrachtet Wirkung zeigt. Besonders wenn ich ein Otto Normalverbraucher bin. Dann sind meine Hilfsmaßnahmen, die das Wohl anderer fördern, für mich auch Kosten, denn ich bin leider kein Heiliger, dem das Wohl anderer mehr als das eigene Wohl am Herzen liegt. Also: Wohl für andere ist erwünscht (und hier ist Otto Normalverbraucher kein kaltherziger Egoist), aber es darf nicht beliebig viel Wohlergehen kosten. Otto Normalverbraucher hat ein *Budget für Altruismus* (wie groß sollte das sein? Vgl. Abschnitt 11), aber das hat Grenzen, mehr setzt er de facto nicht ein. Gehen Forderungen über diese Grenzen hinaus, zerstört das seine Motivation zu helfen. Deshalb sollte man die effizientesten Wege dazu suchen.

Ich schlage also vor:

– Tue etwas, was einen möglichst großen Nutzen, also Gewinn an Wohlergehen für andere, bringt. Setze dein Budget, also deine Opferbereitschaft, gezielt ein.
– Tue etwas, was schon als einzelne Tat gute Folgen hat und bei dem du nicht notwendigerweise auf die Kooperation anderer angewiesen bist.
– Tue so viel, dass der Effekt so groß wie möglich ist,

aber achte darauf, dass du deine Motivation nicht verlierst.

Außerdem soll der folgende Imperativ bei meiner nun zu beschreibenden Strategie natürlich im Vordergrund stehen:

– Tue etwas, was die größte Emissionsverringerung bewirkt, die dir möglich ist.

Aber wie mache ich das?

Indem du mit einer Investition möglichst viele Fliegen mit einer Klappe schlägst, indem du Doppel- oder Mehrfacheffekte realisierst! Und schon sind wir wieder im Heldenepos, wenn auch nur in der Abteilung »tapferes Schneiderlein«, das Fliegen jagt. Wenn ich jemandem helfe, der »absolut arm« ist, also nicht mehr als 1,90 Dollar am Tag zur Verfügung hat (Definition der Weltbank), erhalte ich für jeden Euro, der dieses Ziel erreicht, einen *maximalen Nutzen*. Der arme Mensch kann aus einem Euro zum Beispiel den Nutzen zweier Mahlzeiten ziehen, der reiche Mensch den Nutzen einer halben Tüte Gummibärchen. Wenn eine Spende ans Ziel kommt, also einem absolut armen Menschen hilft, erreicht sie dieses Ziel *unabhängig von anderen Kooperationspartnern* und deren Verhalten. Ich nutze einem konkreten Menschen in Somalia, indem ich ihn am Leben erhalte. So weit, so gut, aber was ist mit dem Klimawandel? Wahr ist, dass Hilfe für Arme nicht automatisch dem Klima hilft. Im Gegenteil, sie zielt im Regelfall auf mehr Wachstum für Schwellen- und Entwicklungsländer, was das Klimaproblem forciert. Es gibt aber auch Möglichkeiten, die obigen Bedingungen A) und B) zu erfüllen und mit günstigen Wirkungen auf das Klima zu kombinieren, erst dann ist man wirklich effizient. Beispiele:

Man bekämpft Armut, aber gezielt in Regenwaldgebieten. In-

dem man armen Menschen im Regenwald konkret und langfristig hilft, schafft man Wege für sie, ihr Auskommen zu haben, ohne den Regenwald abzuholzen. Das stärkt ihre Menschenrechte. Man sollte den Einheimischen ermöglichen, genügend Einkommen ohne Arbeit in Agrarfabriken oder Verkauf von Gemeindeland an Konzerne zu haben. *Das nützt außer Mensch und Klima auch der Artenvielfalt und dem Tierschutz, der Bodenqualität und dem Wasserkreislauf.* So wurden bislang von der Hilfsorganisation »Cool Earth« 100 000 Hektar Regenwald gerettet und 15 700 000 Tonnen CO_2 eingespart. Auch »Fairventures Worldwide« ist hier sehr empfehlenswert. (Zur Bedeutung der Wälder: IPCC 2019; skeptisch: Bullock et al. 2009; optimistisch: World Bank 2011).[*]

Das ist wirklich effizient, denn die Effekte auf das Klima kriegen wir quasi »umsonst«, sie sind untrennbar mit von den Tücken der Kooperation befreiten, ohnehin schon guten Taten verbunden und kosten nichts extra. Zudem sollte nach Einschätzung der Zertifizierungsorganisation »GiveWell« diese Strategie, ich nenne sie »Spende (gegen Armut) und ersetze (Emissionen anderswo)«, eine Zeit lang mehr CO_2 einsparen als die normalerweise eingeforderte Standardstrategie: »Das bedeutet, dass die einfachste und effektivste Art, unseren CO_2-Fußabdruck

---

[*] Beim im Rahmen des Kyoto-Protokolls organisierten Ersetzen von Emissionen (CDM) ist bislang einiges schiefgelaufen. Zumal es da nicht primär um Klimaschutz, sondern den Erwerb von Zertifikaten ging, weshalb von nur daran interessierten Unternehmen und Staaten »getrickst« wurde. Man kann mehr erreichen, wenn dies durch vertrauenswürdige Hilfsorganisationen und klimaschutzmotivierte Spender geleistet wird, die entsprechende Transparenz und Kontrollen schaffen, indem sie sich zum Beispiel dem *Goldstandard* verpflichten. *Wäre dieses Projekt auch durchgeführt worden, wenn die Hilfsorganisation xy nicht eingegriffen hätte?* Diese Frage nach der »Zusätzlichkeit« von Einsparungen wird durch diesen Standard thematisiert (Goldstandard o. D.).

zu verkleinern, darin besteht, einfach Geld für Cool-Earth zu spenden« (MacAskill 2016, 167).[*]

Das heißt konkret: Auch wenn es viel effizienter ist, auf ein Steak zu verzichten, als das Auto bei einem Kurztrip stehen zu lassen, ist es eben noch effizienter, das Steak zu essen und im Rahmen des unten (vgl. Abschnitt 11) entwickelten Umfangs für den Erhalt des Regenwaldes zu spenden, wenn andernfalls die Hilfsbereitschaft leidet. Dabei ist gleich unmissverständlich deutlich zu machen: *Die Strategie »Spende und ersetze« ist nicht dazu da, unsere dekadente Lebensweise zu kompensieren, also die Emissionen konstant zu halten, sondern diese Emissionen deutlich zu verringern.*[**]

Weiterhin ist diese Strategie mit der Botschaft gekoppelt: *Es kommt die Zeit, zu der wir auf klimaschädliches Handeln vollständig verzichten müssen.* Die Welt kommt nur ins Gleichgewicht, wenn auch wir emissionsfrei werden. Die Politik muss hier schnellstens die nötigen Maßnahmen koordinieren. Solange sie untätig bleibt, gewinnen die Individuen durch die beschriebene Strategie »Spende und ersetze« *Zeit* für ihre eigene Umstellung des Emissionsverhaltens. Zeit, in der Technologien

---

[*] Natürlich wäre ein »exakter« Vergleich der Optionen anhand einer Erwartungsnutzenanalyse jetzt schick. Aber eine solche Analyse, die bewusst scheinbar unvergleichbare Dimensionen wie Emissionen und Artenschutz oder Wohlergehen vergleicht, können Spezialisten zu erstellen versuchen, die den Wert unbepreister Güter indirekt über eng verwandte marktgängige Güter beziffern. Dazu gehört allerdings Know-how, das ich nicht habe, und auch dann wäre das Ergebnis leider nicht exakt. Kritik am Ersetzen betrifft übrigens nicht den Effekt auf das Wohlergehen, den »Spende und ersetze« insgesamt hat, sondern nur die Vermeidung von Emissionen.

[**] Ganz nebenbei bemerkt, in Deutschland tut der Staat derzeit bis zu 50 Prozent zu einer Spende dazu, das heißt, eine andere Investition müsste um bis zu 50 Prozent der Spende effizienter sein, um überhaupt mit der Spende konkurrieren zu können.

entwickelt werden können, die etwa unsere individuelle Mobilität durch emissionsfreie Antriebe sichern.

Für die *Motivation* der zögerlichen Zauderer vom Typ Otto Normalverbraucher ist die Option »Spende und ersetze« jedenfalls reizvoll, denn das eigene Emissionsverhalten umzustellen fällt uns schwer. Wenn einmal Einschränkungen nötig werden, wie sie Paech beschreibt (Neff 2019), werden viele der Standardstrategie den Rücken kehren. Spenden ist um einiges bequemer, und die deutsche Ökosteuer hat gezeigt, dass wir lieber mehr zahlen, als unser Auto stehen zu lassen. Dieses »bequeme« Verhalten wird uns durch die Option »Spende und ersetze« weiter ermöglicht, wenn es auch erhebliche Kosten durch ambitionierte Spenden verursacht. Gleichzeitig beseitigen wir wahrscheinlich mehr Emissionen als sonst, denn die Vermeidungskosten für die Tonne CO_2 sind bei uns höher als etwa in Uganda.

Zudem kann »Spende und ersetze« vor Überforderungen und Depressionen bewahren, denn wenn jemand einmal anfängt, die Standardstrategie zu durchdenken, findet er schnell, dass er eigentlich sein gesamtes Leben komplett umstellen müsste. Es beginnt morgens, der Wecker klingelt und verbraucht dabei Strom, der aus Kohle kommt, beim Anziehen, da streift man ein T-Shirt über, das eventuell aus ausbeuterischer Arbeit stammt. Man macht sich ein Müsli mit Milch, die durch die Tierquälerei, schlechte Klimabilanzen und so weiter belastet ist. Das Radio läuft mitsamt der Kaffeemaschine … Kurzum, letztlich ist alles irgendwie problematisch und man resigniert vor der Aufgabe, alles richtig zu machen. Über Nacht wird man Adorno-Fan und rezitiert: Es gibt kein besseres Leben im Falschen. Bei »Spende und ersetze« setzt man sich ein Spendenziel, wählt Organisationen aus und kann das Wichtigste per Dauerauftrag laufen lassen.

Aber liegt es nicht motivational nahe, dass man direkt etwas gegen den Klimawandel tut, wenn man ihn als falsch erkannt hat, anstatt abstrakt Geld in unbekannte Fernen zu schicken? Das tut es, aber zum einen ist Vernunft hoffentlich nicht nur Sklave unserer eingeübten Verhaltensweisen, und wir können das »abstrakte« Spenden schnell mit Leben erfüllen, wenn wir Anteil an den Dingen nehmen, die durch uns bewirkt werden. Ich erhalte täglich Bilder und Berichte aus Afrika.

Aber wie gegen alles gibt es auch gegen Aufforstungen und Waldschutz Einwände: Ein Wald muss mindestens 50, wenn nicht 100 Jahre bestehen, um das Klima auch dann noch nennenswert verbessert zu haben, wenn der Wald danach wieder abgeholzt wird oder aus anderen Gründen verschwindet (zum Beispiel Schädlingsbefall). Kein Projektbetreiber und kein Schutzsystem können aber garantieren, in fünf Jahrzehnten noch zu existieren. Zudem kann man zu der Einschätzung kommen, die Armut der Waldbewohner sei nicht groß genug und die Ersparnis an CO_2-Emissionen sei zu klein, um gerade hier sinnvoll anzusetzen.

Daher sollte man auch andere Möglichkeiten finden, über Wechselwirkungen zu helfen. Auch gegen diese Möglichkeiten gibt es, wie gegen alles, neue Gegenargumente, einzelne Projekte können immer als Luftnummern entlarvt werden. Mein Lösungsvorschlag dafür wird sein, die verschiedenen guten, also möglichst durchdacht ausgewählten Optionen in einem *Portfolio* zusammenzustellen, also auf jede Option ein wenig zu setzen und das Risiko zu verteilen, ganz wie beim Investieren vom »sauren Ersparten« üblich. Ein Vorteil dieser Strategien rund um den Baum liegt darin, dass sie nicht versuchen, die Nachfrage nach fossilen Energieträgern zu senken. So unterliegen sie auch nicht der Antwort der Ölscheiche darauf, die im »grünen Paradoxon« mündet, dass die Anbieter ihre fossilen

Produkte möglichst heute, bevor sie unverkäuflich werden, notfalls billig auf den Markt bringen, um nicht auf ihnen sitzen zu bleiben. Schon diese Unabhängigkeit sichert besagten Strategien um den Baum einen Platz im Portfolio. Auf die Portfolio-Idee komme ich noch zurück.

Eine andere Möglichkeit, effizient zu helfen, besteht darin, *Energiearmut zu bekämpfen*, indem man Menschen mit erneuerbaren Energien versorgt, was zum Beispiel den Neubau von Kohlekraftwerken verhindern kann. (Hier bestens zertifiziert: »atmosfair« mit einem Biogaskraftwerk in Indien, oder auch interessant: die »Zenaga Foundation« mit ihren Energiedörfern.)

Energiearmut hemmt die Entwicklung von Milliarden Menschen, sie gefährdet Gesundheit und Bildung und wirkt sich miserabel auf jedes Entwicklungsziel aus. Durch den Einsatz erneuerbarer Energien erreicht man Klimaschutz über das Bekämpfen von Armut. Aber natürlich bezahle ich dafür einen ökologischen »Preis«. Indem ich Armut beseitige, ermögliche ich Entwicklung und schaffe damit Wachstum, worin eigentlich ein Problem besteht.

Unsere einzige realistische Perspektive für die Zukunft ist allerdings, armen Menschen Entwicklung zu ermöglichen und sie so auszubilden, dass sie nachhaltig den Konsum steuern und einem Kohlenstoffregime unterwerfen. Im Idealfall setzen sie neue, saubere Technologien für ihre Wirtschaft ein, die zu entwickeln unsere Pflicht ist (»leapfrogging«).

Hier kann man sich darauf berufen, mit Entwicklungspolitik gleichzeitig Wachstumsanstöße *in die richtige Richtung* zu verbinden (European Parliament 2011). Die so erzeugte neue wirtschaftliche Tätigkeit startet mit erneuerbaren Energien. *Wähle ich die Mehrfacheffekte geschickt, sind diese Beispiele auch in Hinsicht auf vermiedene Emissionen der Standardstrategie offenbar* *überlegen, auch wenn sich so keine direkten Wirkungen für den Tierschutz ergeben.* [*]

Transformationsfalle: Versuche den größten Unterschied zu erzielen, indem du Mehrfacheffekte beachtest, und bedenke, dass Spenden dazu ein guter Weg sein kann.

Einige weitere Einwände sind möglich: Auf das 1,5-Grad-Ziel fixiert, argumentieren viele Klimaschützer, dass wir es uns angesichts der Übermacht der Heere der Finsternis *nicht leisten könnten, auf irgendein Mittel zum Klimaschutz zu verzichten.* Man könne also das Effiziente tun, ohne das weniger Effiziente zu lassen. Dem liegt aber besagter Denkfehler zugrunde: Man sollte, gegeben endliche Ressourcen, lieber zwei Einheiten auf das Effiziente verwenden, als eine Einheit zu spenden und eine zur Finanzierung des weniger Effizienten aufzuwenden. Zudem ist das weniger Effiziente, also hier die Selbstkasteiung auf dem Weg zum perfekten ökologischen Fußabdruck, für die meisten Menschen nicht sonderlich motivierend: Wir stoßen damit mindestens 80 Prozent der Gesellschaft vor den Kopf, die haben

---

[*] Es gibt einige Einwände gegen Armutsbekämpfung durch Spenden. Die meisten zielen auf Spenden zur Katastrophenhilfe (etwa Polman 2008), die durch die erwähnten Zertifizierungssysteme sowieso durchfallen. Es bleiben Punkte speziell gegen »GiveWell« (etwa Budolfson und Spears 2019) und bezüglich der politischen Einbettung der Hilfsmaßnahmen von NGOs. Vernachlässigen sie nicht die politischen Wechselwirkungen und Ursachen der Armut? Liefern sie der Politik Alibis, sich aus Entwicklungsaufgaben zurückzuziehen? Treten sie nicht paternalistisch und besserwisserisch auf? All diese Fragen haben Antworten und betreffen hier erwähnte NGOs nicht, sondern primär staatliche Entwicklungshilfe, wenn sie korrupte Eliten in Entwicklungsländern stützt. Hier haben wir hingegen NGOs, die über ihre Effizienz berichten, die die Bürger vor Ort beteiligen und Hilfe zur Selbsthilfe schaffen.

eben höchstens ein begrenztes Budget zum Helfen. Schraubt man die Pflichten und Forderungen zu hoch, fühlen sich viele Menschen *überfordert* und wenden sich ganz ab. Am Ende kommt weniger Gutes dabei heraus, als wenn man weniger gefordert hätte (Gesang, 2003, Kapitel 3). Gefragt, ob man aber nicht so viel wie möglich spenden solle und gleichwohl noch die Standardstrategie mitbedienen könne, wird klar, dass diese Idee die Annahme eines begrenzten Budgets sprengt und damit motivationale Überforderungen riskiert. Also gehen wir von einem festen Budget für Altruismus aus (zur Größe vgl. Abschnitt 11). Dass das 1,5-Grad-Ziel dann ins Wackeln gerät, kann trotzdem wahr sein. Das ist aber aus anthropologischen Gründen unabwendbar beziehungsweise scheint eine Konsequenz der politischen Verzögerungstaktik (vgl. 5. Ausblick).

Ist das aber nicht Ablasshandel nach dem Motto: »Wenn das Geld im Kasten klingt, die Seele aus dem Fegefeuer springt«? Kaufen wir uns damit nicht von unseren Sünden los, denen wir weiter frönen? (In der Literatur wird »offsetting« spärlich diskutiert: Hyams und Fawcett 2013; Spiekermann 2014.) Es geht aber nicht um Schuldgefühle, sondern um weniger Armut und weniger CO_2. Und was die Armut angeht, ändern wir unser Verhalten ja und tragen mit »Spende und ersetze« Lasten, vor denen wir uns heutzutage meist drücken. Das ist das Gegenteil von Ablasshandel. Ein Ablasshandel könnte nur beim Klimaschutz unterstellt werden. Durch Engagement im Süden erreicht man jedoch mit dem gleichen Geld mehr, und wenn man es geschickt anstellt, bekommt man dazu auch noch Klimaschutz umsonst als Sahnehäubchen auf die Entwicklungshilfe. *Es wäre schlicht Verschwendung, diese Gewinne nicht einzustreichen, und widerspräche damit dem Utilitarismus, der Doktrin vom großen Unterschied, und, schlimmer noch, dem gesunden Menschenverstand.* Der Grund für das ganze Manöver ist, die Welt zu verbessern und nicht weiter dem Laster zu frönen. Das unterscheidet meine Strategie »Spende und ersetze« maximal vom Ablasshandel, bei dem es um Geld für Zweckfremdes (die Kirche) ging. Wir werden mit dieser Strategie mehr CO_2 aus der Welt nehmen als mit dem Umstellen des eigenen Emissionsverhaltens. Zu guter Letzt sichert diese Strategie, dass Armut bekämpft wird, *sie verbindet aufgrund kollektiver Handlungslogik unsichere Effekte auf das Klima mit sicheren Effekten gegen Armut.*

Diese Strategie wird, anders als ein Ablasshandel, nur eine Zeit lang möglich sein, weil wir unser eigenes Verhalten auf Dauer umstellen müssen. Daher *dient sie ja auch nur zur Überbrückung, und zwar so lange, bis sie ineffizient wird, also das Gefälle bei den Vermeidungskosten ausgeglichen ist. Dass sie anders als ein Ablasshandel auf Dauer ersetzt werden muss, steht außer Frage.*

Wenn sich viele für diese Strategie entscheiden, kommen wir den Zielen, die wir mit einem *globalen Emissionshandel* verbinden, schon recht nahe. Wir kaufen Zeit und bezahlen mit Transfers an die Armen dieser Welt. Beim Emissionshandel gibt es freilich eine feste Obergrenze der angebotenen Emissionsrechte (CAP), während die Strategie »Spende und ersetze« von einem gewissen Moment an nicht mehr greift: *Wenn sich Mehrfacheffekte erschöpfen, hat sie ihren Dienst erfüllt.* »Die Lösung« des Klimaproblems kann ohnehin nur auf politischer Ebene organisiert werden. Wir haben hier nur eine *Zwischenlösung* erarbeitet, die individuelle Verpflichtungen zum Schutz des Klimas effizient und im Blick auf die begrenzten Ressourcen der Motivation ausbuchstabieren soll, aber wir schaffen es nicht, die Politik völlig mit unserem individuellen Handeln zu ersetzen.

Durch diese Überlegungen möchte ich folgendem Einwand gegen meine Strategie entgehen: »Die Bedenken mit der Praxis, Emissionen zu ersetzen, sind anderer Natur. […] Sie sendet das falsche Signal, dass der durchschnittliche westliche Lebensstil nicht reformiert werden müsse, um Klimagase zu vermeiden, weil man ein wenig billige Ersetzung leisten könne« (Spiekermann 2014, 926). Bei »Spende und ersetze« wird die Menge des Engagements durch eine allgemeine Spenden- und Engagementpflicht gegen Armut (vgl. Abschnitt 11) bestimmt, nicht durch zu kompensierende Handlungen. Diese Pflichten sind weit anspruchsvoller als »ein wenig billige Ersetzung«.

Es ist allerdings auch nicht wahrscheinlich, dass die Menschen in Massen auf die Strategie »Spende und ersetze« umschwenken, damit eventuell die Ersetzungskosten steigern und dann aufgrund hoher Kosten abspringen werden, wie etwa Spiekermann annimmt (Spiekermann 2014): Den meisten ist es schlicht egal, was sie emittieren, und bei vielen, denen es nicht egal ist, überwiegen pflichtethische Instinkte: »Gutes tun bedeutet Opfer ertragen und Ineffizienz in Kauf nehmen.« Trotzdem gehe ich davon aus, dass angesichts der politischen Stimmung und des fortschreitenden, wahrnehmbaren Klimawandels immer mehr Menschen überlegen, was sie tun könnten.

Meine Strategie entfaltet wie die Standardstrategie eine Vorbildwirkung, denn *Heuchelei ist, anders als beim Ablasshandel, kein Argument gegen »Spende und ersetze«*. Wer auf die Malediven fliegt und vor dem Klimawandel warnt, ist ein Heuchler. Aber wenn er warnt, fliegt und mehr als die Kompensation der Flugreise spendet, zeigt er, dass er ein anderes Mittel gegen den Klimawandel bevorzugt als nicht zu fliegen. Eine solche Haltung ist konsequent und sollte auch offen gezeigt werden. Das hat Vorbildwirkung.

Eine besondere moralische Herausforderung kommt ins Spiel, wenn die beschriebene Strategie, Emissionen zu ersetzen, dazu verwendet wird, das eigene Emissionsverhalten *gezielt zu steigern*. Man kann die Strategie einerseits einsetzen, um die bei einem »normalen« Lebensstil anfallenden Emissionen anderenorts einzusparen beziehungsweise zu verringern. Man könnte aber auch andererseits den Lebensstil so verändern, dass man wie die Made im Speck lebt und mehr Emissionen für Luxusgüter verbraucht, um dann später mehr zu spenden, gemäß dem Prinzip: *viel fliegen, um viel aufzuforsten.* Hier liegt der Kern des Vorwurfes, einen Ablasshandel zu betreiben.

Aber diese moralische Herausforderung betrifft nur das isoliert betrachtete »Ersetzen«. Bei diesem Einwand bemisst sich der Umfang der Ersatzleistung am persönlichen Emissionsverhalten, es herrscht Wechselseitigkeit. Ich lege den Umfang meiner Ersatzleistungen durch den Umfang der Spendenpflicht und meine Kapazitäten zu spenden fest. *Es gibt wohl keine individuelle Pflicht, Klimagase zu reduzieren, denn ob dies nennenswerte Effekte macht, ist unklar.* Ob es ein individuelles Sollen, Klimagase zu reduzieren, gibt, ist fraglich, weil diesem Sollen eventuell kein Können entspricht. Es gibt vielmehr eine Pflicht, einen möglichst großen Unterschied zum Guten zu machen, also Armut zu bekämpfen und gleichzeitig möglichst umsonst Klimagase einzusparen. Es versteht sich, dass eingesparte Emissionen nicht als Alibi für neue Emissionen dienen dürfen. So würden wir die Größe unseres Beitrags, Gutes zu tun, gefährden. Das Argument geht daher davon aus, dass wir Emissionen einsparen, da wir unseren Lebensstil einfrieren.

Weiterhin gilt, *dass meine Strategie für arme Menschen nicht anwendbar ist.* Provokativ formuliert, ermöglicht meine Strategie reichen Menschen, ihren Verpflichtungen mit Geld nachzukommen, also sich in einem gewissen Sinne aus Pflichten »herauszukaufen«. Andererseits kann man die Unterschiede zwischen Arm und Reich in einer Marktwirtschaft nicht einebnen. Dass man Armen bei der Klimawende helfen muss und dass Wohlhabende vieles kompensieren müssen, um Gerechtigkeit, Akzeptanz und sozialen Zusammenhalt zu sichern, hat sich inzwischen herumgesprochen. Diese Aufgabe stellt sich der gesamten Gesellschaft. Von armen Menschen wird man nicht fordern, dass sie ihr Emissionsverhalten umstellen und die Kosten dafür selbst tragen (vgl. dazu Kapitel 4, Abschnitt 10).

Transformationsfalle: »Spende und ersetze« ist weder bequem noch heuchlerisch, noch irgendeine Form von Ablasshandel.

Aus der Vielzahl der Argumente folgt für mich, dass die Strategie »Spende und ersetze« der Standardstrategie überlegen ist, selbst wenn mein Argument gegen die Erwartungsnutzenanalyse von Kagan (man denke an das arme Huhn aus Abschnitt 3) und anderen, wie etwa Hiller (Hiller 2011), nicht zutreffen sollte. Denn natürlich habe auch ich bemerkt, dass dieses Argument von vielen namhaften Philosophen der Gegenwart (Singer, Parfit, Kagan, Broome, Norcross et cetera) verteidigt wird. Aber für Spenden und Ersetzen sprechen nicht nur die bereits ausführlich diskutierten Gründe der Sicherheit des Eintritts eines Effekts, sondern auch Effizienz und motivationale Faktoren. Der Wohlfahrtseffekt meiner Strategie ist meines Erachtens größer als das Leid, das ich durch mein klimaschädigendes Handeln eventuell verursache, solange die Vermeidungskosten für die Tonne CO_2 im Süden viel geringer sind als bei uns.

Vielleicht sollte ich an dieser Stelle aber der faktischen psychischen Verfasstheit der Menschen noch größeres Gewicht geben. Wenn ich bislang betont habe, »Spende und ersetze« sei im Vergleich zur Standardstrategie die effizientere Strategie, ist das sicher richtig. Es entspricht meiner sorgfältigen Abwägung aller Gründe. Richtig ist aber vielleicht auch, *dass die Motivation bestimmter Personen eher auf dem Weg der Standardstrategie ange-*

sprochen wird. Einige Menschen sind vielleicht nicht disponiert, über den effizientesten Weg nachzugrübeln und indirekte und abstrakte Wege zu gehen. Und richtig ist auch, dass jede rationale Abwägung von Gründen nicht alternativlos ist. Man kann noch weitere rationale Gegengründe als die benannten motivationalen Gründe gegen meine Gewichtung ins Feld führen: So könnten individuelle Emissionen, wie bereits eingeräumt, doch mehr schaden, als von mir angenommen, und man könnte das Risiko als zu groß einstufen, dass Zertifizierungen und so weiter scheitern und Projekte auf fernen Kontinenten fehlschlagen. Gerade Risikobewertungen sind subjektiver Natur. Daher kann man beide Strategien doch als mit Gründen wählbare Alternativen betrachten, selbst wenn ich beide nicht für gleich gut halte. Nennen wir die gerade eröffnete Option die »zweitbeste Strategie«, wenn ihre Vertreter beachten, dass auch sie sich irren könnten und daher die Option zu spenden in ein Portfolio aufnehmen. Dadurch unterscheidet sich die zweitbeste von der Standardstrategie. Die zweitbeste Strategie ist jedenfalls besser, als zu resignieren und nichts zu tun, auch wenn ich unvermindert »Spende und ersetze« als Strategie empfehle.

Damit sind wir mit Möglichkeiten persönlichen Engagements aber noch nicht am Ende. Ganz ihrem Ruf gemäß kann man Philosophie als die Kunst verstehen, einen (manchmal absurden) Gedanken bis zum bitteren Ende durchzuspielen oder, positiv gewendet, nach den letzten Prinzipien der Sachen zu suchen. Es bleibt noch die Möglichkeit, *sich selbst politisch zu engagieren.* Der Kämpfer für das Licht muss seine friedliche und wohlig warme Hütte verlassen und in die Schlacht ziehen. Das ist stadtbekannt. Greta Thunberg steht hier Pate, wie sie auf einem kleinen Segelbötchen ausfährt, um die mächtigen USA zu bezwingen. Hier war sie offenbar gut beraten, denn das Bild passt perfekt in das traditionelle Erzählschema der »Heldenfahrt«, und das endet notwendig mit einer Niederlage des »Goliaths« USA durch »David«, gespielt von Greta. Lässt sich hier erneut was lernen?

6 Politische Pflichten –
Wenigstens wählen gehen

Vielleicht wird alles einfacher, wenn man gar nicht darauf achtet, was man kauft oder emittiert, sondern sich um die politischen Signale kümmert, die das eigene Handeln aussendet. Denn das eigene Kaufverhalten ist schwierig zu beurteilen, politische Betätigung jedoch vielleicht weniger. W. Sinnott-Armstrong geht so weit zu sagen, dass man gerne eine sonntägliche Spaßfahrt im SUV genießen darf, wenn man gleichzeitig daran arbeitet, dieses Vergnügen gesetzlich zu verbieten (Sinnott-Armstrong 2005, 304; ähnlich: Johnson 2011, 47). Das klingt erst einmal schizophren, aber die Logik ist klar. Wenn die einzelne Autofahrt keinen identifizierbaren Beitrag zum Klimawandel leistet, muss man politisch ansetzen, um dem Klimawandel etwas entgegenzusetzen. Eine Kooperation muss vom Gesetzgeber abgesichert werden, damit sie Aussicht auf Erfolg hat. Autoren wie A. Maltais leiten daraus eine Pflicht, »grün zu wählen«, ab (Maltais 2013).

Dagegen wird eine andere Argumentation in Stellung gebracht (Downs 1957): Die einzelne Stimme kann bei einer politischen Wahl zwar einen Schwellenwert überschreiten und damit viel entscheiden, aber dass dieser Fall eintritt, ist höchst unwahrscheinlich. Zudem stehen selten zwei Extreme zur Wahl, unter denen ein eindeutig besserer Kandidat zu identifizieren wäre. Dann ist der von Wahlen erwartbare Nutzen gering, und die geringe Erfolgswahrscheinlichkeit wird nicht durch einen großen Gewinn kompensiert. *Viele Theoretiker meinen deshalb, dass Wählen keinen Unterschied macht, obwohl Informationskosten für den Wähler anfallen.* Wird hier ein wirkungsloses Mittel durch ein anderes (Konsum durch Wahlen) ersetzt? Kann das im Sinne der Doktrin vom großen Unterschied sein?

Ich finde, dass man eine kleine Anstrengung, wie ein Kreuz auf dem Stimmzettel zu machen, nicht mit der Wahrscheinlichkeit vergleichen kann, damit zum Beispiel ein schlechtes Regime zu stürzen. Wir sind mit der Berechnung kleiner Nutzendifferenzen, also mit einer speziellen Form des Erbsenzählens, oft überfordert: Die Welt ist so schwer berechenbar, dass wir das gar nicht versuchen sollten, wenn nicht große und daher klar erkennbare Effekte auf dem Spiel stehen (das nenne ich »low cost tolerance«, siehe unten). Das Erbsenzählen auf die Spitze zu treiben verbraucht viel zu viel Energie, das lehrt die Doktrin vom großen Unterschied. Wenn ich erst genau nachdenken muss, wie viel Zeit ich für das genaue Nachdenken aufwenden soll, muss ich auch genau nachdenken, wie viel Zeit ich für das genaue Nachdenken über den Zeitaufwand für das genaue Nachdenken aufwenden soll, und auch über diese Zeit ist wieder genau nachzudenken … Das nennt man einen »infiniten Regress«, den man an irgendeinem Punkt zumindest in der Praxis auf sich beruhen lassen muss. Sonst wären alle Menschen nur noch mit dem Grübeln über die Menge der Zeit, die sie zum Grübeln aufwenden sollen, beschäftigt. Und wenn es keinen Unterschied macht, gilt »in dubio pro«. Auch Maltais leitet die besagte Pflicht, »grün zu wählen«, daraus ab, dass der Aufwand dafür in Industrieländern sehr gering sei. Die »Informationskosten«, die ein gewissenhafter Wähler auf sich nimmt, um sich schlauzumachen, können hoch sein, aber manchmal liegt die Alternative auf der Hand – ich muss mich etwa nicht erst über die Programme der Rechtsradikalen informieren. *Also sollten*

wir beim Kooperationsprojekt »Wählen« und bei anderen Koope-
rationen, die kaum etwas kosten, in der Regel mitmachen, denn
ihre Kosten sind zu vernachlässigen. Hier öffnet sich ein kleines
Hintertürchen zur gerechtfertigten Kooperation nicht nur für
Fairnessfreaks und Kooperationsfetischisten.

Allerdings dürfen wir uns von diesen Kooperationen nicht
zu viel versprechen. Denn Wahlen bringen nur dann etwas,
wenn genügend Leute nachhaltige Politik wählen. Bis heute haben sie das mehrheitlich nirgends getan, weil etwa ein »innerer
Schweinehund« oder ein »Möchtegern-Homo-oeconomicus«
siegt (Gesang 2016, 30). Aber weil »Wählen« so »billig« ist, sollten wir den Weg nutzen.

Transformationsfalle: Übertreibe es nicht mit dem
Kalkulieren, manchmal lohnt es den Aufwand nicht.

7 Politische Pflichten –
Kanzler werden!

Damit wäre eine Pflicht zum politischen Engagement auch im
Rahmen der Doktrin vom großen Unterschied begründet. Allerdings lassen sich noch viel weitergehende politische Pflichten diskutieren. Heldenhafter, als nur zu wählen, wäre es sicher,
gleich König zu werden. Wie wäre es also damit, in unseren
unromantischen Zeiten wenigstens Bundeskanzler zu werden?
Also aktiv politische Ämter zu bekleiden, Initiativen zu gründen oder zu unterstützen, etwa einen Internetblog oder eine
Volksbewegung, wie Greta Thunberg es vorgemacht hat? Das
Problem der eventuell geringen Wirksamkeit des eigenen Handelns lässt sich prinzipiell überwinden, indem man sich selbst
zum *Vorbild* für andere macht (Marsden 1998; Hourdequin 2011).

Helden strahlen Glanz und Gloria aus, und nicht nur kleine Kinder eifern dem gerne nach.[*]

Aber was passiert, solange ich keine nennenswerte Vorbildstellung habe? Unsere Lebenswelt ist so beschaffen, dass etwa allein lebende Rentner in Städten wohnen, wo niemand mehr seinen Nachbarn kennt. Die Leichen solcher Rentner werden oft nach Wochen unbemerkt in ihren Wohnungen gefunden. Diese Anonymität schafft keine Vorbilder. Könnte in Zeiten des Internets jedoch nicht jeder ein Vorbild werden? Daraus ergibt sich für jeden eine Möglichkeit und eine Pflicht, die Trommel zu rühren (Johnson 2011, 48; Maltais 2013, 602). Aber zumindest erfordert das ein Maß an Bildung, Information, Einsicht, Willenskraft, Kreativität und technischen Fähigkeiten, das nicht allen zu Gebote steht. Und mit Werbung allein ist es ja auch noch nicht getan. Nicht jeder verfügt über die Redegabe und das Charisma, um die Massen für sich zu begeistern. *Nur wenige können Karrieren als politisch engagierte Bürger starten und andere vom besseren Verhalten überzeugen.* Held oder König wird man ja auch nicht so aus dem Stegreif, dazu muss man auch erst mindestens ein Drama durchleiden. Aber Greta zeigt, was trotzdem möglich ist.

Fazit: Kann ich Vorbild werden, sollte ich das nutzen. Wenn ich weder eine Vorbildfunktion habe, noch mir eine solche erarbeiten kann, setze ich die Spielfiguren auf den Anfang zurück: Ich sollte am besten spenden und nur bei Low-Cost-Optionen wie manchen Wahlen kooperieren, Petitionen unterzeichnen, mich vielleicht auch manchmal auf die Straße begeben. Ansons-

---

[*] Natürlich könnten sich Einzelne auch zum Vorbild für nachhaltigen Konsum machen und so die eigene Wirkungslosigkeit abbauen. Aber wenn sie sich zum Vorbild machen können, warum dann nicht für die effizientere Strategie »Spende und ersetze«?

ten sind alle in Anlehnung an die Ökonomin C. Kemfert aufzu-
listenden Waffen des politischen Engagements in der Schlacht
einzusetzen: »[…] sich informieren. Dinge hinterfragen. Quellen prüfen. […] Die Meinung sagen. Überzeugungen verteidigen. Sichtbar werden. […] Petitionen unterschreiben. […] Zur
Bundestagswahl gehen. Nicht länger zuschauen, sondern selbst
aktiv werden. […] Mitglied einer Partei werden und sich […]
engagieren. […] Sachliche wissenschaftliche Informationen
[…] weitergeben« (Kemfert 2017, 139). All das sollte man nicht
nur direkt auf den Klimaschutz beziehen, wie Kemfert fordert,
sondern auch auf eine Reform der Demokratie (vgl. Kapitel 3).

8 Investieren in
eine bessere Welt

Ein weiteres und immer populärer werdendes Feld für persönliche Einflussnahme ist die sogenannte *Investitionsethik.*
Worum geht es? Geld regiert die Welt. Folglich sollte man durch
Umlenken von Geldströmen auf die Mühlen des Klimaschutzes
auch einen erheblichen Beitrag zu einer besseren Welt leisten
können. *Es geht um die Bereitstellung von Mitteln für Investitionen, die sowohl eine finanzielle als auch eine ethische Rendite
versprechen.* Investitionen sollen also doppelt wirken: Gutes
für mich (Profit) und Gutes für uns alle (Ethik). Wäre das nicht
wunderschön? Zu schön, um wahr zu sein, sagen die Kritiker,
aber warten wir ab.

Bei ethischen Investments werden Investitionen in börsen-
notierte Unternehmen getätigt, bei denen entweder ethische
Auswahlkriterien bei der Wahl der gekauften Unternehmens-
aktien beachtet werden (passive Strategien: keine Aktien aus
den Bereichen Waffenproduktion, Atomstrom und so weiter)

oder bei denen die Käufer von ihren Mitbestimmungsmöglichkeiten in den Unternehmen Gebrauch machen (aktive Strategien: Stimmrecht nutzen). Das kann auch einmal zu Krawallen bei Aktionärsversammlungen führen.

Eine Aktiengesellschaft ist keine Demokratie, sondern eine »Oligarchie«, in der eine Clique großer Aktionäre herrscht. (Inwiefern dieses Herrschaftsmodell auch auf politischer Ebene bei uns dominiert, ist umstritten.) Jeder Aktionär hat Mitspracherecht. Die Stimme des Aktionärs kann dabei durchaus wichtiger als die eines Wählers sein, denn die Gleichheit aller Stimmen gilt auf dem Parkett der Hochfinanz eben nicht. Stimmrecht hat man als Besitzer, und Stimmgewicht bestimmt sich nach Größe des Besitzes. Das sind Strukturen, die sich auch von der Ökologiebewegung nutzen lassen, ganz ähnlich, wie schon einmal die FDP unter dem Motto »Studis kapern die FDP – Widerstand ist zwecklos!« gestürmt wurde. Es lohnt sich nicht nur, »böse« Parteien zu verändern, man kann auch Aktien von »bösen« Unternehmen erwerben, wenn man deren Politik beeinflussen will.

Wie funktioniert ethisches Investieren genauer? Bei den *passiven Strategien* kann man *negative Entscheidungskriterien* verwenden und bestimmte Firmen aus Anlagefonds ausschließen (etwa besagte Waffenproduzenten). Oder man kann *positive Kriterien* anwenden und nach Firmen suchen, mit deren Produkten man sich identifiziert (etwa erneuerbare Energien). Oder man verfolgt den Ansatz, nicht ganze Industriezweige auszuschließen, sondern die besten Vertreter jeder Branche auszuzeichnen.

Bei *aktiven Strategien* gebraucht ein Aktionär sein Stimmrecht und seinen Einfluss. Entweder er stimmt in einsamer Einöde ab, oder er delegiert sein Stimmrecht an eine Aktionärsvereinigung, die zur Förderung ethischer Ziele Stimmrechte bündelt. Entweder treten solche kritischen Aktionäre dann als

Gegner der Konzernleitung bei Aktionärshauptversammlungen auf, oder sie suchen vorher das Gespräch mit der Unternehmensleitung und handeln im stillen Kämmerlein einen Kompromiss aus.

Wie groß ist das Marktsegment für ethisches Investment? Wenn man jede Investition zählt, bei der nichtfinanzielle Maßstäbe als Entscheidungsgrundlage mitverwendet wurden, so liegt das Gesamtvolumen 2015 in Deutschland im niedrigen einstelligen Prozentbereich (Forum nachhaltige Geldanlagen 2015, 15). Geldanlagen, die hier gezählt werden, müssen aber nicht »ethisch« sein, sondern sind lediglich nicht rein profitorientiert.

9 Die Folterinstrumente der ethischen Investoren

Wie genau wirken die Daumenschrauben, die man den Unternehmen anlegen will? Begeben wir uns hinab in das düstere und muffige Verlies, in dem dem Hexenglauben an den Mammon abgeschworen werden soll. Bei passiven Strategien muss man erst einmal ein Missverständnis ausräumen: Viele Anleger glauben, mit ihrer Investition würden sie die ausgewählten Unternehmen bevorzugen und die verschmähten benachteiligen. Bei der Finanzierung der Firmen ist das in der Regel nicht direkt der Fall. Kauf und Verkauf finden nicht zwischen Aktionär und Unternehmen statt, sondern zwischen alten und neuen Aktionären. Geld fließt den alten von den neuen zu, die Firma ist direkt nicht beteiligt, verdient also nichts durch den Aktienkauf. Lediglich der *Kurs der Aktien* kann beeinflusst werden.

Ein niedriger Aktienkurs ist jedoch definitiv eine Daumenschraube für Unternehmen. So können bei niedrigem Kurs die Finanzierungskosten für Unternehmen steigen, zum Beispiel hinsichtlich der Konditionen für Kredite. Ein höherer Unternehmenswert bedeutet eine größere Sicherheit für die Bank. Und die Finanzierungskosten münzen sich wieder in Wettbewerbsvorteile des Unternehmens und letztlich in Boni für die Geschäftsleitung um. Also: Einen hohen Aktienkurs wünscht sich jede Aktiengesellschaft nicht nur zur Weihnachtszeit. An diesem frommen Wunsch findet der Investor einen Hebel für die Erziehung unartiger Unternehmen. Und es sind noch weitere indirekte Effekte passiven Engagements zu erwarten: Ethisches Investment gewinnt ständig an Bedeutung. Das kann zum Beispiel zu verbesserter Transparenz im Reporting der Unternehmen führen (Smith 2003, 20). Diese können ihr Image zum Beispiel mit Nachhaltigkeit wirksam verbessern, weshalb Nachhaltigkeit größere Beachtung in der Unternehmenspolitik erfährt. So weit, so gut.

Aber alle Theorie ist grau. Wann machen die ethischen Investoren wirklich einen Unterschied, nicht zuletzt für den Aktienkurs? Die schnöde Antwort ist: Wenn es genug davon gibt. Die Größe der bewegten Geldmassen von ethischen Investoren muss im Vergleich zu denen der Profitgeier gesehen werden, und dann ist zu bewerten, ob sie eine »kritische Masse« bilden oder gemeinsam einen Schwellenwert überschreiten. Empirische Studien bescheinigen, dass eine »böse« Firma mindestens 20 Prozent ethische Investoren braucht, um ihr Verhalten zu ändern. Allerdings liegt der Ist-Wert beim ethischen Investieren in ganz anderen Dimensionen: Geschätzt wird Anfang des Jahrtausends, dass 10 Prozent *aller* Fonds von »ethischen Investoren« gehalten werden (Heinkel et al. 2001, 447). Selbst wenn die Zahl sich inzwischen vervielfacht hat, würde das Investorenvolumen pro Firma im Schnitt erheblich unter den kritischen 20 Prozent liegen. B. Scheler resümiert: »Dieser Marktanteil ist zu gering, um einen deutlichen Einfluss bei Unternehmen ausüben zu können« (Scheler 2018, 5.2.1). Aber es gilt zu prüfen, wie sich die Dinge bei konkreten Firmen verhalten, vielleicht geben manche schon beim ersten Anziehen der Daumenschrauben nach.

Solche Wirkungen sind möglich, sie hängen jedoch nicht von meinem Beitrag ab, solange dieser nicht erheblich ist. Der norwegische Staatsfonds hat beschlossen, nicht mehr in die Kohle zu investieren, sein Volumen beträgt 800 Milliarden Dollar. Solche Investitionen können natürlich etwas verändern. Ob allerdings ein Kleinanleger die Daumenschrauben oder die Streckbank bedienen kann, bleibt offen. Der Kleinanleger steht vor der gleichen Frage wie der einzelene Konsument: Er ist auf Kooperation angewiesen, um etwas zu bewirken. Die genaue Größe eines etwaigen Effekts hängt vom Marktanteil der ethischen Investitionen und von der Firmengröße ab. Kleinere Firmen sind eher sensibel für solche Prozesse. *Dass ich die dunkle Seite der Macht also durch das Jonglieren mit meinen Spargroschen beeindrucke, ist zweifelhaft.*

Bei aktiven Strategien kommt es auch im Wesentlichen auf die Kapitalgröße an, die mit ethischen Investments verbunden ist. Besonders spannend ist die Aussicht, ab 500 000 Euro Kapitalbündelung die Agenda der Aktionärshauptversammlung und damit die Berichterstattung in der Presse mitzubestimmen. Das ist ein definitives Folterinstrument. *Aber es bleibt dabei: Größe bedingt Einfluss. Jedoch gibt es leider einige Hindernisse dabei, Größe aufzubauen.* 80 Prozent der aktiven Investoren sind institutionelle Anleger wie Pensionsfonds und Versicherungen. Diese sind per Gesetz angehalten, ihr Portfolio zu diversifizieren, also keine großen Anteilspositionen bei Einzelunternehmen aufzubauen. In Deutschland liegt zudem die Mehrheit der Anteile oft bei Großaktionären, die ihre Macht nicht freiwillig aufgeben werden (Becht und Böhmer 2003).

Deshalb beurteile ich die Möglichkeiten ethischen Investierens und die Effektivität der Folterinstrumente eher skeptisch: Alles hängt von der Größe des Investments und der Situation des Unternehmens ab. Vielleicht kann man über den Hebel des ethischen Investments einen großen Unterschied machen, aber sehr wahrscheinlich ist das leider nicht. Länger in der schlechten Luft des Verlieses zu bleiben bringt also wenig. – Genug der Folterkunde.

10 Über Unparteilichkeit und Überforderung

Wie viel »unparteilich« Gutes zu tun, also Geld und Zeit für jene aufzuwenden, die es nötiger haben, verpflichtet uns nun die Moral? Bei jedem Engagement steht diese Frage im Raum. Wir sind in den vergangenen Kapiteln schon mehrfach an diesen Punkt gekommen. *Wie viel fordert »Spende und ersetze«, wie viel sollen wir einbringen, um zu helfen?* Wann dürfen wir an uns und unsere Familien denken? Oder müssen wir uns völlig unparteiisch auch gegenüber Freunden und Familie verhalten?

Unparteilichkeit klingt erst einmal prima. Schluss mit dem Klüngel, alle werden nach gleichen und transparenten Maßstäben behandelt. Aber je länger man darüber nachdenkt, desto stärker wachsen die Bedenken: Das kann zu sehr hohen Forderungen führen. Soll ich ein mir unbekanntes Kind in Somalia nach denselben Maßstäben wie meine Tochter behandeln? Darf ich meiner Tochter zu Weihnachten ein Puppenhaus mit separatem Pferdestall schenken, wenn ich für dasselbe Geld der Somali eine lebensrettende Operation finanzieren kann? Das klingt nach Überforderung durch Moral. Es macht keinen Sinn zu fordern, ich solle das Unmögliche tun und über Wasser gehen, schon weil der Trick in der Bibel nicht ausführlich genug beschrieben wird. Jedoch: Oft *könnte* man schon zum Beispiel viel spenden, aber man *will* es einfach nicht und beruft sich darauf, dass man »nicht kann«. Was im Kleingedruckten steht, ist der Zusatz: Man kann nicht, wenn man seinen bisherigen Lebensstil aufrechterhalten will. Natürlich gibt es psychische Grenzen unserer Belastbarkeit, freilich individuell unterschiedlich, und kaum jemand weiß, wo die so liegen. Das verleitet zu Missbrauch von Überforderungseinwänden. Allerdings müssen sich auch jene, die sich schnell überfordert fühlen, die Frage stellen, *ob es nicht auch die Somali überfordert, zu verhungern?*

Also spricht vieles dafür, ein gewisses Maß der Forderungen zu erfüllen, die wir gemäß der Alltagsmoral oft als Überforderungen ablehnen, und gleichzeitig eine Grenze zu ziehen. Aber damit sind wir kaum weitergekommen: Wie viel sollen wir erfüllen? Wir könnten selbst wie Franz von Assisi in Armut leben oder uns nur jede zweite Kreuzfahrt sparen. Aber bevor wir das akzeptieren, lehnt sich etwas in uns auf – sind weitgehende Forderungen an uns nicht ungerecht? Wir sind ja nicht für das Elend auf der ganzen Welt verantwortlich. Wieso sollten wir dann dagegen angehen?

Auf diese Weise schirmt uns unsere Alltagsmoral vor weitergehenden moralischen Ansprüchen ab, die von uns verlangen, das Leid der Hungernden zu bekämpfen. Zwar hören einige moralisch sensible Menschen trotz dieses einlullenden Wiegenlieds nach wie vor ihr leise rumorendes Gewissen, aber das wird durch den Alltag abgestumpft und auf die Kollekte in der Kirche vertröstet. Aber wenn wir uns weniger um die Alltagsmoral und stattdessen um die Bedürftigsten kümmern, fragen wir weniger danach, wer an der Misere der Entwicklungsländer Schuld hat, sondern vielmehr danach, wie sich die schlechte Situation verbessern lässt. Die Zukunft interessiert, nicht die Vergangenheit. Dabei setzen wir voraus: *Das Leid der hungernden Äthiopier wiegt genauso schwer wie das Leid, das Wohlstandsbürger empfinden würden, wenn es ihnen schlecht ginge.* Wenn wir diese Regel leugnen, handeln wir parteiisch und unterlaufen das *Universalisierungsgebot* der Ethik, das die Idee der Unparteilichkeit begründet. Was hat es mit dem Universalisierungsgebot auf sich?

Wenn ich eine Norm begründen will, wie mit Leid umgegangen werden soll, dann ist es kein Grund für oder gegen eine solche Regel, dass gerade *ich* von ihr eingeschränkt werde. Dass *überhaupt jemand* eingeschränkt wird, muss begründet und gegen den Gewinn abgewogen werden, der dadurch entsteht, dass die Menschen diese Regel befolgen. Der Hinweis, dass die Norm unzumutbar sei, weil gerade *ich* eingeschränkt werde und nicht mein Nachbar, kann nur als »faule Ausrede« gelten, aber nicht als Argument. Genau genommen haben wir alle schon solche Ausreden verwendet, damals im Kindergarten. Aber für einige Menschen ist seitdem schon etwas Zeit vergangen. Eine Norm muss gültig sein, gleichgültig, wer die Individuen sind, denen sie auf die Finger haut. Dass gerade *ich* eingeschränkt werde, das kann schließlich *jeder* Betroffene aus seiner Perspektive vorbringen. Diese private Perspektive kann nicht über Normen entscheiden. Wir müssen alle Menschen in der Moral genauso ernst nehmen wie uns selbst. Wir müssen »universalisieren«, wenn wir Normen aufstellen, denn unsere spezielle Identität begründet diese Normen nicht. So bestätigen wir, dass unsere Interessen und die der Äthiopier gleich wichtig sind.

Damit gelangen wir wieder zu dem Einwand, der uns gerade schon beschäftigt hat: Überfordert uns das nicht? Kümmerten wir uns um unser Unterlassen genauso wie um unsere Taten (Singer 2013, Kapitel 8), würde die Zahl unserer Pflichten dramatisch ansteigen. Wenn wir uns für die ganze Welt verantwortlich fühlten, könnten wir der Menge unserer Pflichten nicht mehr nachkommen und würden wahrscheinlich lieber die Moral ad acta legen, als all ihren Forderungen Frondienst zu leisten. Jeder Latte macchiato, jede Zigarette und jeder Keks am Nachmittag wäre kritisch zu betrachten. Müssten wir also unsere Gewohnheiten völlig umstellen und über jeden Cent und jede Minute unserer Zeit Rechenschaft vor dem strengen Richtstuhl der Moral geben können? Unsere Alltagsmoral betrachtet das als riesige Überforderung.

11 Spenden- und Engagementpflicht

Ganz so einfach ist es leider nicht. In der Tat brauchen Pflichten Grenzen, wenn wir ihnen noch gewachsen sein sollen. Hier muss die Ethik dem Postulat nachkommen, dass man nur das sollen kann, was man auch leisten kann. Aber die nötigen Grenzen mit der Alltagsmoral zwischen Tun und Unterlassen und zwischen Freunden, Verwandten und Fremden zu ziehen, das ist zu billig. So eine Grenze schert sich beispielsweise nicht um den Schutz von Hungernden und entfernten zukünftigen Generationen, die dann leer ausgehen. *Ein besserer Vorschlag für eine Grenze wäre, etwa 4 Prozent eines durchschnittlichen Einkommens und 1 Prozent der Zeit eines Akteurs so einzusetzen, dass damit effizient Interessen geschützt werden.* Zwischen den zwei Pflichten sollte Verrechenbarkeit herrschen, manchmal haben wir mehr Geld, manchmal mehr Zeit zur Verfügung, und manchmal macht der Einsatz der einen Ressource gerade mehr Effekt als jener der anderen. Eine »Pflicht« bestünde hier nicht in Form einer staatlichen Steuer, sondern im Sinne einer ethischen Selbstverpflichtung, die aus dem unparteilichen Teil der Moral resultiert.* Das wäre ehrgeizig, aber keine Überforderung. Niemand, der auf Überforderung plädiert, wird meinen, ein sehr reicher Mensch sei mit Spenden von etwa maximal 5 Prozent seines Einkommens überfordert. Ein Krösus *will* vielleicht nicht so viel einsetzen. Aber er *könnte* es natürlich, ohne auch nur im Ansatz vergleichbar Wichtiges dafür zu opfern, wie sich durch den Einsatz des Geldes gewinnen ließe. Was hat das aber mit uns zu tun? Wir sind doch nicht Krösus! Global gesehen sind die westlichen Normalverdiener das jedoch sehr wohl. Wer mehr als 52 000 Dollar im Jahr verdient, gehört zum reichsten Prozent der Weltbevölkerung (MacAskill 2016, 28). Insofern grenzt sich die 5-Prozent-Marke gegen Überforderungseinwände ab, und trotzdem würde, wenn jeder beziehungsweise viele spendeten, so viel Geld zusammenkommen, dass man damit dringliche globale Probleme wirkungsvoll bekämpfen kann.

Doch hinter dieser Frage, was ich persönlich tun kann, steht das allgemeine Problem: *Wie viel fordert die Moral von uns?* Müssen wir beispielsweise rund um die Uhr und mit all unseren Mitteln versuchen, das Glück in der Welt zu maximieren? Ich habe keine Antwort auf dieses Mammut unter den Problemen. Ich behandle es pragmatisch: *Wenn wir uns im niedrigstelligen Prozentbereich unserer zeitlichen und finanziellen Möglich-*

---

* Als schlechtere Alternative für Menschen, die dazu nicht bereit sind, aber denen gleichwohl die Moral am Herzen liegt, bietet es sich an, die von den moralischen Pflichten erforderten Mittel nicht sofort zu spenden, sondern sie gewinnbringend anzulegen, die Zinsen teilweise selbst zu nutzen und die Mittel später zur Verwendung für unparteiliche Zwecke zu vererben. Zwar brauchen wir sofort das Geld, um Klimaschutz zu realisieren, weshalb diese Alternative nicht befriedigend ist, aber auch in Zukunft werden moralische Herausforderungen zu bewältigen sein.

keiten engagieren, kann das keine Überforderung sein. Das ist daher auf jeden Fall geboten! Wenn jeder Normalverdiener sich dazu aufraffen würde und zudem auch Firmen einer von mir begründeten Spendenpflicht von 1,5 Prozent ihres Gewinns nachkämen (vgl. Kapitel 3, Abschnitt 1), wären die meisten globalen Probleme lösbar, denn die zusammenkommenden Summen würden sich mindestens im dreistelligen Milliardenbereich bewegen. Das betrifft freilich nur die finanzielle Dimension. Natürlich sind die Probleme vielschichtiger, aber dass genug Geld da wäre, ist trotzdem nicht der Fall.

Es ist aber leider traurige Tatsache, dass die Mehrzahl der Akteure angesichts der 5-Prozent-Forderung von Spenden- und Engagementpflicht versagt. Jedoch daraus zu schließen, 5 Prozent seien eben nicht durchzusetzen, weshalb man auf diese Forderung verzichten müsse, verkennt den Charakter von Ethik. Die fordert nämlich, wenn es berechtigt ist, immer mehr, als wir zu leisten bereit sind, und liefert uns Argumente, warum wir ihr folgen sollten. Wenn das Faktische dadurch nicht beeinflussbar wäre, wäre Ethik als Projekt insgesamt verfehlt. Also bleibt es bei der Forderung. *Sollen wir aber die Pflichten für den Einzelnen immer höherschrauben, wenn einige andere ihre Pflichten nicht erfüllen?* So würden die Einsichtigen die Lasten für die Egoisten mittragen. Zu hohe Pflichten bringen jedoch bekanntlich viel Frustration, ein schlechtes Gewissen und führen letztlich auch bei den Gutwilligen zu Moralverweigerung. Die Antwort ist also negativ.

Fazit: Eine Spenden- und Engagementpflicht würde bedeuten, dass wir einen Anteil unserer Zeit und unseres Geldes denen widmen, die das absolut gesehen am nötigsten haben. Mit der Zeit, die wir »spenden«, können wir uns informieren und sinnvoll politisch engagieren. Wenn unsere Pflichten gegenüber den ärmsten Menschen erfüllt sind, können wir die, die uns »near and dear« sind, bedienen. Das ist dann aber oft keine Sache der Moral mehr, sondern eine der erweiterten Eigenliebe. Natürlich ist Geld nicht alles, was zum Beispiel Entwicklungsländer oder zukünftige Generationen brauchen, aber der Einzelne hat kaum ein effektiveres Mittel zur Hand.

Wenn wir die Moral wirklich ernst nehmen, werden entsprechende Forderungen auf uns zukommen. Unsere alltagsmoralischen Ausreden und Bequemlichkeiten werden ein Stück weit infrage gestellt. Kindergarten ist nicht mehr. Moralisch leben heißt: *Man darf anderen Menschen nicht beim Verhungern zusehen. Man hat Hilfspflichten, die ich hier mit einer Spende von Zeit und Geld (bei Normalverdienern) umrissen habe.* Noch einige Erläuterungen, wie ich auf die konkreten Werte komme:

Gleichgültig, an welcher Stelle Forderungen zu Überforderungen werden: Wenn man auf einer Insel des Reichtums sitzt und für das Meer von Armut um einen herum nicht einmal geringe einstellige Prozentzahlen seines beträchtlichen Einkommens einsetzt, setzt man sich dem berechtigten Verdacht aus, dass einem der Kampf gegen die Not kein Herzensanliegen oder anders gesagt schlicht gleichgültig ist. So ergeben sich ein erforderter Mindesteinsatz und eine ungefähre Größenordnung. Zur 5-Prozent-Forderung komme ich durch die Überlegung, was den Einzelnen nicht überfordert und wie viel akkumulierte Mittel einen wirkungsvollen Beitrag zur Lösung unserer globalen Probleme leisten. Natürlich sind 5 Prozent eine scheinbar willkürliche Marke, es könnten auch 5,1 Prozent sein. *Aber ich versuche ja gar nicht, die tatsächliche, absolute Höhe zum Beispiel der Spendenverpflichtung zu ergründen, sondern will Minima ausloten.* Ich will angeben, was jedenfalls noch geboten ist. 5,1 Prozent werden das wahrscheinlich auch sein, aber wenn es 5,1 Prozent sind, dann eben sicher auch 5 Prozent. Eine fixe Grenze zu setzen hat den Vorteil, dass es nicht ins Ermessen des Einzelnen

gestellt ist, was man tun muss, um sich als moralische Person zu
verstehen.

Transformationsfalle: Unterschätze die Moral nicht, sie
fordert mehr von uns, als wir im Alltag denken. Wenn wir
sie ernst nehmen, können wir Gegenwart und Zukunft
beträchtlich helfen.

12 Ein Portfolio
zum Abschluss

Damit wäre der Umfang des individuellen Engagements beschrieben. Das wird nicht ausreichen, um die Heere der Finsternis zurückzuschlagen, aber so kann man sie doch noch eine
Weile aufhalten. Wir haben viele einzelne Maßnahmen ken-
nengelernt, die man umsetzen sollte. Diese Gedanken will ich
abschließend etwas ergänzen. Bei all diesen Schritten wissen wir
nicht hundertprozentig, wie sie sich auswirken. Spenden stoßen
etwa auf Kritik, weil sie die politischen Ursachen von Krisen
nicht verändern und Nationen dazu bringen würden, sich aus
Bildungs- und Gesundheitspolitik zurückzuziehen. Auch bei
allen anderen Formen des Engagements haben wir zwar versucht, den besten Weg zu beschreiben, aber menschliche Erkenntnis ist fehlbar. Davor warnt auch der Psychologe D. Kahneman, der meint, dass wir Menschen unsere Prognosefähigkeit
generell überschätzen (Kahneman 2012, 181, 198). Davon zeugen
Flughafen- und Bahnhofsdesaster. In einer solchen Situation
würde jede seriöse Bank raten, das Risiko zu verteilen und ein
Portfolio von Anlageformen zu bilden. Wenn ein Pferd scheitert,
könnte das andere vielleicht durchs Ziel laufen. Diese Maßnahme ergibt sich allerdings nicht zwingend aus dem Gedanken

der Nutzenmaximierung, den ich als Utilitarist verfolge. Ein Portfolio kann auch etwas kosten, und wenn alle Wertpapiere gleich gut »performen«, ist es genauso effizient wie das Maximieren einer Option und damit nutzlos. Hätte ich von vornherein die beste Strategie gekannt und verfolgt, hätte ich mehr Wohlergehen für die Welt als durch ein Portfolio realisiert. Aber die Perspektive, aus der man im Nachhinein den besten Weg kennt, haben wir eben oft nicht zur Verfügung, wie bedauerlich!

Und nun kommt eine normative Aussage: Wenn es um so elementare Dinge wie Milliarden von Leben angesichts des Klimawandels geht, entscheide ich nach Möglichkeit risikoarm.[*] Das bedeutet natürlich nicht, auf alle Kostenüberlegungen zu verzichten und nun doch Klimaschutz mit allen Mitteln zu betreiben. Eine solche Strategie überfordert Otto Normalverbraucher, der weder zum Helden noch zum Heiligen geboren ist. Außerdem sollten wir auch im Interesse des Klimaschutzes möglichst effiziente Strategien bevorzugen, sonst bewirken wir auch mit großen Opfern kaum etwas. Wir haben bislang die besten Wege für den privaten Beitrag zum Klimaschutz gesichtet und sind neben Effizienz, der Spenden- und Engagementpflicht auch auf das Phänomen der *low cost tolerance* gestoßen. Aus diesen drei Elementen kann man in der Tat ein für den risikoarmen Entscheider empfehlenswertes Portfolio von Optionen zusammenstellen. Weitere Bedingungen für gute Portfolios scheint es kaum zu geben, denn komplizierte Anlagestrategien sind nicht wirksamer als solche, die sich Alltagsintuitionen verdanken. Komplizierte Regeln führen oft nicht zu besseren Ergebnissen als der Zufall (Clare et al. 2013).

Ethischen Konsum kann man, wenn man die rationalste Stra-

---

[*]   Daher auch der Grundsatz »in dubio pro« bei der unten behandelten *low cost tolerance.*

tegie wählt, unter anderem als Low-Cost-Risikooption, ergänzend zum Spenden verfolgen. Wie könnte also ein gutes, rationales Portfolio aussehen, was soll ich tun?

1. Spenden und ersetzen, da, wo sich gute Chancen, Armut zu bekämpfen, und gute Wechselwirkungen für den Klimaschutz und im Idealfall auch Artenvielfalt und Tierschutz begründen lassen. Innerhalb dieser Strategie sollte man erneut ein Portfolio aufbauen: Am besten spendet man für mehrere Organisationen mit verschiedenen Schwerpunkten.

2. Informationen sammeln und diese zum Beispiel politisch einsetzen, also Zeit aufwenden.

3. Sich zum Vorbild (für dieses Portfolio) machen und andere dazu motivieren, wenn man dazu in der Lage ist.

4. Wählen gehen, wo immer dies aussichtsreich scheint und als Low-Cost-Option kaum Energien bindet.

5. Aktiv in Ämter gehen, Politik gestalten und Menschen überzeugen, wenn man dazu in der Lage ist.

6. Wenn man Geld jenseits der Spendenpflicht investieren kann, ethische Investments prüfen.

7. Ethisch konsumieren (insbesondere da, wo es Unterschiede machen könnte), wenn es eine Low-Cost-Option ist.[*]

---

[*] Viele Projekte bereiten uns kaum Mehraufwand und Mehrkosten, wenn wir kooperieren. Ob ich Google oder Ecosia auf dem PC installiere, macht keinen Unterschied für mich, kann aber einen Beitrag zur Aufforstung von Wäldern leisten. Einen Flug in den Urlaub zu stornieren kostet kaum Wohlergehen, wenn man sowieso nicht weiß, ob man diesen Urlaub wirklich machen will. Kosten sind subjektiv! Ob ich Strohhalme aus Plastik oder einem anderen Material nachfrage, macht für mich so gut wie keinen Aufwand. Der Unterschied ist in der Regel gemäß der Doktrin vom großen Unterschied zu klein, um ins Gewicht zu fallen, also kann ich die Kosten tragen. So gibt es viele Routinen und Kleinigkeiten, die man abstellen kann, wenn man auch nur einmal darüber nachdenkt.

8. Wissenschaftlichen Argumenten Gehör verschaffen, seine Meinung sagen.

Als moralisches Wesen sollte ich mich idealerweise im Rahmen der moralischen Pflichten darauf konzentrieren, das obige Portfolio abzuarbeiten, während ich weitere Kooperationsprojekte als »Privatsache« behandeln kann, die mir zum Beispiel Achtung oder meinen Seelenfrieden verschaffen. Zudem gibt es die Möglichkeit, die »zweitbeste Strategie« zu wählen. Das Portfolio, das sich dann ergibt, sieht natürlich ganz anders aus.

13 Was kann ich tun?
Die wichtigsten Thesen

1. Die Standardstrategie, um der Klimakrise zu entkommen, empfiehlt, die kleine Emission des Einzelnen direkt zu vermeiden. Das ist angesichts des Versagens der politischen Koordination nicht der beste Weg.

2. Wir sollten uns nicht mit Beiträgen zu primär symbolischen Kooperationen verzetteln, sondern versuchen, den größten Unterschied für eine Verbesserung der Welt zu machen.

3. Kooperationen sind besonders vom Scheitern bedroht, wenn sie einschneidende Opfer für viele bedeuten und wenn die Beiträge des Einzelnen eventuell kaum einen Unterschied machen – dies ist beim Klimaschutz gegeben.

4. Den größten Unterschied machen wir, wenn wir unser begrenztes Budget für eine bessere Welt zum Beispiel gegen Armut spenden, und zwar gezielt dort, wo das Mehrfacheffekte für das Klima bringt. Zum Beispiel indem arme Regenwaldbauern und damit der Regenwald gerettet werden. Ich nenne diese indirekte Strategie »Spende und ersetze«.

5. So ist kein Opfer umsonst. Das kann auch für das Klima effizienter sein als die Standardstrategie. Zudem überfordern wir uns nicht so schnell.

6. Meine Strategie gilt eine begrenzte Zeit lang, solange die CO_2-Vermeidungskosten im globalen Süden erheblich geringer sind als bei uns.

7. Kooperationen und insbesondere politische Wahlen sollten wir in ein Portfolio von Handlungsmöglichkeiten aufnehmen, wenn sie uns sehr wenig kosten.

8. Wir sollten uns für eine bessere Welt engagieren, sowohl mit unserer Zeit (politisches Engagement) als auch unserem Einkommen (Spenden).

9. Wir sollten je nach sozialer Situation circa 5 Prozent unseres Gesamtbudgets an Zeit und Geld dafür aufwenden.

Kapitel 3

Der starke Staat

1 Wo bleiben die Unternehmen?

Die Rolle des Individuums haben wir im letzten Kapitel anhand der Doktrin vom großen Unterschied ganz gut umrissen. Nun geht es in diesem Kapitel mit staatlichen Verpflichtungen und Maßnahmen weiter. Warum? Wenn es eine Mikroebene des individuellen Handelns gibt, dann wäre als Nächstes die Mesoebene einzufügen, sinnvollerweise beschrieben als *die Ebene unternehmerischen Handelns*. Soll die ganz fehlen? Nein, denn darum geht es in diesem Abschnitt. Einerseits will ich den Unterschied individueller und unternehmerischer Pflichten herausarbeiten und andererseits eine Abgrenzung zur immer bekannter werdenden Gemeinwohlökonomie versuchen.

Zwar ist »Corporate Social Responsibility« inzwischen bei den meisten Unternehmen angekommen, aber leider bewirkt das nicht, dass sie auf dem richtigen Kurs wären, zu Helden der Transformation zu werden. *Zwar werden Produkte relativ gesehen immer effizienter, aber man scheut sich, sich an absoluten Zielen und Zahlen, die man aus der Wissenschaft beziehen könnte, zu orientieren.* So wie es die Politik beispielsweise mit dem 1,5-Grad-Ziel getan hat. So werden zwar Produkte vertrieben, die besser sind als die der Konkurrenz, aber gleichzeitig können diese Produkte ökologisch unvertretbar sein. Daher will ich einen neuen Ansatz skizzieren und wieder vor einer Transformationsfalle warnen. Ich gehe von den Menschenrechten aus, nicht zuletzt, weil diese (wenigstens in unserem Kulturkreis) populär und weitgehend akzeptiert sind (Gesang 2016, 5. Kapitel). Die Menschenrechte sind ursprünglich an Staaten adressierte Forderungen, die Individuen zu schützen. Nun verfällt jedoch zunehmend die Macht der Nationalstaaten. Zwar leben wir noch nicht, wie in manchen Science-Fiction-Filmen, in von Warlords regierten Wüsten oder in von Konzernen gesteuerten Megacitys. Aber man müsste die Augen vor der Wirklichkeit verschließen, wollte man nicht die zunehmende Macht der Unternehmen erkennen, und daraus sollten Verpflichtungen entstehen. Soziale und wirtschaftliche Menschenrechte gelten für Staaten genauso wie für Unternehmen, man muss sie nur entsprechend interpretieren und herausfinden, welche konkreten Handlungsnormen diese Rechte zur Folge haben. *Um konkrete Verpflichtungen aus den Menschenrechten abzuleiten, kann man auf internationale Abkommen zurückgreifen.* Auf dieser Basis haben mehrere Institute und Initiativen versucht, die Menschenrechte auf Unternehmen herunterzubrechen (HRCA 2006; DGCN et al. 2012). So lassen sich halbwegs konkrete Prinzipien wie das gewinnen, sich in Gewerkschaften organisieren zu dürfen (HRCA 2006, 31–34).

Es gibt aber auch interpretationsbedürftige Regeln, bei denen erst zu klären ist, wie man beispielsweise Worthülsen wie »Recht auf Gesundheit« oder noch besser »Recht auf adäquate Entlohnung« mit Leben füllt. Da bleibt dann oft nur die Angabe eines Verfahrens übrig, wie diese Begriffe etwa im *Stakeholder-Dialog* mit den beteiligten Anspruchsgruppen konkrete Bedeutung gewinnen können. Auch solche verschwurbelten Regeln kann man mit den Menschenrechten begründen (ein Katalog von 16 Normen findet sich in Gesang 2016, 154–161). Das ist für die konkrete Ausgestaltung der Arbeitswelt einiges, aber bezogen auf die Klimawende wird das Ergebnis enttäuschen. *Die*

Orientierung an den Menschenrechten kann nur eine Basismoral begründen, zumal eine grundlegende Schwäche verbleibt: Diese Regeln treffen Unternehmen in erster Linie dort, wo ihnen bestimmte Dinge untersagt werden, um anderen nicht zu schaden, aber sie formulieren keine positiven Pflichten. Da dienen die Menschenrechte häufig als ausgefranste Bettvorleger.

Diesen Unterschied bestimmt man traditionell durch die Begriffe negative und positive Rechte beziehungsweise Pflichten. *Negative Pflichten* bestehen darin, etwas zu unterlassen, etwa andere nicht zu schädigen. *Positive Pflichten* gebieten, etwas zu tun, zum Beispiel anderen zu helfen. Während negative Pflichten jedenfalls verbindlich sind, wird aktive Hilfe, beispielsweise in der Common-Sense-Moral, oft als bloße Zugabe verstanden, was ich schon einmal kritisiert habe (Gesang 2016, 163). In diesem Sinne füge ich den eher negativ orientierten Menschenrechten einige Regeln hinzu, die positive Pflichten für alle Adressaten formulieren. Gemeinsam mit 16 aus den Menschenrechten ableitbaren Regeln stellen sie das normative Gerüst der Menschenrechtsethik und meine Antwort auf die Frage nach den ethischen Pflichten eines Unternehmens dar (vgl. Gesang 2016, Kapitel 5). Diese Pflichten müssen allerdings begrenzt sein, sonst verschrecken sie auch Otto Normalunternehmer eher, als ihn zu motivieren. Hier bietet sich etwa die Psychologie als weise Weggefährtin an. Sie beschreibt, wie hoch man Forderungen stellen darf, ohne dass sie entmutigen oder überfordern. Diskutieren wir im Kurzdurchlauf drei Regeln, um die ich Menschenrechte erweitern will (ich nenne sie »Zusatzregeln«). Sie sind für die Frage nach den »Klimawirkungen des Goldscheffelns« besonders wichtig. Eine Regel, die Unternehmen in die Pflicht nimmt, aktiv und begrenzt zur Verbesserung der Welt beizutragen, lautet:

Zusatzregel »Spendenpflicht«: Ein Unternehmen soll die ethische Initiative – wo sie am nützlichsten ist – ergreifen und dafür mindestens 1,5 Prozent seines Jahresgewinns einsetzen. Es sei denn, das Unternehmen gerät dadurch nachweislich in Existenznot.

Diese Regel sichert, dass Unternehmen auch aktiv im Rahmen ihrer Möglichkeiten das Wohlergehen auf der Welt vermehren. Wenn ein Unternehmen also »das Richtige« tun will, sollte es sich selbst zu dieser Regel verpflichten. Dann wird das Unternehmen dort aktiv, wo das von der Moral empfohlen wird: da, wo das Leid am größten und die Hilfe am effizientesten ist. Wie wir nun wissen, sind das Projekte, bei denen Mehrfachwirkungen möglich sind. Um diese Stellen zu identifizieren, kann man Studien befragen. Hier lässt sich parallel zu den Fallen, die auf das Individuum lauern, eine Transformationsfalle vermuten:

Auch Unternehmen sollten nicht versuchen, nur durch interne, den eigenen Betriebsablauf betreffende Maßnahmen ihren ökologischen Fußabdruck direkt zu verbessern, auch wenn sie als Akteure auf der öffentlichen Bühne dennoch auch interne Maßnahmen einleiten sollten (siehe unten).

Auch sie sollten effizient sein und ihr Geld einsetzen, um gemäß der Doktrin vom großen Unterschied zu handeln und durch »unternehmensexternes« Engagement im Lichte der besagten Zusatzregel zu glänzen.
Viele Unternehmen spenden bereits aktiv in der genannten Größenordnung. Das geschieht meist im Kultursektor, etwa für spektakuläre Projekte wie die Mundarttage der Sparkasse, die irgendeinem Vorstand besonders am Herzen liegen. So spen-

dete die Deutsche Bank 2013 1,3 Prozent ihres Jahresverdienstes, die Commerzbank spendete rund 2 Prozent. Das entspricht natürlich nicht unserer Zusatzregel. Die Zusatzregel lenkt solche Ausgaben zu den Bedürftigsten und macht die Moral gleichwohl nicht zur Konjunktursache, da die übrigen aus den Menschenrechten ableitbaren Normen jederzeit einzuhalten sind. Die Spendenpflicht kann ausgesetzt werden, wenn ein Unternehmen in finanzielle Schwierigkeiten gerät. Das soll Akzeptanz sichern, denn wenn Unternehmen aufgrund von Spenden den Betrieb einstellen müssen, hätte dies bald das Ende der Spendenpflicht zur Folge. Die Unternehmen sollen Spenden aber nicht nach Gutdünken aussetzen können. Sie müssen im Stakeholderdialog darlegen, dass ihnen ihre finanzielle Lage nicht erlaubt, der Spendenpflicht nachzukommen. Da eine solche Erklärung das Unternehmen auf dem Kapitalmarkt nicht gerade attraktiv macht, wird sie im Regelfall unterbleiben. Die Pflicht auf 1,5 Prozent zu begrenzen ist zum einen der Durchsetzbarkeit geschuldet, die hier auch durch das Maß des üblichen Spendenaufkommens von Unternehmen definiert wird. Weiterhin kommen erhebliche Summen zusammen, wenn man Beiträge in dieser Höhe von Unternehmen erwarten könnte. Zum anderen sollte das Unternehmen sich auch teuren internen Maßnahmen unterziehen.

Zusatzregel »Rechte zukünftiger Generationen«: Auch für jeden in der Zukunft geborenen Menschen gelten die Menschenrechte. Staaten und Unternehmen sind angehalten, diese Rechte zu wahren.

Über diese Zusatzregel gelangt das gesamte Nachhaltigkeitsproblem, das die Normen der Menschenrechte weitgehend ausklammern (Ausnahme vielleicht: DGCN et al. 2012, 43), in den

Fokus. Klimagasemissionen von Unternehmen werden so zu einem ethischen Thema. Wie kann ein Unternehmen diese Regel befolgen? Es kann zum Beispiel seinen Material-, Schadstoff- und Energiedurchsatz so gering wie möglich halten und nach Möglichkeiten suchen, das zu erreichen. Trotzdem benötigte Energie sollte aus erneuerbaren Ressourcen gewonnen werden. Zudem sollten Unternehmen nicht in Projekte investieren, die fossile Energien massiv fördern. Einige Überlegungen, wie das konkret aussehen könnte:

1. Klimagase: Ein Unternehmen soll seine Klimagasemissionen ständig reduzieren und sich dabei an der wissenschaftlich vorgegebenen und global angestrebten Reduktionsquote von 6 Prozent pro Jahr orientieren (Pachauri et al. 2014, 97), die benötigt wird, um wenigstens das 2-Grad-Ziel zu erreichen. Zudem sollte es einen öffentlichen Plan mit Etappenzielen vorlegen, wie es diese Reduktion gestalten will. Abweichungen vom Plan oder der 6-Prozent-Richtmarke müssen öffentlich begründet werden.

2. Kreislaufwirtschaft: Ein Unternehmen soll möglichst große Mengen seines Outputs wiederverwerten beziehungsweise wiederverwertbar gestalten und so einen geschlossenen Wirtschaftskreislauf fördern.

3. Produktdesign: Ein Unternehmen soll seine Produkte möglichst für die Ewigkeit statt für den Schrottplatz auslegen und sie reparaturfreundlich gestalten.

4. Umweltmanagement/Ökobilanz: Ein Unternehmen soll (von einer bestimmten Größe an) ein Umweltmanagementsystem installieren und über seine Bemühungen Auskunft geben, das Klima zu verbessern. Jede Präsentation der Unternehmensbilanz soll von einer Präsentation der Ökobilanz (ökologische Buchhaltung) begleitet werden, für die man sich

branchenübergreifend auf einen Berichtmaßstab zu einigen hat, der Vergleichbarkeit ermöglicht (Schick 2014, 168).

Mit Eliza Doolittle aus »My Fair Lady« könnten wir dann ausrufen: »Oh wäre det nich wunderschön?«!*

Wie der Fall des Siemens-Konzerns lehrt, der trotz aller Schelte durch die klimabewussten Schüler der Nation an seiner Rolle als Zulieferer für den indischen Energiekonzern Adani in Australien festhielt, brauchen wir auch eine Überprüfung der zukünftigen und bestehenden, schon vertraglich fixierten Investitionen in fossile Energien. Wenn alle bereits geschlossenen Verträge in diesem Sektor erfüllt werden, ist das 2-Grad-Ziel wahrscheinlich nicht zu halten. *Es gilt also, solche Geschäfte zu vermeiden, die die Energieversorgung langfristig auf fossile Energien festlegen.* Natürlich soll die Regel nicht jede Reparatur bestehender Kohlekraftwerke untersagen. Man muss also unterscheiden, ob Investitionen die Vorherrschaft fossiler Energien massiv unterstützen oder ob sie Bestände fossiler Energien konservieren, die politisch nicht zur Disposition stehen. Man kann sich natürlich fragen, ob der kleine Auftrag, den Siemens in Australien angenommen hat, eine massive Unterstützung darstellt. Aber hier geht es weniger um die kleine Zulieferung von Signalanlagen durch Siemens als um ein Symbol, wie es Großkonzerne

---

* Gefragt, warum Unternehmen sich so verhalten sollten, kann ich nur sagen: Ich fürchte, trotz all der Vorteile (Win-win-Verhältnisse, Imagegewinne und so weiter) werden sie dies mehrheitlich nicht tun, zumindest solange politische Anreize fehlen. Ich will aber herausarbeiten, was Unternehmen tun *sollten*, um die Klimakrise zu bekämpfen, damit das als normative Richtschnur jedenfalls einmal feststeht. Was de facto getan wird, steht auf einem anderen Blatt. Jedenfalls sitzt hier der Staat an den Stellschrauben, weshalb ich seine Rolle in diesem Kapitel auch ausführlich behandle.

mit der Vertragstreue halten. Dieses Symbol hat Siemens gesendet und damit eine fossile Zukunft massiv unterstützt.

Wieso aber überhaupt in oft teure unternehmensinterne Maßnahmen investieren und nicht alles verfügbare Geld spenden? Beim Individuum waren wir ja der Meinung, dass direktes Umstellen des Emissionsverhaltens nur erfolgen sollte, wenn es eine Low-Cost-Option ist. Allerdings gibt es empirische Befunde, dass Unternehmen, die rein auf externe Maßnahmen setzen, nicht glaubwürdig sind (vgl. Schons, Steinmeier 2015). Die Kunden unterstellen solchen Unternehmen, dass sie nur »greenwashing« betreiben, also eine Show abziehen. Insofern könnte ein Verzicht auf interne Maßnahmen direkt den Profit mindern. *Unternehmen sind wie Staaten öffentliche Akteure, ihre Pflichten unterscheiden sich also von denen des Einzelnen.* Gleichwohl könnte man darüber nachdenken, bestimmte Verrechnungen zuzulassen: Wenn ein Erhöhen der 1,5-Prozent-Spendenpflicht viel effizienter ist als betriebsinterne Umstellungen, könnte man bis zu einem gewissen Grad die Spenden erhöhen und das auf fehlende Umstellungen anrechnen. Grenzen dafür muss letztlich das Unternehmen selbst definieren, da die Trennung intern/ extern primär betriebswirtschaftliche Gründe hat, es also mit deren Aussetzen zugunsten von Spenden ein wirtschaftliches Risiko eingeht, das es selbst abschätzen muss.

Zusatzregel »Politisches Engagement«: Wenn Unternehmen und Staaten politischen und wirtschaftlichen Einfluss gegenüber Dritten geltend machen können, sollen sie sich für das Durchsetzen der Menschenrechte und der Zusatzregeln einsetzen.

Unternehmen müssen insbesondere dann politisch einspringen, wenn Staaten ihre Pflichten nicht mehr wahrnehmen. Gleichzeitig müssen Unternehmen Staaten, die ihren Teil der moralischen Pflichterfüllung selbst auf demokratischem Wege regeln können, den Vortritt lassen (Kolstad 2012, 280 f.). Das wird ergänzt durch eine Pflicht, Staaten »vor sich herzutreiben«, also ehrgeizigere Regelungen zu fordern, als diese anbieten, und Allianzen zu bilden, um solche Ziele zu erreichen. Leider sieht die Realität bislang so aus, dass getriebene Staaten weniger wegen ihres Moraldefizits getrieben werden als wegen scheinbar zu geringer Vorteile für Konzerne. Bislang ist der gerade beschriebene Einflusskanal also meistens noch verstopft, aber nach einer moralischen Rohrreinigung wird man sehen, dass er sich prima in diesem Sinne nutzen ließe.

Ist aber die *Gemeinwohlökonomie* (GWÖ) nicht anspruchsvoller und zudem ein bereits in der Praxis etabliertes, unternehmensethisches Verfahren? Wozu das Rad zweimal erfinden? Und wird hier nicht die geforderte Rohrreinigung erreicht, indem die Machtverhältnisse in Unternehmen neu justiert werden?

Die GWÖ ist eine Bewegung alternativen Wirtschaftens, die vom kleinen Österreich aus die Welt erobern will. Das klingt schon einmal sympathisch, aus dem Stoff sind Heldengeschichten gemacht. *Erstes Ziel ist es, alle ethisch relevanten Größen des Wirtschaftens eines Unternehmens systematisch zu erfassen in einer extern überprüften Gemeinwohlökonomiebilanz.* Dazu wird eine Matrix verwendet, die zum Beispiel angibt, wie nachhaltig oder menschenrechtsbasiert die Zulieferer eines Unternehmens sind, woher es Geld zu seiner Finanzierung nimmt, ob es in Problembranchen wie Waffenhandel oder Atomenergie tätig ist, wie es Mitarbeiter und Konkurrenten behandelt und so weiter. Jede positive oder negative Aktivität wird mit Plus- oder Minuspunkten bewertet, und es ist eine gewisse Punktzahl erforderlich, um sich GWÖ-Unternehmen zu nennen. Nach oben sind der Fantasie wie immer keine Grenzen gesetzt. Sodann wird der Appell formuliert, dass GWÖ-Unternehmen öffentlich gefördert werden.

In einem zweiten Schritt zeigt die GWÖ dann ihre wahren, antikapitalistischen Klauen, auf dem Weg zur totalen moralischen Rohrreinigung: In der GWÖ erwirtschaften die Unternehmen weiterhin Gewinne, dürfen diese aber nur noch gemäß den Gemeinwohlinteressen verwenden (Felber 2018, 46). Finanzinvestments, Firmenübernahmen, Fusionen und Parteispenden sind also ebenso wenig erlaubt wie das Auszahlen finanzieller Gewinne an Aktionäre (Felber 2014, 49–56). Ebenso soll das gegenwärtige Finanzsystem demokratisiert werden, sodass unser Geld *innerhalb* der Wirtschaft nicht länger Zweck, sondern Mittel ist (Felber 2014, 14). Um ebendies zu erreichen, muss das Geld den Status eines öffentlichen Gutes erhalten, und niemand darf mehr von diesem System ausgeschlossen werden (Felber 2014, 47). Das klingt nach Zuständen wie in dem Märchen »Sterntaler« der Brüder Grimm, nach dem »Tapferen Schneiderlein« nun schon das zweite Märchen, das wir verstaubten, dicken Ledereinbänden beziehungsweise Wikipedia entreißen konnten. *Im dritten Schritt geht es darum, demokratischere Strukturen zu ermöglichen* und den eigentlichen Souverän, den Bürger, stärker zu beteiligen (Felber 2018, 142).

Es geht mir im Folgenden nicht darum, die GWÖ umfassend zu kritisieren. So ist es mir halbwegs egal, ob sie nun marktwirtschaftlich genannt werden sollte oder antikapitalistisch (vgl. Steigenberger 2013). Mich interessiert hier, inwiefern sie unserem *Leitziel Klimaschutz* gerecht wird. Da gilt: Ökologie insgesamt geht in einige Kategorien ein, in denen Matrixpunkte vergeben werden. Wenn diese aber fehlen, kann man dies an anderer Stelle ausgleichen, *alles ist mit allem verrechenbar*. Das würde ich nun gar nicht kritisieren, aber mit dem Klimaschutz sind nicht so viele Punkte zu machen, dass dieses Ziel nicht zu leicht mit irgendwelchen sozialen Errungenschaften verrechnet werden kann. *In der GWÖ hat Klimaschutz keinen Primat*, man muss ihn nicht unbedingt betreiben. Das ist beim Prinzip der (um Zusatzregeln) erweiterten Menschenrechtsmoral anders, denn jedes Unternehmen ist an die Zusatzregeln gebunden. Zwar wird in der Matrix der GWÖ gemeinnütziges Engagement der Firmen, also beispielsweise Spenden, auch beachtet. Aber die Spenden werden nicht nur da bepunktet, wo sie am meisten Effekt machen. *Dass ich die GWÖ für nicht durchsetzbar halte, weil sie die Tatsache ignoriert, dass wir mehrheitlich »Möchtegern-Homines-oeconomici« sind*, kommt hinzu. Die totale moralische Rohrreinigung wird auf dem Papier erzielt, aber zugleich erschummelt. Es bleibt offen, weshalb die Menschen, die hinter den Unternehmen stehen, beim Laster der Habgier Umkehr und Buße tun. Ich bin ein Fan von totaler moralischer Rohrreinigung, glaube aber, dass Unternehmen, die dieses Produkt anbieten, nicht reich werden. Gleichwohl könnte man die Menschenrechtsmoral, die einen Primat der Ökologie kennt, und die Gemeinwohlökonomie kombinieren, die zum Beispiel auch genauer darauf schaut, welcher Art die Geschäfte eines Unternehmens sind. Damit verlassen wir die Unternehmensebene.

2 Haben Staaten und Individuen dieselben Pflichten?

Zurück zum Anfang des Kapitels. Haben Staaten nicht ähnliche Pflichten wie der Einzelne? Für dieses Argument macht sich die FDP stark. In ihrem Europa-Programm von 2019 lesen wir: »Wir Freie Demokraten wollen zur Verbesserung des Klimaschutzes dort ansetzen, wo große Mengen CO_2-Emissionen mit relativ geringem Aufwand schnell vermieden werden können und wo künftig das größte Wachstum an Energiebedarf eintreten wird. Das ist in vielen Fällen nicht die Europäische Union (EU). In Asien, Afrika und Südamerika beispielsweise können schnelle Erfolge in der richtigen Größenordnung mit dem geringsten Aufwand erzielt werden« (FDP 2019, 89). Spenden gegen Armut mit Effekten für den Klimaschutz kombinieren, das hatte ich als effizienteste Maßnahme auf der Ebene des Individuums ausgerufen. Sitze ich damit nicht definitiv in einem ähnlichen Boot wie unsere Talkshow-Allzweckwaffe Christian Lindner? Ist Lindner der wiedergeborene Siegfried der großen Transformation? Um diesen Eindruck im Keim zu ersticken, hat die FDP ein brillantes Argument, das »*Warte ab, warte ab, warte ab*«-Argument, entwickelt:

1. Wir versuchen, im Alleingang Emissionen da zu vermindern, wo nur circa 2 Prozent entstehen, nämlich im kleinen Deutschland (Weimann 2012, 36).
2. Das Geld des gebeutelten Steuerzahlers könnte in Afrika viel mehr CO_2 vermeiden als bei uns, wo Verbesserungspotenziale schon weit ausgereizt und zusätzliche Schritte vergleichsweise teuer sind.
3. Also lasst uns in Afrika ein wenig Klimaschutz initiieren und ansonsten auf internationale Vereinbarungen warten.

Ergänzt wird das durch das »*Störe den Markt nicht*«-*Argument*:

1. Wir setzen durch direkte Förderung von erneuerbaren Energien wie Photovoltaik und Windkraft (durch das Erneuerbare-Energien-Gesetz EEG) den Marktmechanismus außer Kraft.
2. Der sollte in Kraft gesetzt sein, das heißt so eingerichtet werden, dass die effizienteste Technik sich durchsetzen kann. Das garantiert nur ein weltweiter Preis für CO_2.
3. Mit dem EEG subventionieren wir zeitweise konkrete Technologien von heute und verhindern damit, dass morgen das beste Instrument entwickelt und gewählt wird.
4. Also sollten wir heute nicht konkrete Technologien mit dem EEG fördern, sondern nur international einen CO_2-Preis festsetzen, damit der Markt morgen die Wahl des effizientesten Mittels hat.

Das klingt alles recht vernünftig, allerdings steht zu befürchten, dass es der bekennenden Klientelpartei FDP gar nicht um den Klimaschutz, sondern um den Klientelschutz geht. Man braucht in der Konsequenz der gerade brillant entfalteten Argumente nämlich kaum etwas zu tun, bis ein weltweiter CO_2-Preis gesetzt ist. Allenfalls muss ein wenig Ablasshandel bezahlt werden, für Engagement jenseits des Äquators, aber so zu tun, als täte man etwas, kostet halt schon mal ein wenig Peanuts. Hier wird nun wirklich zum Ablasshandel aufgefordert, denn es geht nicht darum, auf die beste Weise zu helfen, sondern reiche deutsche Wähler vor Kosten zu schützen.

Aber dass eine Argumentation aus einer wenig glaubwürdigen Ecke kommt, macht sie nicht per se falsch. Was also ist an den einzelnen Argumenten verkehrt? Bisher versucht deutsche Politik in erster Linie, Emissionen in Deutschland zu vermeiden. Der Versuch, im Inland zu punkten, hat Gründe: Gelänge das, würde Deutschland seine internationalen Verpflichtungen erfüllen und wäre damit auch *glaubwürdig als Klimaschützer.* Will man globale Abkommen schließen, braucht es einige glaubwürdige Staaten, die vorangehen und die anderen nachziehen. Das kann Deutschland nur, wenn es im eigenen Land Erfolge beim Klimaschutz aufweist. Warten auf internationale Regelungen ist also die falsche Strategie. Man muss diese aktiv aushandeln und als Vorbild vorangehen.

Zugleich ist allerdings wahr, dass internationale Vermeidungsbemühungen besser angesehen werden sollten. Wer absolut gesehen viel vermeidet, sollte dafür belohnt werden.* *Es ist ein Irrglaube, allein durch teure Bemühungen in den Industriestaaten die nötige Emissionsminderung zu erzielen.* Ein gutes Beispiel ist der Vorschlag der Schweizer Sozialdemokraten, im

---

* Die bisherigen »Clean Developement«-Maßnahmen, die das Kyoto-Protokoll zum Ersetzen entwickelt hat, haben als Wachstumsspritzen gewirkt und *die Emissionen nicht gesenkt.* Da muss man die Projektkriterien nachschärfen beziehungsweise erst mal einheitliche Kriterien schaffen. Bei der Weltbank lagern erhebliche Summen als Finanzspritze für Klimaschutz in Entwicklungsländern, die nicht abgerufen werden. Warum? Zweckgebundene Strukturhilfen sind verdächtig, weil arme Länder so einen Entwicklungspfad einschlagen, dessen langfristige Förderung durch den Norden nicht garantiert wird. Weiterhin erwarten die Geberländer von den Nehmerländern im Gegenzug politische Strukturreformen, etwa Reformen von Energiesubventionen. Entwicklungsländer benutzen freien Zugang zu fossiler Energie aber zum Beispiel als Mittel zur Armenspeisung, was wegfallen würde, wenn die Subvention verschwände. Man müsste also das gesamte Sozialsystem umbauen, wobei die Weltbank auch hilft. Aber zu viele Ratschläge von außerhalb kommen nicht ganz so gut an. Zu Recht, wenn man bedenkt, dass derselbe afrikanische Ministerialbeamte, der vor 20 Jahren noch von uns hörte, dass Großkraftwerke und große Agrarbetriebe geschaffen werden müssten, nun das Gegenteil vernimmt. Kann man ihm da Zweifel vorwerfen?

Rahmen eines »Marshallplans« die gesamte Energieversorgung der Schweiz auf Solarenergie umzustellen (Haesler 2019). Dabei würde extrem viel Geld für vergleichsweise wenig gesparte Emissionen aufgewendet. Mit wirksamem Klimaschutz hat das dann nur noch wenig zu tun.

Es ist vielmehr die Konsequenz eines in Nachfolge des Philosophen Immanuel Kant stehenden Denkens, dass es primär darauf ankommt, selbst nichts Unrechtes zu tun und eine saubere Weste zu behalten. Ich möchte hingegen betonen, dass es darauf ankommt, einen Unterschied dabei zu machen, die Welt zu verbessern. Da sind viel beachtete Projekte wie der 2019 beschlossene Kohleausstieg ebenfalls verdächtig. Es geht nicht vorrangig darum, die an sich wenigen Emissionen aus deutschen Kohlekraftwerken zu vermeiden, sondern es geht um das Vorbild, das Deutschland armen Staaten gibt. Die Message sollte sein: Man kann auch dann noch Industrieland sein, wenn man aus Atomenergie und Kohleverstromung aussteigt. Wird das jedoch durch Entschädigungen so teuer erkauft, dass ärmere Staaten den Weg nicht nachahmen können, nützt das wenig.

Allerdings ist auch wahr, dass *die menschliche Psychologie* de facto einem globalen und folgenorientierten Klimaschutz nationale Grenzen setzt. Wer Wasser predigt und am eigenen Tisch Wein trinkt, ist nun einmal unglaubwürdig, so ticken wir. *Richtig überzeugen werden wir nur, wenn wir den richtigen Mix von weißer Weste und Weltverbesserung daheim finden.* Wir haben in Paris Ziele anerkannt, die uns auf Leistungen im eigenen Land festlegen. Fazit: *Für Staaten gelten andere Normen als beispielsweise für Individuen.* Sie stehen wie Unternehmen auf der Bühne und werden, anders als viele Individuen, beobachtet.

Während wir die Unterschiedlichkeit der Verpflichtungen anhand der FDP-Argumentation untersucht haben, konnten wir eines der FDP-Argumente nicht hinreichend besprechen.

Das wird zugleich die Unterschiedlichkeit der Verpflichtungen weiter beleuchten. Die Behauptung aus dem »Störe den Markt nicht«-Argument, dass wir uns mit dem EEG unzulässig auf Technologien festgelegt hätten, ist falsch. Das EEG förderte die volle Bandbreite von erneuerbaren Energien (Kemfert 2013, 113). Dass es um den Umbau der Energieversorgung geht, statt einfach nur zu warten, scheint die FDP allerdings zu beunruhigen. Der Hinweis auf das Effizienzgebot ist richtig, nur dass es bei Staaten nicht nur auf Effizienz ankommt. Schauen wir zurück: Das heiß umkämpfte Erneuerbare-Energien-Gesetz (EEG) hat die teure Wind- und Solarenergie gefördert mit dem Versprechen, den Anteil der erneuerbaren Energien zu vergrößern und deren Kosten zu senken. Und das Wunder geschah: Die Wirkungsgrade dieser Technologien sind enorm gestiegen, die Kosten enorm gesunken (Creutzig et al. 2017, 4). So sind sie mancherorts sogar billiger als der auch mit Subventionen aufgepäppelte Kohle- und Atomstrom, dessen wahren Preis wir später bei der Endlagerung oder in Form von Klimaschäden zahlen müssen. Das klingt erst einmal wie ein Wunder, auch wenn in puncto Speicherkapazitäten noch ein paar Probleme zu lösen sind.

Wie kam dieses Wunder zustande? Hat Jesus eine Rede gehalten und den Windrädern die Hand aufgelegt? Nein, ganz einfach: Der Staat hat Wind- und Sonnenenergie in die Massenproduktion gebracht, durch die Einspeisevergütung der EEG-Umlage, die ein 400-faches Wachstum der Photovoltaik von 2000 bis 2016 bewirkte. Durch diese Förderung rutschte der Preis für diese Technologie in den Keller. Sie wurde nun auch in China nachgeahmt, was die chinesische Energiewende als Kind der deutschen Energiewende ausweist (Solar Power Europe 2015). Zudem stammen chinesische Technologien hier offenbar fast ausschließlich von deutschen Unternehmen (Kemfert 2013,

124). Dadurch profitierte China von den immensen »Skalen-effekten«, also Leistungssteigerungen bei gleichzeitiger Verbilligung, die erreicht wurden. Das Erneuerbare-Energien-Gesetz (EEG)* wurde in über 40 Staaten, darunter China, exportiert. Dadurch wurde die grüne Bewegung ebenso nach China exportiert. Nur haben wir kaum profitiert, da die Lobbys der Ökonomie von gestern nach zwei Schritten vor immer einen zurück durchgeboxt haben (etwa die »EEG-Reform«). Gewinner dieser unvorstellbaren Spieltaktik: China und Industrien von gestern (Kemfert 2013, 122 ff.).

Hier sieht man, dass die deutsche Energiewende jedenfalls eine positive Wirkung auf die globalen Emissionen hatte (anders: Weimann 2012, 37). Es ist nicht egal, was Deutschland tut, weil auf Deutschland sowieso niemand schaut. Deutschland ist der größte Emittent Europas, und ohne den in den Griff zu kriegen, kann Europa kaum vorangehen. Technische Verbesserung fällt nicht vom Himmel. Durch politische Entscheidungen kann man Innovation auf den Weg bringen, die sonst nie möglich gewesen wäre. Das spricht gegen das »Laissez faire« des Marktes. Um etwa die Photovoltaik weiter voranzutreiben, lehrt die Forschung, dass in Zukunft *weniger technische als finanzielle Unterstützung* geboten ist, um das Anschaffen kapitalintensiver

---

* Das EEG wird von Ökonomen wie Weimann und Sinn für den sogenannten »Wasserbetteffekt« kritisiert, das heißt, dass es bisher nicht zur Emissionsverminderung beigetragen habe, da »sauberer Strom« bei uns durch billigeren »schmutzigen Strom« in Südeuropa kompensiert werde, denn die Gesamtmenge der Verschmutzung durch Strom in der EU regele der Emissionshandel (Sinn 2009, 179). Allerdings hat der ganze Emissionshandel bislang versagt, da der De-facto-Verbrauch das Cap nicht erreicht (UBA 2019a), insofern führen Verbrauchssenkungen bei uns natürlich auch nicht zu einer Subventionierung von Verbräuchen in Südeuropa, da das Cap gar nicht ausgenutzt wird. Seit 2018 gibt es nun Beschlüsse, die diesen theoretischen Effekt verhindern (Agora 2018).

Technologien zu unterstützen (Creutzig et al. 2017, 4 f.). Langfristig wird diesen Techniken zugestanden, dass sie Kosten einsparen, aber kurzfristig muss man Geld vorstrecken. Die Wege zu Wundern wandeln sich also, aber nach wie vor brauchen wir einen willigen Staat vor dem Ochsenkarren.

Staaten haben besondere Pflichten, die sich von den individuellen Pflichten markant unterscheiden. Natürlich sollten auch Staaten ihre Mittel für den effizientesten Weg reservieren und den dann entschlossen beschreiten. Deutschland versucht viele Verbesserungen, die relativ ineffizient und teuer sind, es ginge besser: »Eine Studie vom BDI und McKinsey hat gezeigt, dass in Deutschland bis 2020 rund 195 Millionen Tonnen CO_2 pro Jahr durch Wahl der geeigneten Methoden relativ kostengünstig eingespart werden könnten, und zwar allein mit technischen Maßnahmen (das heißt ohne Verhaltensänderungen und Verzicht)« (Paschotta 2017). Auch wenn man bei solchen interessengesteuerten Studien Vorsicht walten lassen muss: Deutschland könnte effizienter sein, und wenn es dann auch noch globaler denken würde, ließe sich das nochmals steigern: *Mehr nationales Engagement in Staaten, wo größere Mengen billiger zu erzielen sind, wäre erwünscht.* CO_2 zu vermeiden, indem man Häuserfassaden auf Kosten einer Kommune für durchschnittlich 4000 Euro pro Fassade begrünt (wie etwa in Mannheim), ist mit Blick auf die Klimaeffekte ein sehr teurer Weg. Da liegt die FDP schon richtig. Aber in Effizienz gehen staatliche Pflichten eben nicht auf. C. Lindner erweist sich leider nur als Heldenattrappe.

Transformationsfalle: Ein Nationalstaat sollte nicht versuchen, den Klimaschutz ausschließlich durch teure nationale Aktionen zu stemmen, aber Kosten sind in der Politik nicht alles, weshalb man auch vor Ort investieren muss. Gesucht ist der richtige Mix.

3 Was es heißt,
ein Vorreiter zu sein

In diesem Abschnitt möchte ich noch einige ökonomische Gegenargumente zur These diskutieren, dass wir notfalls einen Alleingang wagen sollten. Insbesondere die Spieltheorie und das »grüne Paradoxon« sind Thema und wie ein Alleingang sich auf ein verbindliches globales Abkommen auswirken könnte. Was einen Alleingang auszeichnet, soll ebenfalls besprochen werden. Während Alleingänge beim Fußball oft verpönt sind, kann man daraus bei der »Klimaweltmeisterschaft« keinen Vorwurf entwickeln. Aber es gibt unter den Ökonomen Kritiker eines Alleingangs (Weimann 2012, Sinn 2009). Sie unterstellen, dass die meisten Staaten beim Klimaschutz nur die kurzfristigen finanziellen Kosten im Sinn hätten, weshalb sie kein *verbindliches* globales Klimaabkommen schließen würden. Ohne dieses sei ein Alleingang sinnlos (Weimann 2012, 36 ff.). Die Vorleistungen und Alleingänge eines Staates würden vielmehr den Problemdruck verringern und daher sogar dazu führen, dass die Anstrengungen der anderen Staaten abnehmen. Aber stimmt diese Analyse? Das Abkommen von Paris ist kein verpflichtendes, sondern ein freiwilliges Arrangement. Bislang gibt es kein verbindliches multinationales Abkommen, das gibt den Kritikern recht. *Aber die von ihnen vorgebrachte ökonomische Spieltheorie verengt die Motive der Staaten auf die (kurzfristigen) finanziellen Kosten* (vgl. Finus et al. 2006, 288 f.). Jetzt würde man gerne kontern, dass in der Welt nicht nur Eigennutz gilt und dass wahres Heldentum mit anderen Größen zu tun hat, aber nichts für ungut: Neue Technologiemärkte zu dominieren, um langfristig Gewinne zu erzielen, die Luft für die eigene Bevölkerung zu säubern und dauerhaft günstigen und dezentral abrufbaren Strom zu produzieren sind auch Anreize, denn sie können zur *Wieder-*

wahl von Regierungen und zu Frieden auf den Straßen führen. Daran sind Regierungen manchmal mehr interessiert als am kurzfristigen Sparen. (Gerade Corona zeigt uns, dass andere Ziele als Wachstum der Wirtschaft das Handeln fast aller Staaten leiten können.) Deshalb investiert das zutiefst ökonomisch denkende China pro Jahr 100 Milliarden Euro in regenerative Energien. Außerdem wird von den Kritikern eines Alleingangs erst behauptet, deutsche Alleingänge leisteten keinen nennenswerten Beitrag zur Emissionsreduktion, dann argumentieren sie, solche Vorleistungen reduzierten den durch den Klimawandel gegebenen Problemdruck. Das passt nicht zusammen. Verschärft wird das durch die These, dass Schwellenländer sich angesichts unserer Vorleistungen ausruhen könnten, da ihr Beitrag zum Klimaschutz dann nicht benötigt würde (Sinn 2009, 424). Das deckt sich nicht mit den empirischen Befunden. Ohne einen großen Beitrag der Schwellenländer gibt es keinen effektiven Klimaschutz. Da stößt die »ökonomische Spieltheorie« an die Grenzen ihrer Erklärungsmöglichkeiten. Nicht zuletzt, weil unklar ist, ob sich die dort veranstalteten Gedankenexperimente auf die echte Welt übertragen lassen.* Es macht einen großen Unterschied, ob ich nacheinander fünf Spiele spiele oder Vereinbarungen für Jahrzehnte treffe, in denen ich vielleicht bestimmte technische Entwicklungen erwarte. Ein vorsichtiger Umgang mit ihnen würde *die Ergebnisse spieltheoretischer Experimente nicht als Prognosen, sondern als Warnungen verstehen.*

---

* Für Modelle, die immer vereinfacht sind, untersucht man das fleißig. Dabei betonen Ökonomen wie V. Smith besonders, dass eine Analogie in den »payoffs« von Experiment und Realität eine Anwendbarkeit verbürge (Smith 1976). Die gibt es aber gerade nicht (Stichworte: monetäre versus zum Beispiel politische Kosten, langfristige versus kurzfristige Kosten), und auch anderes unterscheidet sich in Realität und Modell: etwa der Zeithorizont.

Wenn kein verbindliches internationales Abkommen erzielt werden kann, gibt es kaum Hoffnung mehr für das Weltklima. Die Folgen wären desaströs. Das wichtigste Mittel, das diskutiert wird, um ein Abkommen wahrscheinlicher zu machen, ist eine Koalition der Willigen, die vorangeht und andere mitzieht. Es mag sein, dass man sich damit, ökonomisch gesehen, in eine Position der Schwäche begibt. Aber wir haben eben nur diese Hoffnung, die sich vielleicht erfüllt, wenn andere Faktoren als kurzfristiger »Cash« die Politik motivieren. Politiker sind glücklicherweise nicht nur Ökonomen. Im Zweifelsfall belasten sie die Bürger lieber mit höheren Energiekosten, als sie einem Klimadesaster auszusetzen. Das lehrt die Corona-Krise, in der Gesundheit vor Wirtschaftsinteressen gestellt wurde. *Ich selbst glaube, dass Menschen in extremer Begeisterung oder in extremen Krisensituationen den Homo oeconomicus hintanstellen können* (Gesang 2016, 30). Vielleicht schaffen viele kleine Katastrophen ein Klima, in dem internationale Verhandlungen von Furcht statt von Vorteilskalkülen gelenkt werden, was die Prognosen der Spieltheorie dann völlig sprengen würde, so zynisch das klingt.

Letztlich wird jede Koalition der Willigen aber auch vom »grünen Paradoxon« bedroht (vgl. Kapitel 2, Abschnitt 3). Vielleicht führt eine Klimaschutzkoalition gerade zu paradoxen Anreizen, wie billiger fossiler Energie, die arme Staaten daran hindern, einer solchen Koalition beizutreten? Natürlich können wir auf den Kollaps des Homo oeconomicus warten, wenn wir die Transformation fortsetzen, aber wir sollten nicht darauf setzen, dass er eintritt. *Wie wehren wir uns gegen das Paradoxon?*

H.-W. Sinn diskutiert Maßnahmen wie den Erwerb von Ölfeldern durch die UNO und deren anschließende Versiegelung und fordert, schnell ein Nachfragekartell zu bilden, um die Gegenseite zu überrumpeln (Sinn 2009, 441). Aber dass dieses

Kartell zustande kommt, ist nicht die naheliegendste Annahme, wenn man nur vom kurzfristigen Eigeninteresse als Handlungsmotiv ausgeht, wie man mit Sinn gegen Sinn sagen muss. Manche Länder haben große kurzfristige Vorteile davon, nicht mitzumachen. Weiterhin fordert er eine *Quellensteuer für Kapitalerträge*, sodass es nicht so lukrativ ist, die Gewinne aus dem Verkauf fossiler Ressourcen anzulegen. Diese Maßnahme schafft Einkünfte für Staaten, verlangsamt den Abbau fossiler Energieträger und sorgt für soziale Gerechtigkeit, denn sie trifft reiche Anleger. Allerdings erreicht die Steuer ihr Ziel nur, wenn die Anleger erwarten können, ihre Bodenschätze in Zukunft teurer als heute verkaufen zu können. Anderenfalls verkaufen sie eventuell zu fast jedem Preis, wenn der die Förderkosten übertrifft. Eine solche Hoffnung auf eine kohlefreundliche Zukunft darf es allerdings nicht geben, denn wir müssen mittelfristig auf die Förderquote null bei fossilen Quellen kommen. Sobald sich abzeichnet, dass etwa Öl heute noch etwas wert ist, in Zukunft aber nichts, dürfte das Geld der Ölscheiche auch mit einer Quellensteuer im Konsum statt im Boden bleiben. Dennoch verlangsamt eine Quellensteuer den Ressourcenabbau bedingt (Sinn 2009, 433). Sie wäre auch allgemein hilfreich, da Arbeit in Zeiten des demografischen Wandels weniger und Kapital mehr zu belasten ist. Vielleicht bieten die zum Verscherbeln nötigen Transporte fossiler Rohstoffe in Schwellenländer einen weiteren Ansatzhebel, um weniger paradox zu sein: *Ein Transitzoll wäre denkbar, den Staaten erheben, über deren Territorium dieser Transport abgewickelt wird.* Jedenfalls muss man sich irgendeinen Entschädigungs-, Steuer- oder Enteignungsmechanismus überlegen, um die Bedrohung von der Angebotsseite her in den Griff zu kriegen. Das darf bei einer vollständigen grünen Energiepolitik nicht fehlen, wobei ich auch noch keinen endgültigen Weg kenne, wie das klappen könnte.

Gerade habe ich behauptet, ohne globales Abkommen gebe es kaum Hoffnung für das Weltklima. Immerhin bleibt aber noch die Möglichkeit einer *Energiewende von unten*, indem sich Gemeinden, Städte und Regionen (wie etwa Kalifornien) zu Alleingängen entschließen. Kemfert folgert in überschäumender Begeisterung: »Die ›Energiewende von unten‹ wird somit deutlich erfolgreicher sein als die ›Energiewende von oben‹« (Kemfert 2013, 132). *Allerdings glaube ich nicht unbedingt an einen Erfolg ohne die Staaten, denn Regionen haben nur begrenzte Macht, und das »grüne Pardoxon« kann beispielsweise nur durch ein globales Abkommen und globale Steuerpolitik gelöst werden.* Vielleicht sollte man die rein theoretischen Effekte des Paradoxons aber auch nicht überbewerten. Für eine Energiewende von unten ist die deutsche Politik kein Vorbild mehr.

Überlässt man die Energiepolitik – wie von Ökonomen oft gefordert – den Märkten, findet sie viel zu spät statt, nämlich dann, wenn sie ohne alle Politik rentabel wird. Aber Windmühle und Stromnetz bekommt man nicht von heute auf morgen. Dank EEG könnten wir in Deutschland über ein geeignetes Energiesystem verfügen, wenn ein CO_2-Preis uns Daumenschrauben anlegt. Allerdings spricht das nicht gegen das Abspielen – beim Fußball wie bei der Klimawende. Auch beim Klima wäre es gut, mehrere Spieler zu beteiligen, aber hier läuft vor dem Tor niemand anderes herum. Wenigstens wir sollten uns nach vorne kämpfen, die meisten andern hängen jedenfalls, wie auch wir, noch hinten. Zeit für einen Trainerwechsel!

Während Alleingänge beim Fußball oft verpönt sind, können sie den Kampf gegen den Klimawandel voranbringen. Vorreiter zu sein bedeutet, dass verschiedene Wege offenstehen, um etwa ohne Kohle zu wirtschaften. Es ist unklar, welcher sich bewährt. Reiche Vorreiter können da *experimentieren*, neue Techniken, Gesetze wie das EEG und neue Finanzierungmodelle ausprobieren, die zuvor Unmögliches möglich machen. Technische Innovationen können sie marktfähig entwickeln und später billiger an andere Länder verkaufen, sodass diese nur die kostengünstigen und effektiven Wege übernehmen. Die Mehrkosten für uns sollten wir als Investitionen zwecks zukünftiger Gewinne ansehen, die sich andere gar nicht leisten können und die sich nicht ohne Versuch und Irrtum einstellen. So bringt uns der Vorreiterstatus voran, auch wenn unsere eigenen Emissionen den Kohl nicht fett machen. Wir werden zum Versuchsfeld und Zulieferer Chinas und Indiens. Diese Länder verursachen die großen Klimagasaufkommen der Zukunft, da werden wir in der Masse wirksam.

Wenn man Fachleuten glauben darf, erfreut sich Deutschlands Weg zur Energiewende insbesondere in Indien großer Aufmerksamkeit. Gesucht wird nicht mehr nur nach einzelnen Techniken, die in Deutschland erfunden und bis zur Marktreife entwickelt werden. Gesucht ist vielmehr auch eine »integrative Lösung«: Man will den gesamten Weg zur ökologischen Energiewende kopieren, Deutschland soll als Ganzes ein Beispiel geben, dem man im Wesentlichen folgen kann. Das betrifft auch Gesetze und Debatten, die auf dem Weg zum Erfolg geführt werden mussten. Deshalb sind dem deutschen Atomausstieg wenige Länder gefolgt (die Schweiz?), weil dies nur der erste Schritt bei der Energiewende war und man nun abwartet, ob das Gesamtpaket gelingt.

Ja, es bleibt das Risiko, dass die deutsche Energiewende misslingt. Aber selbst davon könnten andere lernen, bestimmte Fehler zu vermeiden. Es geht nicht nur um Menschenleben, sondern auch um den Standort Europa. US-Präsident Trump sabotiert die Energiewende und beschädigt die Aufbruchstimmung in anderen Teilen der Welt. Gerade wenn das Projekt durch Rechtspopulisten wie Trump und Bolsonaro unter Druck gerät, schadet jeder weitere Rückzieher umso mehr. Wenn wir Gründe suchen, um auf unser Land auch einmal stolz zu sein, dann wäre ein gutes Stück »Weltrettung« sicher der beste Grund, der einem einfallen könnte.

Transformationsfalle: Als Staat muss man nicht nur effektiv sein, sondern auch ein politisches Vorbild geben und Technologien entwickeln. Allerdings bringt es wenig, das Verhalten williger Nationen zu beeinflussen, wenn man die unwilligen Ölscheiche und andere unsichere Kantonisten vergisst. Man muss auch Instrumente entwickeln, welche die Eigeninteressen der Eigentümer fossiler Ressourcen voraussehen und bändigen, wenn es gelingt, die Nachfrage zu verringern.

4 Politikversagen: Industriebüttel statt starke Staaten

Damit haben wir gesehen, dass auch Nationalstaaten in der Pflicht stehen, Alleingänge zu wagen. Nun könnten wir einen Katalog von Forderungen aufstellen, wie diese Alleingänge genauer aussehen sollten und wie sie in internationale Prozesse überführt werden können. Allerdings ist das nicht so einfach.

Wie gesehen, trägt er WBGU bei der Frage nach dem richtigen Weg zur großen Transformation den Etappensieg davon. Mit ihm zusammen können wir nach dem »starken Staat« rufen. Er soll es richten, es wäre sein Job. Dafür gibt es den Staat. Er hat gedanklich schon seit Thomas Hobbes' Zeiten das Gewaltmonopol zu unserem Schutz übernommen. Er soll unser Streiter sein! Und er könnte wohl auch viel erreichen, wenn er wirklich wollte. Natürlich ist er nicht allein auf der Welt, es gibt viele Staaten mit ihren jeweiligen Interessen, und beim internationalen Lanzenstechen gibt es mächtigere Ritter. Aber die Kunst der Diplomatie verschafft ihm die Möglichkeit, Bündnisse zu schmieden und Partner durch Ausgleichszahlungen als Söldner anzuwerben. Ist er geschickt, kann er auf internationaler Bühne einiges erreichen. Allein, man hat nie ausgelotet, wie viel möglich ist, denn man hatte nie den Eindruck, dass die Befreiung vom menschengemachten Klimawandel eine große Priorität unseres oder irgendeines mächtigen Staates wäre. *Unser Staat trägt die Klimapolitik auf den Lippen, jedoch die Automobilindustrie im Herzen.* Er bremst in Brüssel regelmäßig zugunsten der deutschen Autos. Zudem baute er das Erneuerbare-Energien-Gesetz mehrfach zugunsten der Kohleindustrie um (Kemfert 2017, 93). Er setzte sich populäre Ziele, die Emissionen bis 2020 zu senken, aber wenn es wehtut, kneift er. Insbesondere blockierte er bis 2019 einen angemessenen CO_2-Preis im EU-Emissionshandel, das wirkungsvollste Mittel, um die europäischen Emissionen insgesamt zu senken (Kemfert 2017, 111). Vielleicht ändert sich das infolge des Klimapakets von 2019. Ganz offensichtlich wird diese nationale Desasterpolitik, wenn man auf ältere Prognosen zurückgreift (vgl. v. Weizsäcker et al. 2010), nach denen der Klimaschutz zu schaffen wäre, wenn man die bereits vorhandenen Spartechnologien konsequent nutzen würde.

Technisch wäre demnach keine Superwaffe gegen den Klimawandel zu erfinden, es wäre nur nötig, die vorhandenen Techniken attraktiv zu machen (Grübler et al. 2018; v. Weizsäcker et al. 2010), ähnlich, wie man dies so erfolgreich mit Wind und Sonnenenergie getan hat. Aber auch wenn das richtig ist, sind kurzfristige Kosten und vor allen Dingen *Machtverwerfungen* zu befürchten. Den fossilen Marktführern wäre gehörig auf die Füße zu treten, und unsere Politik ist es gewohnt, von diesen Mächten der Finsternis erpresst zu werden und ihnen vorauseilend zu gehorchen. Die Drohungen der Industriekapitäne mit Arbeitsplatzverlust oder der Abwanderung von Betrieben sind der Politik so sehr in Fleisch und Blut übergegangen, dass sie schon selbst daran glaubt, sie einfach nur zur Rechtfertigung von Unfug wiederholt. Dass die langfristige Wettbewerbsfähigkeit unter dieser Politik leidet, hat China demonstriert, das dem Erneuerbare-Energien-Weltmeister von einst jetzt den Markt abspenstig gemacht hat. Alles in allem versagen unsere Staaten beim Klimaschutz, es ist erfolgreicher, beim Kasperltheater nach dem Kasperl zu rufen als in der Politik nach dem starken Staat.

Wie sind die Fehlentscheidungen der demokratischen Staaten zu erklären (Diktaturen machen größere Fehler, aber sie dafür zu kritisieren ist müßig)? Und was könnte am politischen System verbessert werden, um aus »Industriebütteln« starke Staaten zu machen? Dieses Kapitel soll keine konkrete Agenda für selbst- und klimabewusste Nationalstaaten aufstellen. Vielmehr soll im Geiste des WBGU untersucht werden, warum die Staaten bislang gescheitert sind und welche Bedingungen erfüllt werden müssten, um sie erfolgreicher zu machen. Es geht weiterhin vorrangig darum, Hindernisse für die große Transformation zu identifizieren und vor Fallen zu warnen.

5 Keine Helden: Die Politiker

Dass etwas faul ist und nicht nur im Staate Dänemark, pfeifen die Spatzen von den Dächern. Unsere westlichen Demokratien begeistern die meisten ihrer Bürger nicht mehr. Viele Menschen fühlen sich nicht mehr durch das System repräsentiert. Politik kann wenig bewegen. Sie ist auf das kurzfristige Ausbalancieren der mächtigsten Interessen abonniert, verliert auf diesem Weg die Herzen der Bürger und überlastet zudem den Planeten ökologisch. Dagegen mobilisieren sich basisdemokratische Volksbewegungen, »Occupy«, »Pulse of Europe«, »Piraten«, »Fridays for Future« und so weiter, aber diese Bewegungen pflegten bislang zu verebben und finden (noch) keinen Hebel, um das System zu ändern.

Die Therapien für die Klimaprobleme sind weithin bekannt, am wirkungsvollsten für den Klimaschutz wäre ein globaler, einschneidender Preis für CO_2 (Edenhofer und Jakob 2017, 65–68). Aber verbindliche und inhaltlich ausreichende Abkommen[*] zur Begrenzung des Klimawandels oder des Bevölkerungswachstums scheitern nicht zuletzt am politischen System. Wir leiden an einem massiven *Politikversagen*, was bei den Industriestaaten eben auch ein Versagen der praktizierten Formen von Demokratie ist. Im Folgenden werde ich einige Gründe für dieses Versagen bei Politikern auflisten und später auf die Bürger übertragen.

Die heute praktizierte Demokratie (in ihren international verschiedenartigen Facetten) ist Herrschaft mit zu wenig *Qualifikation* (Platon 1986, Politeia, 412 b–414 b). Das bezieht sich zunächst einmal auf Politiker, und zwar nicht nur auf Figuren wie Trump, Johnson und Bolsonaro. Sie demonstrieren, dass jede Fantasy-Story Gefahr läuft, in einen Comic auszuarten, denn Unterschiede zwischen Trump und dem »Joker« aus »Batman« und anderen bösartigen Clowns sind zufällig und frei erfunden. Gemeint sind darüber hinaus viele weniger spektakuläre Führer wie Obama oder Merkel, die nicht verstehen oder nicht verstehen wollen, welche Bedrohung ökologische Probleme darstel-

---

[*] Das Pariser Klimaabkommen in Kurzform: »Wir beschließen alle gemeinsam, dass jeder selbst beschließt, welchen Beitrag er zum Vorhaben Weltrettung beitragen möchte« (Rahmstorf und Schellnhuber 2018, 122). Paris basiert auf freiwilligen Zusagen, die, selbst wenn sie eingehalten würden, eher auf 3 Grad Erwärmung hinauslaufen.

len, wenn sie ein Primat der Wirtschaft verkünden und beschließen (vgl. Traufetter 2010). In Zeiten moderner Technik ist die Macht des Menschen über die Natur gigantisch. Lineares Denken reicht nicht mehr aus, man muss vernetzt denken (siehe oben, Tanaland-Studie), da Ökosysteme auf Eingriffe schwer berechenbar reagieren. Dieses Denken in komplexen Rückkopplungsschleifen fehlt Politikern oft, ganz zu schweigen von der nötigen moralischen Motivation.

Die Anreize für Politiker sind Machterhalt und Wiederwahl. Beides ist mit ökologischer Politik nicht zu erreichen. Politiker werden sich im Regelfall gemäß den Anreizen verhalten, denn sie wollen meist ihre Eigeninteressen verfolgen. Das lehrt die *ökonomische Demokratietheorie* (Downs 1957). Die Anreize in der Demokratie sind der Machterhalt von Legislaturperiode zu Legislaturperiode, aber die Gewinne von Ökologiepolitik treten erst viel später ein (Stein 1998, 135; vgl. auch BUND und Misereor et al. 1998, 379 f., oder Thompson 2010). Zwar liefert die ökonomische Demokratietheorie keine vollständige Beschreibung unserer Demokratien. Aber auch wenn nicht alle Menschen nach dem Prinzip, den Eigennutzen zu maximieren, funktionieren, so glaube ich doch, dass die Mehrheit meist ihren eigenen Vorteil sucht (Gesang 2016, 28 f.). Allerdings findet sie diesen oft nicht, weil sie schlecht informiert ist oder schlecht Folgen berechnet (Kahneman 2012). Wir sind »Möchtegern-Egoisten«, zur lebenslangen vergeblichen Suche nach dem eigenen Glück verdammt.

Die derzeit praktizierte Demokratie schwebt in der Gefahr, *unmoralisch zu sein.* Manche Politiker haben kein Problem damit, die Klientel, die sie gewählt hat, notfalls *gegen das Allgemeininteresse* zu repräsentieren. Wenn die »Klientel« dem nationalen Wahlvolk entspricht, gerät ein globales und zeitübergreifendes Allgemeininteresse ins Hintertreffen. Diese Praxis widerspricht unserer Vorstellung, dass die Demokratie moralischen Maßstäben gerecht wird. Die Moral aber lehrt: Zukünftige Menschen haben denselben Wert wie gegenwärtige, und das Glück von Menschen in Afrika zählt genauso viel wie das Glück von Menschen in Industriestaaten (vgl. zum Beispiel Gesang 2011, 135 f.). Wenn ich von einem geplanten Mord weiß und ihn mit einem Telefonanruf einfach verhindern könnte, kommt es nicht darauf an, wo dieser Mord stattfinden soll. Ich bin verpflichtet, den Anruf zu tätigen, es gibt keinen Pflichtennachlass pro Kilometer. Genauso wenig wie einen Pflichtennachlass pro Stunde. Demokratien ziehen Grenzen und privilegieren »Staatsbürger«, die jetzt auf einem Territorium zusammenleben. Das ist so allgemein üblich, dass wir wohl nie darüber nachgedacht haben, aber dahinter verbirgt sich ein moralischer Skandal. Zwar ist es aus praktischen Gründen sinnvoll, dass Politiker und Institutionen den je eigenen Staaten *besonders* verpflichtet sind. Man kann sich für bestimmte Regionen effizienter einsetzen als für die ganze Welt. Aber das heißt *nicht*, dass nationale Politiker und Institutionen nicht auch den Interessen von Bürgern anderer Staaten und der Zukunft moralisch verpflichtet sind, die von den Entscheidungen der Politiker betroffen sind oder sein werden. Schon die Definition von »Ethik« (v. Kutschera 1982, 302) besagt, dass ethisches Handeln ein Handeln ist, welches die Interessen oder Rechte aller von ihm Betroffenen gleichermaßen berücksichtigt. Moral ist das Gegenteil von Egoismus.

Eine Demokratie ist daher unmoralisch, wenn sie allein dazu eingesetzt wird, ein gegenwärtiges Staatsvolk zu begünstigen. Ob sie so definiert ist, ist in der Demokratietheorie umstritten, die Amtseide der Politiker bei uns und anderswo verpflichten aber nur auf das »Wohl des Volkes«. Die von der Moral geforderte Gleichheit aller von Handlungen Betroffenen wird zugunsten einer an einem Ort und in einer Gegenwart lebenden Bevölkerung außer Kraft gesetzt. So wird etwa unsere Agrarindustrie von unserer deutschen Demokratie zulasten der Bauern in Angola subventioniert. Die moralische Interessengleichheit wäre beispielsweise gewahrt, wenn man vom *Betroffenheitsprinzip* ausgeht. Es besagt, dass alle, die von einer demokratischen Entscheidung betroffen sein können, auch an ihrem Zustandekommen beteiligt sein müssen, wenn die Entscheidung legitim sein soll (Goodin 2007; vgl. etwa zur Kritik: Whelan 1983, 18, und Beckmann 2008, 349, Lagerspetz 2015). Das ist revolutionär! Während die alten Demokratien ihr Volk über Blut und Boden, also über Erfolge vergangener Raubritter und Eroberer bestimmt haben, soll es jetzt nur noch nach (möglicher) Betroffenheit der Interessen bei Entscheidungen gehen.

Zwar kann man »local first« ein Stück weit rechtfertigen, weil Wissen um Missstände und Einfluss beim Reparieren von Missständen lokal und gegenwärtig am größten sind. Krasse Ungleichbehandlungen, wie das systematische Ausblenden der »Dritten Welt«, kann man so jedoch nicht rechtfertigen. *Eigentlich wäre eine Weltregierung nötig, die alle Interessen der gegenwärtigen und zukünftigen Weltbevölkerung von Mensch und Tier unparteiisch beachtet, um den Postulaten der Moral gerecht zu werden.* Genau darauf läuft das *Betroffenheitsprinzip* hinaus (Goodin 2007, 64 f.).

R. E. Goodin zeigt auch, wie man dieses erst mal utopische Postulat pragmatischer ausbuchstabieren kann. Ich würde so weit gehen, es gar nicht als Prinzip der aktiven Mitbestimmung zu verstehen (als solches scheitert es, vgl. Lagerspetz 2015), sondern seinen moralischen Kern anders zu operationalisieren. Man muss nicht gleich einen Weltstaat schaffen, aber sollte sich verpflichten, Strukturen zu entwickeln, die den übergangenen Interessengruppen zunehmend politischen Einfluss verschaffen (Lagerspetz 2015, 20). Dazu macht Goodin Vorschläge. Er regt an, einen *Gerichtshof* für die übergangenen Interessengruppen samt *Entschädigungen* für die Systemopfer einzuführen (Goodin 2007, 65 ff.). Vielleicht kann man als Minimalpostulat mitnehmen, dass ein besonderer Schutz der übergangenen Interessengruppen jedenfalls irgendwie umgesetzt werden sollte, um der Moral zu genügen. Dieser Schutz sollte so aufgebaut sein, dass das intensivere Interesse Vorrang vor dem schwächeren hat.

Man muss weiterhin beachten, dass es einen Wertekonflikt zwischen der oft gewünschten Selbstbestimmung der Bürger und dem Prinzip der Weltstaatlichkeit gibt. Die Leute schätzen weltweit das Regiertwerden durch sich selbst und durch solche, mit denen sie sich identifizieren. *Das spricht für den Beibehalt nationalstaatlicher Ordnungen*, nur dass der Preis dafür sein muss, dass sich diese Staaten auch für die ganze Welt und die Zukunft einsetzen. Eine für unsere ökologischen Probleme wichtige Füllung dieser Leerformel wäre folgende:

Um das Moralleck der nationalen Demokratien zu stopfen, ist es hilfreich, wenigstens die zukünftigen Generationen zum Staatsvolk hinzuzuzählen. Zukünftige Deutsche werden unter einer aufgeheizten Atmosphäre und einem zerbrochenen sozialen Frieden auf der Welt leiden. Sie sind eine moralisch relevante Anspruchsgruppe, und eine Erweiterung um diese ist dem klassischen *Staatsvolk* noch am nächsten verwandt, ja einige zweifeln sogar, ob hier eine Erweiterung vorliegt (vgl. Göpel 2014, 92). Diese »Erweiterung« ist für nationalstaatlich denkende Demokraten daher am akzeptabelsten: Genauso wie man als Politiker gesetzlich die Interessen derer zu beachten hat, die einen im eigenen Land nicht gewählt haben, muss man mindestens die Interessen derer im Auge haben, die in Zukunft im eigenen Staat leben werden.

Ein weiterer Grund für das diagnostizierte Politikversagen

ist die *Abhängigkeit der Politik von Lobbys*. Die Demokratie ist ein Wechselspiel von Wählern und Eliten. Die Wähler können die Eliten abwählen, und die Eliten können während der Wahlperioden relativ eigenständig regieren. Das Geheimnis der Demokratie liegt darin, die Macht weder den Vielen noch den Wenigen zu übergeben, sondern auf das Wechselspiel der beiden Gruppen zu setzen (Sartori 1975, 67). Zwischen Wähler und Politiker-Eliten drängen sich nun aber Verbände wie Gewerkschaften, Arbeitgeberverbände, organisierte Branchenvertreter der Industrie und andere Lobbyisten beziehungsweise Mächte des Bösen (Dahl 1971). Diese Lobbys werden selten vom Bürger gewählt, sondern nur von »Vereinsmitgliedern«. Den Vorstand des Kaninchenzüchtervereins wählen die Vereinsmitglieder, damit sage ich nichts revolutionär Neues. Die politische Praxis sieht nun vorrangig so aus, dass sich die Vertreter der Politik mit denen der dunklen Mächte auf Kompromisse einigen. Dabei setzen sich heute die verschiedenen Verbände und Interessengruppen mit den Politikern zusammen und beginnen einen Tauschhandel um Kompromisse, oder frei nach Trump: Sie machen einen Deal.

Manche sehen darin ein neues Muster der Demokratie, in dem sich die in der Demokratie erforderliche wechselseitige Machtkontrolle in der Schlacht der Verbände äußert (v. Winter 1995, 146). Plötzlich sind die Verbände die eigentlichen Volksvertreter, da in ihnen angeblich jeder Bürger organisiert beziehungsweise repräsentiert sei. Die Verbände vertreten bestimmte Einzelinteressen, zum Beispiel die der Arbeitnehmer. Diese Interessen versuchen sie gegen alle anderen Interessen durchzusetzen, auf dieser Ebene folgen auch Verbände der ökonomischen Demokratietheorie. Die Folge ist: *Es siegt nicht das wichtigste, sondern das am besten organisierte Interesse.* Viele Interessen, wie etwa die Interessen zukünftiger Generationen, der

»Dritten Welt« oder der Obdachlosen, sind nicht effektiv organisiert und unterliegen in diesem System, was den Lobbyismus diskreditiert. Aus machtpolitischen Zwängen heraus scheint man sich derzeit jedoch des lobbyistischen Systems bedienen zu müssen (denn wo wäre eine Macht zu finden, die alle Lobbyeinflüsse untersagt und trotzdem den Einzelinteressen hinreichend Aufmerksamkeit schenkt?). Es bleibt nur in diesem System zu versuchen, nicht oder nicht ausreichend organisierte Interessen als neue Stoßtrupps der Moral zu organisieren (Schmidt 2010, 219).

Fassen wir zusammen, was derzeit danebengeht, wobei diese Liste nicht vollständig ist:

- Mangelndes Wissen, mangelnde Qualifikation: *Qualifikationsproblem*
- Anreize im System sind kurzfristig und populistisch: *falsche Anreize*
- Moralisch nicht zu rechtfertigendes, national und temporal verkürztes Verständnis von Allgemeinwohl: *falsches Allgemeinwohlverständnis*
- Abhängigkeit von Lobbys: *Lobbyismus*

6 Keine Helden: Die Bürger

Viele dieser Punkte kann man auf die Bürger übertragen. Sie sind genauso mit der Komplexität heutiger Entscheidungen überfordert und nicht im Denken in Systemen geschult. Zudem versuchen sie in der Demokratie meist ihre *eigenen kurzzeitigen Interessen*, etwa niedrigere Steuern, weniger Vorschriften und sichere Arbeitsplätze, durchzusetzen. Diese Interessen sofort zu befriedigen ist ihr Anreiz (vgl. zu empirischen Belegen: Bonoli und Häusermann 2009, 201) und damit ruinieren sie nachhaltig Umwelt und globale soziale Gerechtigkeit. *Es ist irreführend, zu meinen, die Wähler ständen auf der Seite des Lichts und würden das Allgemeinwohl kennen und wünschen, nur die Politiker und Lobbyisten würden sich gegen diese Wünsche stellen.* Die Wähler interessieren sich häufig kaum für die globalen Probleme, etwa für die Armut der Entwicklungsländer. Sie interessiert vielmehr vorrangig, ob sie ein paar Euro mehr Steuern zahlen oder ob ihre Familien Vergünstigungen einstreichen. Das ist durchaus kompatibel mit J. Brennans Analyse, der meint, dass die Wähler nicht ihr engeres Eigeninteresse, sondern das fördern, was sie für das Allgemeinwohl halten. Aber dabei kämen »irrationale Nationalisten« heraus (Brennan 2017, 97). Was ist »Eigeninteresse«? Sicher interessieren sich die Wähler nicht nur für sich im engsten Sinne, sondern auch für ihre Familie und ihr Land (Grüße von Trump). Aber dabei kommen genau die antiglobalen, egoistischen und nationalistischen Wünsche heraus, die oben beschrieben wurden. Jedenfalls: *Wähler und Politiker haben ein Interesse daran, die Kosten der heutigen Politik auf Zukunft zu verschieben* (vgl. Stein 1998, 136).

In den westlichen Demokratien findet sich durchaus die Bereitschaft, die benannten Schwächen anzuerkennen und als *Preis der Demokratie* in Kauf zu nehmen. Allerdings: Nur ein gesunder Planet könnte diesen Preis bezahlen. Die übliche demokratische Verteidigung, dass die besagten Missstände im politischen System zwar existierten, aber weder das ganze System beherrschten noch irreparabel seien, ist richtig, aber *die Demokratie muss dann auch an einigen Punkten verändert werden.* Der alte Ausspruch von W. Churchill, »Die Demokratie ist die schlechteste aller Staatsformen – ausgenommen alle anderen«, ist ebenfalls richtig, denn eine Alternative zur Demokratie ist nicht in Sicht. Aber man kann es dabei nicht einfach bewenden

lassen. Wir müssen uns zu Reformen der Demokratie aufma-
chen, gerade wenn wir diese Regierungsform schätzen und bewahren wollen.

7 Volksentscheide, Basisdemokratie: Der Held der Zukunft – das Volk?

Die Demokratie als solche steht nicht zur Debatte. Es gibt keine
Alternativen, und nur die Demokratie hat das *selbstkritische Potenzial*, um Lehren aus Fehlern zu ziehen (Stein 1998, 184). Eine
globale Ökodiktatur gegen den Mehrheitswillen der Bevölkerung würde hingegen Unterdrückung von gigantischem Ausmaß bedeuten. Man könnte bald nicht mehr die helle von der
dunklen Seite der Macht unterscheiden. Nur wenn immer mehr
Menschen die Notwendigkeit von Veränderungen einsehen und
akzeptieren, können sie wenigstens zu kurzfristigen Opfern
bewegt werden. Zwang, Unfreiheit und Ungerechtigkeit rufen
Gegenwehr hervor. Eine Diktatur müsste viel Aufmerksamkeit
auf den bloßen Erhalt ihrer Macht legen und käme nicht mehr
zu ihren eigentlichen Aufgaben. Dass sie auch aufgrund der Unfreiheit und Ungerechtigkeit unerwünscht wäre, die sie wohl
notwendig erzeugen müsste, ist müßig zu bemerken. Also müssen wir *neue demokratische Institutionen* schaffen, um die besagten Defizite auszugleichen.

Wir könnten *mehr direkte Demokratie* ermöglichen und die
Institution des Volksentscheids ausweiten. Vertreter dieser Meinung bringen vor: Die Bürger direkt Entscheidungen treffen zu
lassen wecke deren Interesse an Politik, erzeuge Identifikation
mit dem Gemeinwesen und ermuntere sie, sich besser zu informieren und den Tatsachen zu stellen. Durch das Internet umfassend aufgeklärte Bürger träfen bessere Entscheidungen als

lobbyhörige, nur auf den eigenen Machterhalt ausgerichtete Politiker (Geißler 2012, 124 ff.; Precht 2010, 461–471).

Aber ich fürchte, das läuft wieder nur darauf hinaus, einer als Held verkleideten Interessengruppe die Maske vom Gesicht zu reißen. Diese Therapie allein wird bei der Lösung unserer Probleme nicht entscheidend helfen (vgl. dazu: Rux 1999, Abschnitt III). Zwar können durch direkte Bürgerbeteiligung die ökologischen und sozialen Probleme gelöst werden, die auf Informationsmangel und Verdrängung beruhen. Voraussetzung dafür ist, dass die Bürger sich vor Entscheidungen intensiv mit den Problemen befassen. Allerdings sind dem durch das *Qualifikationsproblem* Grenzen gesetzt, denn komplexe ökosoziale Systeme zu steuern und ihre Probleme zu verstehen lernt man nicht als Autodidakt im Internet. Zudem werden die Ziele direkter Demokratie oft Nahziele sein (also die Windanlage nebenan verhindern), wenn das *Argument der falschen Anreize zutrifft* beziehungsweise die kurzfristigen Interessen dominieren. Die Probleme der Menschen, die in 100 Jahren leben werden oder in 10 000 Kilometer Entfernung wohnen, interessieren die meisten Bürger kaum. (Übrigens kann man, inspiriert durch das Anreizargument, auch vorhersehen, wie man den im Jahr 2019 durch viele Klagen von Bürgerinitiativen darniederliegenden Ausbau der Windenergie forcieren könnte: Man braucht nicht notwendig über die Einschränkung von Bürgerrechten nachzudenken, sondern müsste den Bürgern erst einmal Perspektiven bieten, mit Windrädern oder Stromtrassen selbst Geld zu verdienen. Das erhöht die Akzeptanz enorm, wie man aus Schleswig-Holstein weiß.)

Kein Land praktiziert die direkte Demokratie so umfassend und konsequent wie die Schweiz, aber die Schweiz ist trotzdem kein ökologisches oder moralisches Musterland. So legten die Bürger den Banken von sich aus jahrzehntelang an den entscheidenden Stellen keine Zügel an, weil sie von ihnen profitierten. Die Schweizer Referenden gelten als sehr informiert, weil vorher ausführlich diskutiert wird. Trotzdem regiert der Schweizer Bürger als ein Homo oeconomicus mit langem grauem Bart (Bonoli und Häusermann 2009, 201), die Eigeninteressen der älteren männlichen Bevölkerung dominieren. Weiterhin werden eher marktliberale Wege eingeschlagen, die eben nicht zu einer ökologisch verantwortlichen Gesellschaft führen (Schmidt 2010, 345).

Zudem hat ein rein oder primär basisdemokratisches politisches System selbst *Legitimationsprobleme*. Der moderne *demokratische Verfassungsstaat* ist eben keine »Diktatur der Mehrheit«. Gewisse Verfassungswerte können auch von Mehrheiten nicht verändert werden, etwa die Würde der Person und die Menschenrechte. Die lassen sich auch als Rechte zukünftiger Menschen verstehen. Nur die dunkle Seite der Macht tritt Minderheitenrechte mit Füßen. Nur rechtliche Grenzen und die Orientierung am Allgemeinwohl machen den Akt der Gewalt, den ein Mehrheitsentscheid gegen den Willen der Minderheit immer darstellt, zu einem legitimen Akt (v. Kielmansegg 2013a, 58).

Selbstverständlich hat mehr Basisdemokratie auch Vorteile. Die Bürger werden veranlasst, sich stärker mit dem politischen System *zu identifizieren und sich aktiv einzubringen* (Schmidt 2010, 345). Das könnte das »innere Absterben« der Demokratie bekämpfen. Die Demokratie dümpelt ja mehr vor sich hin und überlässt es primär Energydrinks wie »Red Bull«, Leute zu beflügeln. Um die Vorteile der Basisdemokratie zu realisieren und die Nachteile zu vermeiden, gilt es, genauere Konzepte zu entwickeln, was hier nicht unsere Aufgabe ist. Ideal wäre es, mehr direkte Demokratie mit einer institutionellen Absicherung der Zukunftsinteressen zu *verbinden*, dann geht die Basisdemokratie nicht zulasten der Zukunft. Anwälte zukünftiger Generationen institutionell zu verankern, wie es in den nächsten Abschnitten vorgeschlagen wird, ist gerade eine *Voraussetzung* einer erfolgreichen Beteiligung der Bürger. So wird *die ganze Basis* erfasst, inklusive der noch nicht existierenden Stimmen, die noch nicht gehört werden können, nach den Vorgaben der Moral aber berücksichtigt werden müssen. Außerdem wird so die problematische Neigung vieler Bürger, kurzfristige Eigenbeziehungsweise Gruppeninteressen zum alleinigen Maßstab zu nehmen, korrigiert.

Der Basisdemokratie wird oft die Lösung vieler Probleme zugetraut, aber nach dem Brexit wissen wir, welch aberwitzige Folgen das nach sich ziehen kann. Es bringt wenig, den schlecht informierten und nationalistischen Wähler, den »Hooligan« (Brennan 2017, 426) zum Alleinherrscher zu machen. Also lassen die Beschwörungen der Basisdemokratie in letzter Zeit tatsächlich nach. Die Regierungen gefallen sich zwischenzeitlich in neuen Koalitionen des Immergleichen, als würden sich alle Probleme auflösen, wenn man sie nach dem bewährten Kohl-Merkel-Rezept aussitzt. Aber gerade um die Demokratie zu erhalten, muss man sie verändern und an die Zeit anpassen, also auch mit neuen Institutionen experimentieren.

8 Was könnte unsere Demokratie einnehmen, um zukunftsfähig zu werden?

Einige Möglichkeiten will ich im Folgenden vorstellen und diskutieren, um den Spielraum für Veränderungen zu zeigen. Auch der Sachverständigenrat für Umweltfragen (SRU) hat jüngst in einem Gutachten »Demokratisch regieren in ökologischen Grenzen« (SRU 2019) Vorschläge für eine Verbesserung des Regierens mit dem Ziel von mehr Nachhaltigkeit gemacht. Daran will ich mich zu Beginn orientieren. Die meisten Punkte beziehen sich allerdings nicht auf grundlegende Veränderungen des Systems, sondern darauf, wie man im komplizierten Uhrwerk des Regierens die Zahnräder dazu bringt, besser ineinanderzugreifen.

1. Es gilt, Nachhaltigkeit als *Querschnittsaufgabe* der gesamten Regierungspolitik zu erkennen und zu organisieren. So kann man sich etwa vorstellen, dass Beamte aus verschiedenen Ressorts zwischen den Ressorts ausgetauscht werden, so wie in Fantasy-Romanen oft Kinder tributpflichtiger Könige als Geiseln an die Höfe der Regenten entsendet werden (SRU 2019, 166). Man kann sich also vorstellen, dass Mitglieder verschiedener Ministerien, die sich wechselseitig als feindliche Aliens betrachten, zueinander Vertrauen finden.

2. Bestimmte Ressorts sollen auf bestimmte Nachhaltigkeitsziele verpflichtet und später auch überprüft werden (SRU 2019, 168).

3. Die Finanzierung der Nachhaltigkeitsstrategie muss langfristig sichergestellt werden und darf nicht an die jährliche Haushaltsplanung gekoppelt bleiben (SRU 2019, 170).

4. Es gibt seit 2009 eine verbindliche *Gesetzesfolgenabschätzung*, mit der Gesetze und Verordnungen daraufhin überprüft werden, ob sie das Ziel einer nachhaltigen Entwicklung umsetzen. Das ist ein prima Ansatz, der sich aber leider als völliger Papiertiger entpuppt (SRU 2019, 171). In der Praxis ist von dieser Prüfung ein »Nachhaltigkeitsstempel« unter jedem Gesetzentwurf übrig geblieben. Der SRU schlägt vor, die Prüfung besser in die Frühphase des Entscheidungsprozesses zu verlegen, in der die Weichen gestellt werden (SRU 2019, 171).

5. Das vielleicht wirksamste Instrument im Rahmen der Optimierung bestehender Entscheidungswege wäre es, dem Umweltministerium ein ähnliches *aufschiebendes Vetorecht* bei gemeinschaftlichen Entscheidungen der Bundesregierung einzuräumen, über das bereits das Finanzministerium verfügt. Das sorgt für eine große *Querschnittsverankerung* von Umweltthemen, allerdings verzögert das Veto den Gesetzgebungsprozess nur minimal und zwingt die Regierung nicht, insgesamt nachhaltigere Gesetze umzusetzen.

Dies alles sind Instrumente, die bestehenden Entscheidungswege zu optimieren. Auf diesem Wege ist durchaus Potenzial vorhanden. Jedoch resümiert der SRU selbst skeptisch, dass Zweifel verbleiben, dass das ausreicht, um unsere Probleme zu lösen (SRU 2019, 179). Also muss man über das Bestehende hinausgehen und wagen, ganz neue Strukturen aufzubauen, wenn man das angestrebte Ziel nicht aufgeben will.

Partizipative Gesetzgebung kann die Bürger aktivieren, indem bei wichtigen Gesetzesvorhaben repräsentativ ausgeloste Bürger mitentscheiden, die vorher wenigstens einige Tage mit Informationen, Positionen und Hintergrundwissen versorgt wurden (Reybrouk 2013, 113–121). Hier liegen schon erste Erfahrungen aus Kanada, Irland und neuerdings aus Baden-Württemberg vor. Das Votum dieser Ausgelosten kann unterschiedliches Gewicht haben: Man kann es als Stellungnahme zur Kenntnis nehmen, Gesetze von seiner Zustimmung abhängig machen oder ein Vetorecht damit verbinden. Die Absicht dahinter ist klar: Der Normalbürger soll sich in den Dienst des Allgemeinwohls stellen, nicht zuletzt, um das Gefühl der Machtlosigkeit und das Absterben der Identifikation der Bürger in müden Demokratien zu bekämpfen.

Mit diesen Methoden würden die Wünsche der Bürger bei

politischen Entscheidungen besser berücksichtigt. Aber damit ist nur ein Teil der Probleme gelöst, denn leider *wollen* viele Bürger und Politiker vorrangig das Falsche. Zukünftige Generationen und absolut Arme (definiert als solche mit weniger als 1,90 Dollar Einkommen täglich) haben jedenfalls keine Priorität. Moralisch gesehen, sind sie aber die wichtigsten Gruppen, die wir derzeit übergehen. *Unser Versagen verursacht viel mehr Leid als etwa der Zweite Weltkrieg.* Gerade deshalb stelle ich hier Versuche vor, die Demokratie weiterzuentwickeln, auch wenn im Moment andere Probleme, etwa Populismus und neue Rechte, im Vordergrund stehen. Wir haben eben den dicksten Fisch derzeit etwas aus dem Auge verloren, den wahren Kampf zwischen Licht und Dunkel, die Mutter aller Schlachten. Also: Es geht im Folgenden verstärkt um Instrumente, die nicht nur besser umsetzen, was die Bürger wollen, sondern auch um Instrumente, die den Weg zum moralisch Gesollten ebnen.

1. Manche Politiker fordern, eine CO_2-*Bremse*, ähnlich der Schuldenbremse für Neuverschuldung, in der Verfassung zu verankern. Die müsse auf Bundes-, Länder- und Kommunalebene gelten (Welt 2019). Das Mittel kann durchaus geeignet sein.

2. Andere schlagen vor, das *Wahlrecht auch Jugendlichen zu verleihen* oder *die Möglichkeit der Wiederwahl von Politikern zu streichen*, weil sie falsche Anreize setzt. Hat nicht B. Obama in seiner zweiten Amtszeit eine ehrgeizigere Umweltpolitik verfolgt als in der ersten, weil er sich nicht mehr um seine Wiederwahl kümmern musste? Ehe man in eine Debatte um Pro und Contra dieser Ideen einsteigt, muss man erneut bemerken, dass sie und der erstgenannte Vorschlag eine steile Hürde zu nehmen haben, weil sie alle Verfassungsänderungen voraussetzen. Diese benötigen gerade Mehrheiten, die

wir in der Demokratie im Normalfall nicht für eine Politik erzielen, die Opfer bedeutet.

3. Man könnte über ein *neues Staatsziel* nachdenken, das im Grundgesetz zu verankern wäre. Allerdings verweist man damit Politik ans Verfassungsgericht, das sich häufig aus verständlichen Gründen weigert, inhaltlich Politik zu gestalten. Vielleicht könnte man dennoch einen Versuch starten, eine Art *Notstand* zu definieren: Wenn, wie im Fall des Klimawandels, ein repräsentatives Gremium der Wissenschaft (hier der IPCC) einen Notfall ausruft, muss die Politik handeln. Aber auch dieses Instrument setzt wieder eine Verfassungsänderung voraus, die leider nicht wahrscheinlich ist.

4. *»Führerschein für Politiker«*: Eine Grundausbildung für Politiker, die sich zur Wahl stellen, ist in unseren vernetzten Zeiten dringend geboten. Wer Systeme schlecht einschätzen kann, sollte nicht an ihnen herumpfuschen. Die Corona-Krise hat gezeigt, dass qualifiziertere Politiker viel stimmiger als Populisten wie Trump, Johnson und Bolsonaro reagiert haben. Wissen macht sich bezahlt, und diese Einsicht könnte man auch noch systematischer ausbauen:

In Computersimulationen kann man vernetztes Denken lernen, und genau das sollte man getan haben, ehe man gewählt werden darf. Immerhin fordern wir heute schon von jedem Piloten einen Persönlichkeitstest, da er Verantwortung für andere trägt. Wieso nicht Ähnliches für Politiker, die noch mehr Verantwortung tragen? Auch in ethischer Hinsicht kann man so etwas versuchen. Zwar klappt es immer noch nicht, jemandem ein gutes Herz anzuerziehen, wenn er es nicht hat. Aber Konflikte so aufzudröseln, dass man alle betroffenen Interessengruppen erfasst, auch die entfernten und verborgenen, kann man lernen. Auch das Persönlichkeits- und Werteprofil eines Kandidaten ließe sich so ermitteln und öffentlich machen. Natürlich würden die Kandidaten versuchen, den Test auszutricksen, aber schlaue Tester sehen dies vorher. Das Instrument eignet sich weniger für die kommunale Ebene. Aber jedenfalls ließe sich die Sicherheit auf der Welt erheblich erhöhen, wenn man amokfahrende Politiker wie oben genannte Comic-Helden, die sich für hohe Ämter bewerben, vielleicht schon anhand ihrer eigenen Dummheit und Arroganz verhindern könnte.

Um das umzusetzen, könnte man auch einen »parteiinternen Weg« gehen: Politische Parteien nominieren nur den zur Wahl, der intern vorgenommene Schulungen und Tests bestanden hat, um für ein Amt aufgestellte Kandidaten schon vor der Wahl selektieren zu können. Vorteil: Eine Verfassungsänderung wäre nicht nötig, übrigens auch dann, wenn die Wähler darauf achten würden, nur zertifizierte Politiker zu wählen. Die Testergebnisse würden öffentlich gemacht, der Rest wäre Bürgersache. Oder aber man realisiert die strengere Variante, Politiker vonseiten des Staates nur zur Wahl zuzulassen, wenn sie den Test bestehen.

Zwar kommt schnell der Einwand, in eine *Expertokratie* abzudriften, aber ich möchte dagegenhalten, dass wir unsere Welt derartig verkompliziert haben, dass ein gutes Herz für gute Politik nicht mehr ausreicht. Heutzutage ist es ein riesiger Vorteil, wenn Politiker auch Experten sind, die neben ihrer Expertise jedoch interdisziplinär und auch gegenüber Laien lern- und kommunikationsfähig sind. Es ist auch ein Vorteil, wenn sie große Empathie und eine gehörige Portion Moral ins Amt mitbringen. Natürlich ist das keine Garantie für besseres Regieren, aber es erhöht die Wahrscheinlichkeit. Ein weiterer Einwand ist: Wird hier nicht das *Bürgerrecht eingeschränkt, sich aktiv in die Politik einzumischen?* Ist es nicht gerade eine Stärke der Demokratie, auch zum Beispiel intellektuell schwache Menschen zu repräsentieren, und zwar durch ihresgleichen? Machen Akademiker nicht doch Politik für Akademiker?

Hier lässt sich antworten, dass politische Ämter nach wie vor jedem offenstünden und dass prinzipiell jeder die Eignung für solche Ämter erwerben könnte. Letztlich schränkt auch ein Eignungstest für Medizinstudenten die Wahlfreiheit des Studienplatzes ein, aber das ist trotzdem gerechtfertigt. Gerade intellektuell benachteiligte Menschen sollten hoffen, dass ihre Interessen effektiv und daher mit viel Intelligenz repräsentiert werden.

Kann man jedoch nicht genauso gut für einen Führerschein für Wähler plädieren? Aber auch ungebildete Bürger verdienen Gehör, während unfähige Politiker einfach nur schädlich sind. Es ist auch wesentlich einfacher, bei den wenigen Politikern als bei den zahllosen Wählern anzusetzen. Vielleicht ist Letzteres ja auch unnötig, wenn Ersteres gelingt. Ein letzter Einwand wäre, dass unklar ist, welche Schulung beziehungsweise welche Tests für Politiker wichtig sind. Wer definiert, welchen Anforderungen sie genügen müssen? Die erste Frage kann ich nicht detailliert beantworten, es käme darauf an, konkret eine Schulung und eventuelle Prüfungen zu konzipieren. Wer die Entscheidungshoheit hat? Natürlich die demokratisch gewählten Organe, die auch andere Spielregeln in der Demokratie festlegen, oder eben die politischen Parteien, beim parteiinternen Weg.

5. *Weltgerichtshof:* Man könnte einen *Weltgerichtshof* mit der Aufgabe betrauen, ein Veto gegen nationale Gesetze auszusprechen, wenn diese lebenswichtige Belange der zukünftigen Menschen verletzen, ähnlich dem Bundesverfassungsgericht, das in Deutschland ein Veto im Falle eines Verfassungsbruchs aussprechen kann (Birnbacher 2014, 118). Das

Gericht sollte politisch unabhängig sein und globale Reichweite haben. Zusätzlich könnte es Entschädigung für bei politischen Entscheidungen übergangene Interessengruppen gewähren (Goodin 2007, 65 f.). Ich glaube jedoch, dass ein internationales Gericht mit seinen Urteilen stets als »Einmischung von außen« empfunden werden würde und es daher schwerer hätte, von Nationalstaaten akzeptiert zu werden.

All diese Reformen kann man jedoch zurückweisen mit dem Argument: *Würden wir nicht mehrheitlich »grün« wählen, wenn wir einen Politikwechsel wollten, wie ihn die angeführten Instrumente nahelegen?* Ist es daher nicht undemokratisch, diesen Wechsel auf Basis von vielleicht 5 bis 20 Prozent der Stimmen zu vollziehen? Die Legitimation leitet sich jedoch im modernen Verfassungsstaat eben nicht nur aus dem Willen der Mehrheit, sondern aus Verfassungswerten wie der Menschenwürde ab, wie wir bereits gesehen haben (v. Kielmansegg 2013a). Zudem ist die in Wahlen erfasste Mehrheit den Befürwortern einer universellen Moral und des »Betroffenheitsprinzips« zufolge nicht die vollständige, sondern nur eine »bodenständige« Mehrheit. Die fußt wie gesagt auf »Blut und Boden«. Die Stimmen der Zukunft und der von unseren Entscheidungen betroffenen restlichen Welt müssen auch gehört werden, das erzeugt ganz neue Mehrheiten.

Es gibt in der Demokratie schon jetzt Wege an der aktuellen, bodenständigen und unmoralischen Mehrheit vorbei, um Institutionen zu schaffen und Weichen zu stellen. Die meisten europäischen Institutionen würden keine Mehrheit bei den Wählern erhalten, aber es gibt sie. Zu den Institutionen, die nie durch direkte Wahl eingesetzt wurden, zählen: Europäische Zentralbank, Bundesrat, EU-Kommission et cetera (Rux 1999,

Abschnitt III).* In Ungarn und Israel war es einige Jahre möglich, Anwälte für die Zukunft zu bestellen, obwohl sich die Mehrheit vielleicht gegen diese Institution ausgesprochen hätte, wäre sie direkt befragt worden. Auch die nationalen Parteien bündeln bestimmte Maßnahmen zu Paketen, für die sie insgesamt eine Mehrheit erhalten, während das für die einzelnen Teile niemals der Fall wäre. Also: *Es ist ein Missverständnis, zu glauben, Demokratie hieße, den heutigen Mehrheitswillen überall durchzusetzen.*

Allerdings: Auf Dauer werden Institutionen nicht gegen den Willen der Mehrheit bestehen, erst recht nicht, wenn zukunftsfähige Institutionen ihre Aufgabe ernst nehmen und eine Vielzahl der Gesetze beeinflussen. Dann werden sie zu einer unübersehbaren und mächtigen Störvariablen im politischen System und finden nur schwer einen Weg am Mehrheitswillen vorbei. Daher ergibt sich die einzige Hoffnung auf ihren dauerhaften Bestand dadurch, dass man nach dem Einführen solcher Institutionen eine Mehrheit hinter dieser Politik versammelt – nicht zuletzt durch bewusstseinsbildende Prozesse, die diese Institutionen selbst mit geschickter Medienarbeit und so weiter anstoßen können (vgl. Fülöp 2014, 82).

---

* Rux führt hier aus, dass auch das Bundesverfassungsgericht mit Bezug auf die Errichtung der Europäischen Zentralbank »Modifikationen des demokratischen Legitimationsprinzips« zulässt (ähnlich: v. Kielmansegg 2013b, 648).

9 Der Retter:
Ein Zukunftsanwalt?

Die vielleicht interessanteste Institution, den *Zukunftsanwalt,* möchte ich in einem eigenen Abschnitt behandeln. Zurzeit wird oft über dieses Modell gesprochen, das in Ungarn von 2008 bis 2012 seine Blütezeit erlebte – und verblüht ist es selbst heute noch nicht. Das Parlament setzte 2008 einen »Sekretär für die Rechte zukünftiger Generationen« ein, der besondere Kompetenzen in Fragen des Umweltschutzes hatte. Unter Orbán gibt es das Amt noch. Wenngleich finanziell und in seinem Einfluss beschnitten, ist es einer der wenigen verbliebenen Orte für Regimekritik.

Der ungarische Zukunftsanwalt hatte bis 2012 das Recht, Informationen zu erhalten und zu veröffentlichen, Gesetzesvorlagen im Parlament einzubringen, außerdem verfügte er über ein *Vetorecht* gegen Gesetze, die zulasten der Umwelt zukünftiger Generationen gingen. Auch in Israel gab es 2001–2005 eine für alle Zukunftsfragen zuständige Institution mit verzögerndem Vetorecht. Natürlich kann man solche Vetorechte in ein System von »Checks und Balances« einordnen, also sie zum Beispiel durch eine Zweidrittelmehrheit des Parlaments überstimmbar machen. Kandidaten für ein solches Amt könnten von Umweltverbänden, Universitäten, Forschungsinstituten, Journalistenverbänden und so weiter nominiert und vom Volk direkt und für längere *einmalige Perioden* (acht bis zehn Jahre) gewählt werden. So entfällt für den Amtsinhaber der Anreiz, auf die eigene Wiederwahl zu schielen. Es gibt auch die Möglichkeit, den Anwalt vom Parlament oder von der Regierung einsetzen zu lassen, wie dereinst im seligen Ungarn geschehen.

Der Job eines Zukunftsanwalts besteht darin, anhand der Grundbedürfnisse aller Generationen deren grundlegende Interessen vorherzusagen und sie vor Katastrophen zu bewahren. *Vorteile einer solchen Institution wären:* Ein interdisziplinär ausgerichtetes Gremium von Experten (heutige Helden kämpfen nicht allein, sondern an der Spitze einer Behörde), also ein »Hort der Qualifikation«, erhält so mehr Gewicht. Falsche Anreize und kurzfristige Interessen werden durch das Mandat der Zukunftsanwälte, durch einmalige langfristige Wahlperioden und die Unabhängigkeit der Kandidaten eingedämmt. Eine unabhängige Institution hat weniger Angriffsflächen für den Lobbyismus. Sie würde den Interessen zukünftiger Generationen mehr Macht verleihen.

Ist das der Königsweg zur Erlösung? Gewöhnlich pflegte ein Held das Dunkel zu besiegen, und dann war alles gut. Aber mit den Helden kehrt die Romantik nicht zurück. Auch ein Zukunftsanwalt ist nur eine Etappe auf dem Weg zum Ziel, und man kann zu Recht viel an der Idee kritisieren, eine Auswahl guter Kritiken folgt (ausführlicher: Gesang 2018):

1. *Ist das nicht eine »Ökodiktatur light«?*

   Nein, denn der Aufbau der Behörde eines Zukunftsanwalts wäre demokratisch, wenn dieser Anwalt durch Direktwahl oder von auf Wahlen zurückführbaren Verfassungsorganen legitimiert würde. Sein Amt unterläge genau auszubuchstabierenden thematischen Eingrenzungen auf Fragen der Zukunftsfähigkeit und wäre wie jedes Verfassungsorgan gerichtlicher Kontrolle unterworfen.

2. *Werden mit einer solchen Institution ökologische Interessen ohne Bezug aufs »Ganze« bevorzugt?*

   Oft stehen Vertreter von Umweltinteressen im Verdacht, ideologische »Scheuklappen« zu tragen und für die Rettung weniger geschützter Hamster »wichtige«, also meist profitable Projekte zu verhindern. Das kann manchmal absurde

Züge annehmen, wenngleich es durch einen relativen Primat für den Klimaschutz kanalisiert würde. Aber unterm Strich unternehmen wir derart viel fürs »Ganze« (das heißt meist für Wirtschaftsinteressen), dass ein im Einzelfall vielleicht übertriebenes Gewicht der Ökologie die Gesamtbilanz trotzdem in die richtige Richtung verschieben wird. Letztlich geht es darum, der bislang hoffnungslos unterlegenen »Zukunftslobby« im Kampf der Interessen etwas mehr »Waffengleichheit« (Fraenkel 1991, 358) zu verschaffen. Nur das entspricht dem Ehrenkodex für Zweikämpfe.

3. *Müsste man dann aber nicht alle benachteiligten Gruppen, die Armen dieser Welt, die Kinder, die Obdachlosen, besonders repräsentieren?*

Nein, wenn wir ein Argument übernehmen, das die Mengen an Gleichheit in möglichen Zukünften vergleicht: Wenn Klimaschutz in Gegenwart und Zukunft nicht erreicht wird, ist die Demokratie selbst global in großer Gefahr. In einer Welt, in der Migration, Kriege und Katastrophen vorherrschen, ist der Nährboden für die Demokratie und ihr Gleichheitsideal denkbar ungünstig. Weniger Demokratie bedeutet weniger Gleichheit. Es wird also weniger Gleichheit auf der Welt geben, wenn die Demokratie in naher und ferner Zukunft weniger Einfluss hat, aufgrund von Kriegen et cetera. Für möglichst viel Gleichheit zu sein heißt, momentan etwas Gleichheit hintanzustellen und nicht jeden gleich und nur einmal zu repräsentieren. Dieses Argument können andere benachteiligte Gruppen, die vielleicht ebenfalls einen parlamentarischen Anwalt für ihre Interessen fordern könnten, übrigens nicht für ihre Zwecke nutzen. Ihre Interessen zu übergehen gefährdet in der Regel nicht die Demokratie.

Genau genommen stützen sich diese Überlegungen zur Gleichheit auf einen »Utilitarismus der Rechte« (Nozick

2011, 55). Es geht hier also darum, möglichst viel von den Werten Freiheit, Gleichheit und Gerechtigkeit, die sich in dementsprechenden Rechten niederschlagen, auf die Welt zu bringen und so viel wie möglich an zukünftigen Verletzungen dieser Rechte zu vermeiden. Nun kann man mit Nozick meinen, dass auch solche utilitaristischen Überlegungen »vom Teufel stammen«, weil hier nicht jedes einzelne Recht unantastbar ist, sondern es auf *die Menge* der bewahrten Rechte ankommt. Aber das führt dazu, letztlich jede Veränderung der Demokratie als Angriff auf Gleichheit, Bürgerrechte und Freiheit zu interpretieren und daher zu unterlassen. Daraus folgt dann, dass einfach nichts getan wird, um die drohende Misere abzuwenden. Daran zeigt sich für mich, dass utilitaristisches Denken unverzichtbar ist, denn diese Konsequenz kann letztlich das Todesurteil für Milliarden von Menschen bedeuten.

Die Interessen einer speziellen benachteiligten Gruppe, nämlich der Armen in der »Dritten Welt«, sind jedoch ebenfalls gravierend, und ihre Verletzung bedroht oft auch Demokratien, nicht zuletzt durch Migration. Aber: Was weiß der Bauer in Angola vom EU-Agrarsubventionssystem und eventuellen Auswirkungen auf ihn? Das spricht gegen eine direkte Repräsentanz durch Wahlen. Repräsentanten für Arme in den Parlamenten der Industrienationen einfach zu ernennen wäre als eine völlige Globalisierung der Politik, was Raum und Zeit betrifft, durch die *Moral* gedeckt. Schön und gut, aber führt das nicht dazu, unsere nationalen Demokratien einzumotten? Eine Repräsentation der Zukunft *und* der Bauern aus Angola, Peru und so weiter würde uns überfordern und die Politik lähmen, wie ich vermute.

Ein weiterer Grund, mit dem Globalisieren der Demokratie vorsichtig zu sein, ist der oben benannte Wert der Selbstbestimmung. Diese wünschen fast alle Menschen, aber mit einer Art Weltstaat ist sie kaum zu haben. Das heißt, hier wird man zwischen der »grenzenlosen« Moral und der *nationalstaatlichen Demokratie* vermitteln müssen. Sprich, bei aller Liebe zur Theorie, die auf dem Reißbrett plausibel sein mag, so (weltstaatlich) geht es nicht. Die Interessen der Armen durch verpflichtende, effiziente Entwicklungshilfe vonseiten des Nordens zu achten ist gegenüber dem Achten des Südens durch Repräsentation vorzuziehen. Diese Hilfe sollte nicht im Interesse von nationaler Industrie und von deren Win-win-Hoffnungen stattfinden, sondern auf die Interessen der Armen ausgerichtet sein.

4. *Gerade wenn ein Zukunftsanwalt (mit Kompetenz für alle Fragen der Zukunft) aufgestellt wird, kann es zu Konflikten verschiedener Ansprüche zukünftiger Generationen kommen.* Was, wenn die Umweltschutzmaßnahme A erfordert, dass weitere Schulden gemacht werden, aufgrund derer die Bildungsmaßnahme B nicht mehr bezahlbar ist? Oder wenn Interessen zukünftiger Deutscher auf Interessen zukünftiger Inder stoßen? Es gibt in der Tat Probleme, wenn zwei legitime Zukunftsinteressen aufeinandertreffen. So könnte natürlich etwa fast jede Umweltschutzmaßnahme ausgebremst werden. Der Kampf mehrerer Strahlen des Lichts untereinander ist im Drehbuch nicht vorgesehen, da kommt der Zuschauer ganz durcheinander. So geht das nicht! Um das Drehbuch zu retten, plädiere ich erstens dafür, *das Mandat und die Konflikte des Anwalts auf umweltökonomische Fragen zu begrenzen.* Ähnlich war dies in Ungarn der Fall (Fülöp 2014, 72). Zweitens sollten Zukunftsanwälte auf die Interessen der Nation festgelegt sein, die sie ernennt. Alles andere überfordert unsere nationale Grundausrichtung. Da Klimaschutz global ist, unterscheidet sich Politik zum Schutz der

Grundbedürfnisse in Indien oder Deutschland meist nicht. Es gilt, zum Beispiel einfach und global CO_2-Emissionen zu senken. Stein weist darauf hin, dass kein abstraktes Entscheidungsverfahren zur Lösung solcher Probleme widerstreitender Zukunftsinteressen verordnet werden kann, sondern dass diese Konflikte politisch zu lösen sind. Das heißt, es gilt dann mehrheitsfähige Kompromisse auszuhandeln, *aber eben unter Beteiligung einer starken Zukunftslobby.*

Fazit: Es gibt eine Menge ernsthafter Einwände. Natürlich sind Szenarien vorstellbar, in denen ein Zukunftsanwalt große Fehler macht. Insbesondere ist er *eher ein Verhinderungs- als ein Durchsetzungsinstrument.* Er kann ein Veto einlegen, aber keine Gesetze erlassen. Er ist eine Reaktion auf den akuten ökologischen Notstand, sein Mandat ist für die Aufgaben der nächsten Jahrzehnte zugeschnitten. Wie oben gesagt wurde: Vielleicht sollte die Politik verfassungsrechtlich gezwungen werden, auf einen Notstand zu reagieren, und vielleicht wäre es eine solche Reaktion, einen Zukunftsanwalt einzuführen.

Dauerhaft hilft vielleicht nur ein Weltstaat. Nur er wäre wirklich moralisch, wenn er wegen des starken Autonomieinteresses der Regionen subsidiär organisiert wäre (Höffe 1999, 2. Teil). Und nur er kann der globalen Probleme wirklich Herr werden und die Grenzen aufheben, an die deren Lösungen stoßen. Nationalstaaten betrachten sich als Konkurrenten und müssen immer Angst haben, über den Tisch gezogen zu werden. Das führt zu nationalem Egoismus, und genau der verhindert politische Lösungen des Klimaproblems. So weit, so wahr. Aber nun einfach den Weltstaat zu fordern und einen Etappenplan, der dahin führt, in die Luft zu malen (vgl. v. Weizsäcker et al. 2017), bewirkt das wirklich etwas? Wenn das der falsche Weg ist und der »Ist-Zustand« in unseren Demokratien aber gleichwohl unaushaltbar ist: Was tun? Die Institution Zukunftsanwalt hat es bereits gegeben, und sie hat erfolgreich gearbeitet (vgl. Fülöp 2014). Das spricht doch stark dafür, dass sie auch unter realen Bedingungen möglich ist. Auch sie kann ein Schritt auf den Weltstaat zu sein. Da die Grundbedürfnisse der Menschen gleich und nur durch weltweite Politik zu schützen sind, müsste sich die Politik der Staaten mit Zukunftsanwälten einander angleichen. Das Gelobte Land bleibt der Weltstaat, aber die Brücke dahin kann man mit Zukunftsanwälten hoffentlich am besten bauen. Ich glaube, dass eine institutionelle Erneuerung unseres Staatswesens eher mehr als weniger Glück schaffen wird. Daher resümiert auch T. Stein: »Riskant ist nicht eine ökologisch motivierte Verfassungsreform, sondern riskant ist es, diese zu unterlassen« (Stein 1998, 165 f.).

10 Keine Experimente!

Was nun eigentlich verwunderlich ist: *Wir denken und fordern fleißig, aber zu experimentieren oder gar Neues umzusetzen, wagt fast niemand.* Zahllose Modellversuche und Enquete-Kommissionen laufen ins Leere. Unsere Demokratie ist nur auf dem Papier fähig, größere Selbstkorrekturen durchzuführen. Kleine Probleme sind binnen Wahlperioden lösbar, es gibt Belohnungen für ihre Lösung, und alles ist gut. Größere Probleme werden in Demokratien mit Vorliebe einfach ausgesessen. Wie den Knoten durchschlagen? Der Held, der das Heft in die Hand nimmt und das Heer des Lichts anführt, ist immer noch nicht gefunden. Zwar haben wir erklärt, warum die Politik und die Staaten heute versagen und wie man das mit einer Reform verbessern könnte, aber wie kommen wir zu der Reform?

Drei unbeholfene Antworten darauf:

Auch Minderheiten können erheblichen Druck aufbauen, wie man bei Aktiengesellschaften sehen kann, die unter dem Druck der Presse und kritischer Aktionäre stehen. So wurden etwa Shell durch 11 Prozent der Aktionäre extern validierte Umweltberichte aufgezwungen. Ähnlich könnte man die Politik durch einen medienwirksamen Kampf für Zukunftsanwälte nötigen, so eine Institution einzusetzen, um das Image zu wahren.

Wenn die Installation eines Anwalts auf Ebene des Staates fehlschlägt, könnte man ihn erst einmal *auf Ebene der NGOs* etablieren. Er sollte dann die aktuelle Politik kommentieren und alternative Maßnahmen vorschlagen. Dann würde sich im Laufe der Zeit zeigen, wie sich Politik mit und ohne Zukunftsanwalt voneinander unterscheidet. Das könnte zur Profilierung dieser Institution beitragen und den nötigen Meinungsumschwung der Mehrheit bewerkstelligen.[*]

Auch *auf Ebene einzelner Bundesländer* könnte man ein »Pilotprojekt Zukunftsanwälte« starten, um Akzeptanz für die Institution zu erzielen. Dass diese politische Erneuerung noch schnell genug für eine frühzeitige Lösung des Klimaproblems greift, ist allerdings zweifelhaft. An dieser Erkenntnis führt kein Weg vorbei.

---

[*] Zwar haben verschiedene NGOs bereits eine gemeinsame Klimastrategie et cetera. Aber diese Gemeinsamkeiten zu personalisieren, zu institutionalisieren und zu ritualisieren, etwa indem zu jedem klimarelevanten Gesetz am Tag nach der Verabschiedung ein Urteil (nicht nur ein Kommentar) eines »Zukunftsrates« erfolgt, um dann auch medial wirksam mit einer Stimme zu sprechen, wäre eventuell noch etwas anderes.

11 Die Rolle von Unternehmen und Staaten – Die wichtigsten Thesen

1. Auch Unternehmen sollten nicht nur versuchen, ihren ökologischen Fußabdruck im eigenen Betriebsablauf zu verbessern, das heißt, sie sollten 1,5 Prozent ihres Gewinns dafür spenden, die effizientesten Mehrfacheffekte zu erzielen.

2. Staaten müssen effizient und Vorreiter sein, um als Vertragspartner glaubhaft zu sein und Technologien gegen den Markt zu pushen.

3. In Demokratien gibt es falsche Anreize, die Klimapolitik meist verhindern. Politiker wollen wiedergewählt werden, und ferne zukünftige Generationen können das nicht, da sie heute kein Stimmrecht haben.

4. Auch die Wähler haben oft nur das eigene Wohl inklusive des Wohls von ihnen Nahestehenden im Auge, weshalb sie gemeinsam mit den Politikern das Interesse haben, nur kurzfristig Politik zu machen. Künftige Generationen müssen die Suppe auslöffeln.

5. Das ist unmoralisch, genauso wie die ganze nationalstaatliche Demokratie unmoralisch ist, denn sie begünstigt ein Staatsvolk ungerechtfertigt gegenüber allen anderen Weltbürgern. Moral zwingt uns, die Interessen aller Menschen gleich zu gewichten.

6. Mehr Bürgerbeteiligung löst unsere ökologischen Probleme nicht, sondern blockiert die Energiewende, beispielsweise mit Klagen.

7. Eine gute Idee ist ein »Führerschein für Politiker«. Führung braucht Qualifikation. Trump, Bolsonaro und andere Amtsträger sind nicht fähig, komplexe Systeme zu steuern. Das kann man jedoch trainieren, und Parteien könnten nur noch Kandidaten aufstellen, die das können.

8. Die radikalste Form institutioneller Erneuerung ist ein Zukunftsanwalt. Er gibt zukünftigen Generationen bei heutigen Entscheidungen schon ein Stimmrecht. Er sieht deren Grundbedürfnisse und wenn diese eklatant verletzt werden, voraus und verhindert das mit einem Vetorecht. Das gab es bereits in Ungarn von 2008 bis 2012, und es war keine Ökodiktatur »light«.

9. Ich plädiere dafür, solche Zukunftsanwälte mindestens auf Ebene der Nationalstaaten und Staatenverbünde einzuführen.

Kapitel 4

Tabus ade!

1 Worum es geht

In diesem Kapitel soll es nun um einige Tabus gehen, die sich in der Debatte um effizienten Klimaschutz als Transformationsfallen entpuppen. Es geht sozusagen um maskierte Helfer der Finsternis, die schleunigst zu enttarnen sind. Dabei handelt es sich um Bewertungen von Technologien (bei denen sich Philosophen nicht so gut auskennen) und um Denkweisen (bei denen sich Philosophen viel besser auskennen). In Fragen der Technologie steht mir kein umfassendes Urteil zu. Wenn ich trotzdem zu bestimmten Technologien meinen Senf dazugebe, geschieht dies auf einer etwas anderen Ebene. Ich will mich nicht in fremde Fachdiskussionen einmischen, sondern vielmehr auf generelle blinde Punkte, also übersehene Argumente und Motive hinweisen oder bereits erfolgte philosophische Einmischungen korrigieren.

Bei der Debatte um die *Bioenergie,* also beim Verbrennen von Holz oder Mais, spielen zwei Motive in skeptische Beurteilungen der Technik hinein, die häufig nicht klar identifiziert werden: ein Misstrauen gegenüber wirtschaftlichen Wachstumsversprechen und ein ethisch-perfektionistisches Motiv, nach Fehlstarts wie dem Biodiesel diesmal *alles* richtig machen zu wollen. Beide Motive müssen herausgearbeitet und kritisch diskutiert werden. Die *grüne Gentechnik* steht mit einer Reform der Landwirtschaft in Verbindung, die auch beim Thema Bioenergie im Vordergrund steht. Wenn es mit Gentechnik gelingt, die Nahrungsmittelproduktion in ihrem Flächenhunger zu begrenzen, könnten neue Flächen für die Produktion von Energiepflanzen frei werden. Außerdem kann man sicher hoffen, durch Gentechnik mehr Bioenergie auf weniger Fläche zu produzieren. Das sollte das Klima freuen. Allerdings ist gerade die grüne Gentechnik von Tabus umstellt. Wo immer sie sich auf Feldern zeigt, drohen Verwüstung und Gewalt. Ich will eine Grenze aufzeigen, die angibt, ab wann grüne Gentechnik erforschenswert ist und ab wann sie nur dem Gott des Geldes dient. Bei *Carbon Capture and Storage* (CCS), der Einlagerung von CO_2-Emissionen in unterirdischen Lagerstätten, geht es nicht um die bescheidenen Erfolgsaussichten, sondern um die Frage, wer Risiko und Kosten der Entwicklung tragen könnte. Wie die Risiken und Kosten tatsächlich aussehen, ändert an dieser Fragestellung nichts. Beim *Geoengineering* stellt sich grundsätzlich die Frage, ob man die unter diesem Begriff zusammengefassten Technologien weiterverfolgen soll.

Ich möchte hier nicht für die eine oder andere Technologie plädieren. Allenfalls bei CCS und grüner Gentechnik könnte man Bedingungen bestimmen, unter denen sie in Erwägung zu ziehen wären. Ansonsten sollen eher einige weltanschauliche Überzeugungen kritisiert werden, die skeptisch gegen diese Technologien stimmen.

Hier fällt eine Vorentscheidung für unser Verhalten in einem der Hauptkonflikte unserer selbst verschuldeten Existenzkrise. Weil wir jahrzehntelang nur auf den Profit gestarrt haben, ist uns entgangen, dass wir jede vernünftige Haltelinie überschritten haben. Wie der Wanderer, der sich im Wald verlaufen hat, stehen wir vor der peinlichen Frage, ob wir entweder zur letzten, sicher bekannten Abzweigung zurückgehen oder den unbekannten Weg fortsetzen sollen, in der Hoffnung, das Ziel noch zu erreichen. *Aber ich glaube nicht daran, dass die Menschen ernsthaft noch einmal zurückgehen und sich bescheiden.* Solange uns niemand zwingt, werden wir nicht aufgeben. Zu diesem Argument »aus unserer Natur« gesellt sich bei verständigeren Exemplaren der Gattung die Überzeugung, dass wir die stetig wachsenden Menschenmengen nicht ohne nachholendes Wachstum versorgen können. Deshalb plädiere ich für einen Green New Deal (differenzierter in: Gesang 2016, Kapitel 3), was bedeutet, den »Bock zum Gärtner« zu machen und genau von jener Technik Erlösung zu erhoffen, die uns in unser gegenwärtiges Desaster hineingeritten hat. Dabei ist sie dann noch mit ein paar ordnungspolitischen Kröten zu garnieren, damit sie diese Hoffnungen erfüllt. *Das ist natürlich mehr als riskant, aber ich habe am angegebenen Ort schon einmal erklärt, warum dieser Weg wohl unausweichlich ist.* Damit ist eine erste Weiche beschrieben, die entweder »zurück zur Natur« führt (Postwachstumsökonomie) oder »weiter voran« auf den Weg eines technisch gezähmten Kapitalismus (Green New Deal).

Auf dem Weg zum Green New Deal muss aber auch eine zweite Weiche gestellt werden, und hier will ich Neutralität bewahren. *Brauchen wir neue und zunehmend riskante Technologien, um die Situation zu meistern, oder haben wir die wesentlichen Technologien im Prinzip schon entwickelt?* Der ersten Meinung ist etwa der Chefökonom und zeitweilige Präsident des Potsdam-Instituts für Klimafolgenforschung (PIK), O. Edenhofer: »Das 2°-Ziel ist nicht mehr zu erreichen, wenn der Ausbau erneuerbarer Energien stark eingeschränkt wird oder auf CCS in Verbindung mit Biomasse verzichtet werden muss. […] Eine verzögerte Klimapolitik erhöht die Kosten und lässt den Einsatz riskanter und nicht erprobter Vermeidungsoption (von CO_2, B. G.) notwendig werden« (Edenhofer und Jakob 2017, 52 f.). CCS in Verbindung mit Biomasse (BECCS) bedeutet, das beim Verbrennen von Biomasse anfallende CO_2 abzutrennen und zu speichern. Das ermöglicht es, dem natürlichen Kohlenstoffkreislauf CO_2 zu entziehen, denn CO_2, das beim Verrotten der Biomasse in die Atmosphäre entweichen würde, wird nun in der Erde eingelagert. Jedenfalls leuchtet es ein, dass, je länger wir warten, die verpasste Zeit nur mit risikobehafteten Technologien ausgeglichen werden kann. Auch dieses Szenario kennen wir aus Romanen: Weil er in der Not alles wagt, belohnt Fortuna den Mutigen.

Andere meinen, dass wir bei der Klimawende *nicht* auf riskante Techniken setzen müssen, die erst zu entwickeln sind. Alles, was wir technisch brauchten, sei im Prinzip schon da (etwa Passivhäuser, Elektroautos) und müsse nur politisch gefördert, das heißt aus seiner Marktnische befreit werden (Grübler 2018, v. Weizsäcker et al. 2010). Der Retter warte also bereits angekettet im Burgverlies, man müsse nur seine Ketten lösen. Bislang seien die fraglichen Technologien zu teuer, da zum Beispiel nur sehr kapitalintensiv zu finanzieren. Man muss also erst einmal viel Kapital vorschießen, bis sich diese Technologien langfristig rechnen. Oft liefen sie auch den Interessen der mächtigen etablierten Industrien entgegen und würden deshalb »in Ketten gelegt«, um Profite nicht zu stören. Außerdem solle man auf neue Lebensstile setzen, dann müsse man auch nicht in saure Äpfel beißen (Grübler 2018). Aber für die Befreiung des eingekerkerten Kettenhelden wird uns allmählich die Zeit knapp. Zu dieser zweiten Weichenstellung habe ich keine prinzipielle Meinung, es könnte auch eine Mischposition richtig sein, die auf einen Mix aus sicher beherrschbaren und riskanten Technologien setzt. *Falls wir den Weg riskanter Technologien gehen müssen oder wollen, bereiten meine Argumente darauf vor, indem sie die Diskussion auf einen rationaleren Boden stellen.* Das kann nie schaden, denn wenn man Technologien ablehnt, dann bitte aus den richtigen Gründen. Jedenfalls steht für mich fest, dass keine der

Strategien beim jetzigen Stand des Wissens als Königsweg gelten kann. Wir müssen uns also auch auf eine Mischstrategie vorbereiten und ihre Vor- und Nachteile abwägen.

Dass die Strategie, blind Probleme anzuhäufen und dann auf technische Lösungen zu spekulieren, verantwortungslos ist, wurde in der Einleitung schon bemerkt. Allerdings befinden wir uns jetzt in einer Situation, in der wir darüber nachdenken müssen, ob wir die Probleme des Klimawandels noch durch andere als primär technische Mittel lösen können. Es liegt an unserer Verantwortungslosigkeit, dass es überhaupt so weit gekommen ist. Dass wir aber jetzt darüber nachdenken müssen, wie weit wir der Technik wirklich vertrauen können, ist nicht verantwortungslos, sondern notwendig.

Außerdem geht es nun um weitere Tabu-Denkweisen in unseren Köpfen. Viele Menschen haben zum Beispiel größte Hemmungen, das Thema *Bevölkerungspolitik* überhaupt zu thematisieren, weil damit schon viel Schindluder getrieben wurde. Es hat eine Vergangenheit in rechten Ideologien und hat in der Gegenwart zu unverantwortlichen Sterilisationsprogrammen geführt. Trotzdem setzt sich das Problem Klimawandel aus der Menge der Emissionen pro Kopf mal der Anzahl der emittierenden Köpfe zusammen. Daraus ergibt sich, dass diese Anzahl eine wesentliche Stellschraube ist. Dagegen steht die mächtige Intuition, dass der Staat sich aus den privaten Schlafzimmern herauszuhalten habe. Genauso wichtig ist die Debatte um *soziale Gerechtigkeit*. Klimaschutzmaßnahmen müssen sich immer wieder vorwerfen lassen, dass sie sozial ungerecht seien. Deshalb muss man in diesem Konflikt Stellung beziehen und begründen, dass soziale Gerechtigkeit in Industrienationen im Vergleich zur internationalen Gerechtigkeit und Gerechtigkeit zwischen den Generationen eher ein Luxusinteresse ist. Es gibt kein Recht auf Fleisch, Billigflüge und All-inclusive-Urlaube für alle, obwohl natürlich zunächst einmal die Besitzer von Yachten und Schlössern zur Kasse zu bitten sind, ehe man absolut und relativ Arme gegeneinander ausspielt.

2 Bioenergie – Mehr Klimaschutz oder Wachstumsmotor?

Um die Bioenergie, also das Verwerten von Biomasse als Form erneuerbarer Energie, zum Beispiel durch Verbrennen oder durch das Erzeugen von Biogas auf der Grundlage von Holz oder Mais, gibt es heiße Kontroversen. Das Umweltbundesamt (UBA), das eher den Weg der Postwachstumsökonomie einschlägt, neigt wie viele andere Expertengremien zur Skepsis und lehnt einen Biomasseausbau zu energetischen Zwecken ab (UBA 2015, 8).

Der WBGU hat ein Sondergutachten erstellt, das optimistischer ausfällt: Er fordert, keine neuen Flächen für Bioenergie zu erschließen, sondern bestehende Ackerflächen umzunutzen oder marginale, weniger nutzbare Flächen zu verwenden. Dann böte Bioenergie echte Chancen zum Klimaschutz (WBGU 2008, 6). Auch der Weltklimarat IPCC lässt verlauten: »Alle untersuchten modellierten Pfade, welche die Erwärmung auf 1,5 °C oder weit unter 2 °C begrenzen, erfordern landbasierte Minderung und Landnutzungsänderung, wobei die meisten verschiedene Kombinationen aus Wiederaufforstung, Aufforstung, reduzierter Entwaldung und Bioenergie beinhalten« (IPCC 2019, B 7). Wie kommt es zu so unterschiedlichen Einschätzungen von Expertengremien, die gewöhnlich alle auf der Seite des Lichts zu finden sind? Gerade das macht die Kontroverse interessant, denn das Fantasy-Publikum ist es wie Otto Normalverbraucher gewohnt, schwarz-weiß zu sehen, während man nun gezwungen wird, verschiedene Grautöne zu unterscheiden. Liegt es an einer unterschiedlichen Gewichtung des Problems der Welternährung? Ein großes Risiko der Bioenergie besteht darin, dass bis zu einem Sechstel der verfügbaren Landwirtschaftsfläche für einen Anbau von Biomasse verwendet werden müsste, um wesentlich zur zukünftigen Energieversorgung beizutragen. Bioenergie könnte also die Ernährungskrise drastisch verschärfen, denn wo Energie erzeugt wird, wächst kein Weizen. Aber daran liegt es nicht, UBA und WBGU gehen von einem Primat der Ernährungssicherheit gegenüber dem Klimawandel aus, sei das nun berechtigt oder nicht. Im Konflikt zwischen Teller und Tank entscheiden sich beide für den Teller (vgl. WBGU 2008, 32; UBA 2015, 7). Wo also liegt der Unterschied? Natürlich unter anderem an vielen Zahlen und deren Bedeutung, das heißt an unterschiedlich beurteilten empirischen Sachverhalten. Aber es gibt auch normative Differenzen, und deren Analyse führt uns zu weiteren Transformationsfallen. Also begeben wir uns auf die Suche.

Die Zielvision, Bioenergie zu nutzen, ist zwiespältig: Es geht einerseits um nichts weniger, als eine klimafreundliche Energieversorgung bereitzustellen und damit eine Abkehr von Kohle, Öl und Gas. Andererseits geht es um Geschäfte und Profite vor allem in der Landwirtschaft. Nicht von ungefähr sind die Bayern die modernen Apostel der Bioenergie in Deutschland, was allerdings nicht der plötzlichen Begeisterung für den Klimaschutz, sondern massiven Wirtschaftsinteressen geschuldet ist. Der bayerische Ministerpräsident hat nicht nur temporär Kreide gegessen, er kennt auch die Interessen seiner Lobbys. Verteidiger der Bioenergie gehen dabei oft von der Prämisse aus, dass sich ökologische Probleme technisch lösen ließen. Bioenergie beziehungsweise die gesamte Bioökonomie gehört meist zum Inventar eines Green New Deal.

Sofort werden die bekannten Bedenken laut, denn die für diesen Deal notwendige umfassende Ökonomisierung und Technifizierung der Lebenswelt hat gerade die ökologische Krise heraufbeschworen. Das klingt absurd, und diese Absurdität könnte sich in ethischen Problemen äußern, die mit diesem Weg verbunden sind. Ein klassisches Beispiel ist die seit Jahrzehnten praktizierte Produktion von Energiepflanzen für Biokraftstoffe auf Anbauflächen für Lebensmittel, die die Tortilla-Krise von 2006, also einen bedeutsamen Preisanstieg von Nahrungsmitteln, mitverursacht hat.

Es gibt Bioenergieprojekte, die eine »Umdeutung des Nachhaltigkeitsbegriffs zugunsten der Unterstützung von Großkonzernen« leisten beziehungsweise eine »Instrumentalisierung für Profitinteressen« sein könnten (Gottwald 2015, 260). Die Biokraftstoffe stehen hier bereits vor Gericht. Eine UBA-Studie von 2019 betont, dass im Diskurs um Bioenergie die Profitinteressen die Debatte dominieren (vgl. UBA 2019b).

In der übergroßen Wirtschaftsfreundlichkeit könnte ein Motiv liegen, das die Bioenergie verdächtig macht. Gerade bei Optionen, die schnellen Reibach verheißen, wird nicht gründlich diskutiert, sondern vorschnell die Hand ausgestreckt. Wenn man sich einmal in Richtung Tank bewegt hat, geht ein Sog von ihm aus, der einen mit Haut und Haaren hineinziehen kann. Seit Jahrzehnten stopfen wir beispielsweise Biosprit in unsere Autos und wissen, dass wir damit der Umwelt überhaupt nicht nutzen, sondern eher den teuren Motoren schaden (WBGU 2008, 8). Trotzdem lässt sich diese Entwicklung kaum noch korrigieren. Wenn eine Geldquelle erst einmal sprudelt, kann man sie kaum wieder verstopfen. Bioenergie wird von den Bauernverbänden und der CSU gelobt, sonst eher Gegnern im Kampf um die große Transformation: Schon das weckt Zweifel.

Die Skepsis wächst, wenn man *die ökologischen Wirkungen*

der Bioenergie vor Augen hat. Da ergibt sich erst einmal das folgende, ambivalente Bild: Das Nutzen von Biomasse kann als besonders interessante Form erneuerbarer Energiegewinnung angesehen werden, da sie grundlastfähige erneuerbare Energie liefert, die permanent und nicht nur abhängig von den Launen des Windes und der Sonne zur Verfügung steht. Um deutlich zu machen, über welche Hausnummer wir reden: Die technisch verwert- und nachhaltig gewinnbare Bioenergie könnte nach Schätzung des WBGU global bis zu 25 Prozent des heutigen und 10 Prozent des Energiebedarfs im Jahr 2050 decken (WBGU 2008, 4). *Aber Bioenergie kann auch mit steigenden Treibhausgasemissionen einhergehen.* Sie bedient sich intensiver Landwirtschaft mit Düngung, bringt oft Wiesen unter den Pflug, für sie werden ganze Wälder niedergemetzelt. Sie bedroht zudem auch planetare Grenzen. Monokulturen gefährden die Artenvielfalt und vergrößern durch den Einsatz von Pestiziden den Eintrag von Chemikalien in die Natur, zudem sind sie nicht besonders kleinbauernfreundlich. Kurz gesagt, von Weizsäckers Aussage trifft vielleicht zu, dass unsere Welt bereits »voll« ist (v. Weizsäcker et al. 2017), vermehrter Biomasseanbau aber setzt voraus, dass wir noch ein paar Ecken freien Platz finden.

Dieser Ist-Zustand trifft zusammen mit einer Welt, in der wir aufgrund wachsender Bevölkerung und beschleunigten Klimawandels die Nahrungsmittelproduktion bis 2050 um bis zu 70 Prozent steigern müssen. Obwohl der Löwenanteil wohl durch Intensivierung auf den bereits genutzten Flächen zustande kommen wird, rechnet die Ernährungs- und Landwirtschaftsorganisation der Vereinten Nationen (FAO) mit 13 Prozent Flächenverbrauch (WBGU 2008, 5). Um den Konflikt zu minimieren, plädiert der WBGU dafür, *keine neuen Flächen für Bioenergie zu erschließen.* Er empfiehlt vielmehr, bestehende Ackerflächen umzunutzen (zum Beispiel anstelle der Futtermittelproduktion) oder marginale (übernutzte oder zum Beispiel als Wüstenrandgebiet oder Steilabhang weniger nutzbare Flächen) (WBGU 2008, 53) und nicht für den Teller nutzbare Flächen zu verwenden (WBGU 2008, 6).

Das UBA meint – wie die eingangs vorgestellte Studie des Wuppertal Instituts –, es gelte, *alle* planetaren Grenzen (also biologische Vielfalt, den Eintrag von Chemikalien in die Natur und so weiter) *gleichgewichtig* zu beachten (UBA 2020, 3.4), weshalb man sich dagegen ausspricht, Bioenergie energetisch einzusetzen (UBA 2015, 8). Das ist das zweite oben gesuchte, verdeckte Motiv für eine Bioenergieskepsis. *Ihm liegt der Wunsch zugrunde, alles perfekt zu machen,* gerade nachdem in der Vergangenheit schon Kinder in den Brunnen beziehungsweise Tank gefallen sind. Wir brauchen jedoch, den im ersten Kapitel gesetzten Prioritäten gemäß, eine *primär an der Klimabilanz* ausgerichtete Steuerung des Ausbaus, die alle voraussehbaren Schäden minimiert. Primat hat derzeit der Klimaschutz, selbst wenn andere planetare Grenzen dafür zurückgestellt werden müssen (vgl. Kapitel 1; dagegen UBA 2020, 3.2). Wo wir noch etwas Spielraum haben (beispielsweise Artenvielfalt und Chemikalieneintrag), müssen wir ihn nutzen. *Klimaschutz muss auch nutzbare Energieträger benennen, da wir Ersatz für die Kohle brauchen.* Alles zu verbieten, weil es auch Probleme schafft, bringt uns nicht weiter.

Ganz deutlich wird diese »Denkfalle« des Perfektionismus auch bei Gottwald und Krätzer, wenn sie abwägen, ob »precision farming« für die Umwelt entlastend wirkt: »Zwar vermindert eine Reduktion von Dünge- und Pflanzenschutzmitteln die Belastung der Umwelt, […] Aber das eigentliche Problem, die Schädigung der natürlichen Mitwelt durch chemische Schadstoffe, Monokulturen und zerstörerische Anbaumethoden, wird dadurch nicht behoben, sondern lediglich minimiert, weil die

Ursachen nicht beseitigt werden« (Gottwald und Krätzer 2014, 36). Weil nicht alles richtig gemacht wird und die Initiative von der Geldgeilheit des Gegners ausgeht, wird »precision farming« kritisiert. So nachvollziehbar die Defizite auch sind, die hier benannt werden, können wir uns die dahinterstehende Mentalität doch nicht mehr leisten: Unsere Weste soll in jedem Fall weiß bleiben. Wir befinden uns vielmehr im direkten Überlebenskampf und müssen nach jedem Halt greifen, egal, wer ihn uns reicht. Dafür, darüber nachzudenken, ob solche Halbheiten dauerhaft Bestand haben oder ob wir nicht gleich solider bauen sollten, ist es jetzt zu spät. Diese Fragen zu einem Konflikt von Weltbildern (mechanistisch versus ganzheitlich) zu machen (Gottwald und Krätzer 2014) hilft in unserer *Notsituation* nicht weiter. Es ist gerade schlicht nicht die Zeit, prinzipielle Dispute auszutragen und das Weltgebäude ein für alle Mal auf die richtigen Fundamente zu stellen. Natürlich lautet das Gegenargument, dass immer irgendwelche Krisen besondere Dringlichkeit beanspruchen und gründliche Reformen verhindern und dass *wirkliche Reformen* auch nur zustande kommen, wenn Krisensituationen dazu zwingen. Aber die Klimakrise ist keine »didaktische Krise«, sondern die gewaltigste Krise, der sich die Menschheit bislang gegenübergesehen hat. *Gerade hier ein Pokerspiel zu beginnen, um den größtmöglichen Gewinn aus der Krise zu ziehen, gleicht Harakiri.*

Die Linie des UBA, brennenden Mais generell skeptisch zu bewerten, kann zwar richtig sein. Nach meinen bisherigen Überlegungen gilt das aber nur dann, wenn man zeigen kann, dass solche Freudenfeuer dem Klima schaden. Natürlich sollte man beachten, wenn man Bioenergie nutzt, dass man Biomasse erst verbaut oder anders *stofflich nutzt* und erst am Ende der Nutzungskaskade verbrennt. Erneut gibt ein WBGU-Gutachten Orientierung: »Die zentrale Botschaft des WBGU lautet, dass die weltweit vorhandenen nachhaltigen Potenziale der Bioenergie genutzt werden sollten, solange Gefährdungen der Nachhaltigkeit ausgeschlossen werden können« (WBGU 2008, 1). Dabei muss man kritisch bemerken, dass »ausgeschlossen« eigentlich nur »minimiert« bedeuten kann. Gefahren lassen sich selten vollständig vermeiden, wenn man seinen Fuß über die Schwelle setzt und die Nutzung überhaupt beginnt. *Jedenfalls will der WBGU den Ausbau von Biomasse fördern, wenn er nachhaltig ist, was sich besonders daran zeigt, dass er keine neuen Flächen benötigt.*

Transformationsfalle: Wenn wirtschaftlicher Nutzen winkt, werden vorschnell Maßnahmen gewählt, die uns jahrzehntelang Probleme bereiten. Das muss man vorausahnen und gerade da, wo der Mammon lächelt, gründliche und gegebenenfalls verzögernde Prüfungsmechanismen einziehen. Zudem birgt das Motiv, alles richtig machen zu wollen, die Gefahr, dass wir keine Energieträger für die Klimawende mehr benennen können.

3 Genfood – Kassenschlager für Konzerne oder Waffe gegen den Hunger in der Welt?

Kaum eine Debatte wird so emotional und verbissen geführt wie jene um die grüne Gentechnik (Übersicht in: Herberer 2015). Sie hängt direkt mit dem gerade diskutierten Gebrauch der Biomasse zusammen. Wenn als ein Gegenargument gegen die Bioenergie eine Flächennutzungskonkurrenz zum Nahrungsmittelanbau spricht, könnte grüne Gentechnik diese Konkurrenz verringern. Wenn die Erträge der Nahrungsmittelproduktion durch Gentechnik steigen, braucht man keine Flächenausweitung dafür. Und vielleicht gelingt es ja sogar, Biomasse genetisch so zu tunen, dass sie besser auf weniger Fläche wächst. Andersherum ist gerade diese Verbindung zur Gentechnik für viele Skeptiker ein Grund, Biomasseanbau abzulehnen, denn diese Technik führt für sie auf direktem Weg in die gentechnische Hölle. Hat das Tabu, das über grüne Gentechnik verhängt wurde, seine Richtigkeit?

Die einen sehen die Menschheit ohne Gentechnik zum Verhungern verdammt, für die anderen entstammen gentechnisch veränderte Pflanzen direkt der Hölle, sie verwüsten sogar Felder, auf denen Freisetzungsversuche stattfinden. Der weltweite Anstieg der Preise für Nahrungsmittel bringt diese Probleme verschärft auf die Agenda. Ich möchte eine andere Geschichte erzählen, um die Hauptprobleme von Genfood darzustellen. Saftige Erdbeeren, die rot und unbekümmert, ohne Chemiekeule, pilzfrei, mit einem fröhlichen Lächeln wachsen, und das auch noch im verregneten Skandinavien – auch solche Perspektiven eröffnet die grüne Gentechnik. Die EU hat etwa dieses Projekt emsig erforscht. Aber gerade dieses Projekt zeigt, dass sich neue Risiken für solche Ziele nicht lohnen. Wozu Erdbeeren in Skandinavien? Genau hier liegt die Crux der gesamten Debatte um grüne Gentechnik: Man debattiert vorrangig über die Risiken und kommt da selten zu einer Einigung. *Aber man sollte mehr über die geringen Chancen reden.* Da verspricht man sich Großes: Weizen in der Wüste. Aber man erreicht oft nur Kleines: Erdbeeren in Skandinavien. Die Vorteile sind meist so klein, dass es sich nicht lohnt, Risiken dafür einzugehen, auch wenn die vielleicht geringer sind, als viele Menschen meinen.

Worin bestehen die Risiken genau? Zuerst zu ökologischen Bedenken: *Ökosysteme sind so komplex, dass man nie kalkulie-*

ren kann, welche Folgen gentechnisch manipulierte Pflanzen nach sich ziehen. So bringt schon das kleine Flussneunauge – ein eigentlich niedlicher Fisch aus Europa – große Seen in Nordamerika zum Umkippen. Das sei ein Hinweis auf die Sensibilität unserer Ökosysteme, sagen die Kritiker. Befürworter meinen hingegen, normale Züchtung – bei der ja auch die Gefahr ungewollter Kreuzungen bestehe – sei ein viel größerer Eingriff in Ökosysteme als grüne Gentechnik. Es sei ein Widerspruch, konventionelle Züchtung zu erlauben und Genfood zu verbieten. Genfood verbessere unterm Strich die Umwelt, denn schließlich würden mit weniger Pflanzenschutzmitteln bessere Ernten erzielt.

Am stärksten fürchten die Kritiker Folgen für die Gesundheit – weshalb? Gentechnik befördert häufig artfremde DNA in Organismen, und daraus entstehen neue Risiken. Wo genau sich DNA ansiedelt, die gentechnisch in eine Pflanzenzelle eingefügt wird, weiß man nicht (zumindest, solange man nicht die neue, präzisere DNA-Schere Crisper/Cas 9 einsetzt, und auch da besteht das Risiko unerwünschter Mutation): Gene könnten in neuer Umgebung unvorhersehbaren Schaden anrichten. Die Befürworter kontern, dass es auch in der Natur DNA gibt, die innerhalb der Zelle springt und irgendwo an ihre DNA andockt, ohne dass Schäden entstehen. Allerdings transportiert diese springende DNA nur relativ unwichtige Gene – anders als bei der Gentechnik.

Aber das Risiko schwindet mit dem präzisen Einfügen von Genen durch Crisper/Cas 9. Wissenschaft und Medien setzen bisweilen große Erwartungen auf dieses neue Werkzeug des technischen Fortschritts. Es ist sogar die Frage, ob einige der mit Crisper/Cas erzeugten Organismen überhaupt noch als gentechnisch verändert gelten. Entweder man beurteilt dies nach dem Endergebnis oder anhand des Herstellungsprozesses. Ei-

nige Molekularbiologen meinen, einige der mit Crisper verän-
derten Organismen seien im Ergebnis nicht von anderen Organismen zu unterscheiden und zählten daher nicht als gentechnisch manipuliert (Irmer 2016). Die politische Partei »Die
Grünen« lässt hingegen verlautbaren, Crisper diene einer *Gentechnik durch die Hintertür*: »Das Erbgut wird gezielt manipuliert, indem man Bausteine aus dem Labor in die Zelle ein-
führt – mit vergleichbaren Risiken und Nebenwirkungen wie
bei der herkömmlichen Gentechnik« (Grüne Fraktion o. D.).
Viele Experten sehen zusammenfassend keine großen Risiken
grüner Gentechnik für die Gesundheit. Geschehen Mutatio-
nen, also Veränderungen des Erbguts, nicht auch in der Natur?
Wieso ist gezielte Manipulation gefährlicher als zufällige? Auch
traditionelle Züchtung führt zu genetischen Veränderungen.
Sollte man, wenn schon, dann *nicht alle genetischen Veränderungen einer bestimmten Größenordnung auf ihre Risiken untersuchen*, gleichgültig, ob sie auf Gentechnik oder konventionel-
ler Züchtung basieren? Außerdem, wenden die Verteidiger ein,
gebe es bislang einfach keine Belege dafür, dass Genfood die
Gesundheit schädigt. Aber: *Bei wem liegt die Beweispflicht?* Zudem kann auch die Qualität der Beweise hinterfragt werden:
Die Gentechnikkonzerne führen die Studien für die Zulassung
selbst durch (und jeder, der in diesem Bereich ein wenig recher-
chiert hat, wird die Firma Monsanto nicht mal auf seine leere
Brieftasche aufpassen lassen), und *Langzeitstudien über die Folgen für die menschliche Gesundheit fehlen*. Allerdings darf man
auch nicht den Fehler machen, auf den Ausschluss jeglicher
Gefahr zu pochen. Selbst bei Sendemasten für den Mobilfunk,
die uns von jedem zweiten Hochhaus entgegenlächeln, ist nicht
zweifelsfrei erwiesen, dass sie harmlos sind. Tatsächlich sind die
wenigsten Technologien im Blick auf ihre Langzeitfolgen überprüft, wir sind die Labormäuse in einem großen Versuchskäfig,

genannt Erde. *Ohne das berüchtigte »Restrisiko« gibt es kein modernes Leben.*

Womit die Kritiker sicher recht haben, ist allerdings der Vorwurf, *dass wir nicht mehr frei wählen könnten, was wir essen, wenn gentechnisch veränderte Pollen auf konventionelle Felder fliegen.* Da können Befürworter nur erwidern, dass es eben keinen rationalen Grund gebe, diese Pollen zu fürchten. Wir können heute auch nicht mehr wählen, ob wir chloriertes Wasser aus dem Wasserhahn haben wollen oder nicht. Es gibt keine guten Gründe dafür, Chlor abzulehnen. Aber selbst wenn dem so wäre, alle Ängste erzeugen Leid, auch die vor manipulierten Pollen, weshalb sie relevant sind: Leid ist ein Übel, weshalb man Ängste nicht übergehen darf.

Aber ganz gleich, wer nun recht hat, die Hauptfrage muss lauten: *Wozu überhaupt neue Risiken eingehen?* Unsere Landwirtschaft produziert mehr, als die gemästeten Bewohner der Industrieländer verbrauchen können – wieso sollten wir das noch einmal steigern? Um neue Varianten von Adipositas zu erforschen? Es gibt Hoffnungen, dass die grüne Gentechnik neue Arbeitsplätze schaffen könnte. Aber diese Hoffnungen sind ökonomisch kaum erforscht. A. Arundel vom »Maastricht Economic and Social Research Institute on Innovation and Technology« befürchtet weltweit eher einen Verlust an Arbeitsplätzen durch diese auf durchrationalisierte Großbetriebe zugeschnittene Technik (acatech 2012). Ein Boom ist jedenfalls nicht zu erwarten, zumal sich gentechnische Produkte zumindest in Europa zum Verkaufsflop entwickeln könnten: Die Bevölkerung will diese Produkte mehrheitlich nicht, und wer kann ihr das bei dieser Forschungslage verdenken? *In der westlichen Welt braucht nur die Agrarindustrie grüne Gentechnik, und dafür sollten wir keine neuen Risiken eingehen.* Sonst siegen die Interessen dieser Industrie über das Wohl der Allgemeinheit, und das ist schlecht, selbst wenn wir es kaum noch anders gewohnt sind in Zeiten, da selbst in der Zahnpasta Plastik steckt. Aber was ist mit den Entwicklungsländern?

400 Millionen Menschen leiden unter Vitamin-A-Mangel, der zu Blindheit führen kann. Betroffen sind Asiaten, die sich vorrangig von Reis ernähren, dem Vitamin A fehlt. In Zürich haben Forscher mithilfe gentechnischer Verfahren Reis mit Vitamin A entwickelt, der kostenlos zum Ausprobieren an die Philippinen abgegeben wurde (»Goldener Reis«) und der ab 2020 in Bangladesch zugelassen ist. Dabei kommt es mir weniger darauf an, ob dieses konkrete Beispiel Vitaminreis überzeugt (zur Kritik: Greenpeace o. D.), als auf den Wandel in der Begründungsstruktur: *Überwiegt die Chance, Hunger, Leid und den Klimawandel auf der Welt zu beenden, die Risiken der grünen Gentechnik?* Die Frage gewinnt zusätzliche Brisanz in Zeiten steigender Lebensmittelpreise auf dem Weltmarkt und fortschreitenden Klimawandels, der die Menge der fruchtbaren Böden verringert. Können wir mit Gentechnik billigere Nahrung für die Armen und Platz für erneuerbare Energien schaffen?

Jedenfalls muss man bei solchen Beispielen die Argumente ganz neu gewichten, denn die vielleicht für Feinde von skandinavischer Erdbeertorte noch recht überzeugenden Risiken treten hier, verglichen mit den möglichen handfesten Vorteilen, schnell in den Hintergrund. *Es wäre der richtige Kompromiss in dieser überhitzten Debatte, nur dann zusätzliche Risiken durch grüne Gentechnik in Kauf zu nehmen, wenn die Vorteile für das Klima, für die Entwicklungsländer und die Ernährungssicherheit der Zukunft sehr deutlich sind.*

Allerdings muss genau überprüft werden, was armen Ländern wirklich nützt. Das gentechnisch veränderte Saatgut zwingt häufig dazu, bestimmte Herbizide einzusetzen. So werden Bauern schnell von Konzernen abhängig, die allein solche »Pakete« von Saatgut und entsprechendem Herbizid liefern. Primär haben vor allem Großbetriebe die Infrastruktur, um Gentechnik einzusetzen. Das könnte traditionelle kleinbäuerliche Strukturen gefährden. Und Däumchen drehende Kleinbauern sind nicht gerade gut gegen den Welthunger, ganz im Gegenteil. Daher haben die Experten des Weltlandwirtschaftsrates IAASTD (es gibt Abkürzungen, die vereinfachen die Welt nicht unbedingt) 2008 empfohlen, zu kleinbäuerlichen Strukturen zurückzukehren (IAASTD 2009), statt großräumig intensive Landwirtschaft mit Gentechnik einzusetzen. *Also ist die angemessene Reaktion auf die gestiegenen Preise für Nahrungsmittel vielleicht nicht Gentechnik, sondern die Wahl ganz anderer Anbauverfahren.* Aber die Probleme der globalen Landwirtschaft angesichts der zu erwartenden Weltbevölkerung und angesichts der Tatsache, dass der Klimawandel immer mehr Anbauflächen verschlingen wird, flächendeckend mit intakter kleinbäuerlicher Idylle zu beantworten, mag auch naive Romantik sein (Grossarth 2019, 114 f.).

Gentechnik bleibt eine Option für Entwicklungsländer (und zukünftige Generationen). Allerdings ist technisch noch nicht viel möglich, was speziell für arme Länder attraktiv wäre. Der goldige Vitaminreis kommt, muss sich aber in der Praxis noch bewähren, und noch wächst auch genetisch verändertes Getreide oder Biomasse nicht in der Salzwüste. *Bislang werden mit Gentechnik primär Baumwolle, Energiepflanzen und Tierfutter optimiert.* Das sind Produkte, welche die Fähigkeit, sich lokal selbst mit Lebensmitteln zu versorgen, nicht beflügeln, wenngleich Energiepflanzen einen wichtigen Trend einleiten. *Allerdings sollten Chancen von gentechnisch verbesserten Lebensmitteln und Energiepflanzen für den Süden engagiert erforscht werden* – jedoch nicht nur von den Konzernen, die allein nach neuen Absatzmärkten suchen. Im Interesse der betroffenen Menschen wäre hier die UNO am Zug. *

Fazit: Auch wenn in der grünen Gentechnik Potenzial steckt, große Probleme der Menschheit zu bekämpfen, lassen sich genetisch veränderte Pflanzen auf unseren Speisekarten im Moment nicht rechtfertigen. Die westliche Welt braucht keine Gentechnik, um sich zu ernähren. Für die Entwicklungsländer führt Gentechnik derzeit häufig in die falsche Richtung. Außerdem sieht man, welche Art von Gründen relevant ist und welche nicht. Gründe sind relevant, die auf strukturelle Reformen der Landwirtschaft abzielen und stichhaltige Perspektiven gegen Hunger und Klimawandel formulieren. Gründe, die Arbeitsplätze und Profite ansprechen, nicht unbedingt. Daraus folgt meine Empfehlung: *Grüne Gentechnik, die das Potenzial hat, Hunger und Klimawandel zu bekämpfen, im Labor- und Freilandversuch und gegebenenfalls in der Anwendung – ja. Gentechnik irgendwelcher Art im Supermarktregal – nein.*

---

* Also ist für eine philosophische Betrachtung der Probleme nicht primär relevant, auf bisher übersehene Fakten hinzuweisen. Der Ethiker stellt vielmehr Fragen wie: Welche Interessen sind betroffen? Welche Lösung läuft Gefahr, bestimmte Interessen zu übergehen? Welche Interessen haben Priorität? Wie sind die Chancen und Risiken an ihnen ausgerichtet zu bewerten?

4 Wer trägt Kosten und Risiken?
CCS, das den Staat nichts kostet

Eine Technologie, die schon häufig für Kontoversen gesorgt hat, ist *Carbon Capture and Storage* (CCS). CCS ist der Versuch, CO_2 beim Verbrennen von fossilen Brennstoffen abzuscheiden und im Boden zu beerdigen, etwa dort, wo ehemals das längst verjubelte Öl oder Gas gefördert wurde. Das klingt zu schön, um wahr zu sein, und in der Tat, *die Einwände sind zahlreich*. Das Thema stellt schon einen Übergang zum großen Thema Geoengineering dar, und es reizt mich, es separat zu behandeln, da der Oxforder Klimaexperte Myles Allen auf einen neuen Weg hingewiesen hat, wie man diese Technologie voranbringen kann. Ich will zeigen, dass dieser Weg mehr für sich hat, als allgemein anerkannt wird, und vielleicht als Vorbild für einige andere Technologien taugt.

Von CCS hört man wenig Gutes. Das Verfahren sei technisch nicht ausgefeilt, es erreiche nur CO_2, das Großkraftwerke ausstoßen (bis zu 50 Prozent des Gesamtausstoßes). Auch diese 50 Prozent könnten nicht kohlenstofffrei, sondern nur zu 70 Prozent von Kohlenstoff befreit produziert werden. CCS sei viel zu teuer, und durch eine Verschlechterung des Wirkungsgrads der Kraftwerke müssten viel mehr (circa 30 Prozent) knappe Ressourcen verbrannt werden, um die gleiche Energiemenge zu produzieren. CCS sei zudem gefährlich, denn wenn CO_2 etwa mithilfe von Erdbeben wiederauferstehe, wirke es wieder negativ auf das Klima ein (außer Spesen wäre dann nichts gewesen), und außerdem könnten die Anwohner dieser Himmelfahrt vergiftet werden. Auch deren Trinkwasser sei in Gefahr. Die Kosten für eine Endlagerung trage nach bisheriger Gesetzeslage in Deutschland zudem der Steuerzahler, denn die Energiekonzerne übergeben 40 Jahre nach Stilllegung der Lagerstätten Risiken und Kosten an den Bund. So weit, so einsichtig. Die bisherigen Berichte über die Forschung an CCS lesen sich wie eine Geschichte des Scheiterns. Aber wie wir aus dem Fantasy-Genre wissen: Erst wenn die Lage wirklich aussichtslos ist, tritt ein Retter auf. So gibt es glühende Befürworter von CCS wie eben M. Allen (Allen 2013), welcher der Debatte eine rasante Wende gibt, indem er argumentiert:

1. Die CO_2-Emissionen *müssen* gesenkt werden. Politisch ist das kaum durchsetzbar, solange wir noch große Vorräte billiger fossiler Brennstoffe haben (etwa 3,5 Trillionen Tonnen). Das wird so lange der Fall sein, wie ein globales Abkommen fehlt, das den globalen CO_2-Emissionen einen Deckel aufsetzt. Die Chancen dafür stehen schlecht, nicht zuletzt im Zeitalter des »postfaktischen Trumpismus«. Nennen wir das die Dreckspatzen-Notwendigkeit: *Wir müssen damit leben, dass weiter fossile Brennstoffe verbrannt werden.*

2. Wenn man CCS für jedes Unternehmen, das fossile Brennstoffe fördert, verbindlich macht, wenn man also funktionierendes CCS mit der Existenz der Öl-, Kohle- und Gasbranche verknüpft, wird diese Technik schnell kostengünstig verfügbar sein. Allen wird nicht müde, bei jedem Vortrag seine Pension darauf zu verwetten: *Wenn die großen Konzerne zu CCS gezwungen werden, schaffen ihre brillanten Ingenieure das!* Wenn man CCS erzwinge, werde die Technik nicht nur in Modellversuchen erforscht, sondern in der Breite eingesetzt. Die daraus folgenden möglichen Skaleneffekte konnten wir bei den erneuerbaren Energien beobachten.

3. Damit der CCS-Zwang die Unternehmen nicht sofort ruiniert, wäre es angebracht, die zu speichernden Mengen nur langsam zu steigern: Erst muss nur 1 Prozent einer bestimm-

ten Fördermenge gespeichert werden. Diese Zahl wächst dann kontinuierlich und berechenbar.

4. Gefahren mag es durch die neue Technik geben, allerdings sind diese, verglichen mit denen des Klimawandels, so gering, dass man die Risiken im Vergleich rechtfertigen kann. Dass unterirdische Speicher dicht sein können, wissen wir, da wir häufig bei der Gas- und Ölförderung auf dichte natürliche Speicher stoßen.

5. Die politische Umsetzung erscheint durch nationale Gesetzgebung vergleichbar einfach: *Internationale Verhandlungen und Übereinkünfte, die ohnehin nicht zustande kommen, sind unnötig.* Bei Konzernen sollte dieses Vorgehen nicht auf allzu viel Widerstand stoßen. Das zeigt das Beispiel des Gorgon-Gas-Projekts in Australien. Dort war eine bestimmte CCS-Quote eine Auflage für die Fördergenehmigung, und Chevron und andere Konzerne haben das Projekt gleichwohl realisiert.

6. Wird das nicht teuer für die Konsumenten? Ja, aber nur für die von fossiler Energie, viele Kunden werden auf erneuerbare Energien ausweichen. Die Nachfrage nach fossilen Brennstoffen wird so gesenkt. Ein erwünschter Effekt. So weit Allen. Er hält seinen radikalen Ansatz für »die« Lösung des Klimaproblems. Hat er recht?

Wenn CCS fehlschlägt, ist das eingesetzte Geld verloren. Erneuerbare Energien zu etablieren ist dagegen auch ohne Klimawandel sinnvoll, auch da gibt's zwei Fliegen mit einer Klappe, und die sollte man zu erwischen versuchen. Denn so kann die Energieversorgung sichergestellt werden, wenn die fossilen Brennstoffe aufgebraucht sind, und das sind sie irgendwann sowieso, weshalb wir über kurz oder lang auf jeden Fall umstellen müssen. Allerdings muss man festhalten, während wir mit der Fliegenklatsche durch die Küche jagen, um die beiden Fliegen zu erwischen: *Das Geld für CCS stammt bei diesem Vorschlag nicht vom Steuerzahler, sondern von Konzernen.* Das finanzielle Risiko tragen sie allein.

Sollte CCS gelingen, wird ihre *Macht* jedoch durch diese Politik verfestigt, obwohl dauerhaft sowieso kein Weg an erneuerbaren Energien vorbeiführt, und damit verbundene dezentrale Lösungen sind per se nicht konzernfreundlich. Fossile Brennstoffe sind endlich, und CCS erfasst ohnehin maximal 50 Prozent der Emissionen. Deshalb sind und waren Investitionen in die Entwicklung und Installation der erneuerbaren Energien richtig. *Die staatliche Energiepolitik muss sich nicht ändern, wenn man CCS erzwingt.* Darin liegt bislang die Crux der Debatte. Oft wird CCS als leeres Versprechen der Kohleindustrie gesehen, das dazu dient, einen Politikwechsel hinauszuzögern. Ich plädiere jedoch dafür, zwei unabhängige Wege zum Ziel zu verfolgen. Die staatliche Energiepolitik sollte sich an den langfristigen Notwendigkeiten orientieren und auf CCS verzichten. Trotzdem kann diese Option der Industrie verordnet werden. Wenn sie wider Erwarten gelingen sollte, kann man sie in die staatliche Strategie reintegrieren. CCS ist nicht »die Lösung«, aber kann einen beachtlichen Beitrag leisten. Der ist begrenzt, auch angesichts des Risikos, dass das ganze Projekt scheitert.

Fazit: Auf diese Art und Weise wäre es also möglich, den Klimawandel von mindestens zwei Seiten her in die Mangel zu nehmen. CCS zu erforschen und marktfähig zu machen wäre nicht mehr Sache von Staaten und Steuerzahlern, sondern müsste von der Industrie geschultert werden. Wenn CCS misslingt, müssen fossile Energieunternehmen die Förderung einstellen. Das könnte sich auch als Hebel erweisen, diese Unternehmen vom Markt zu drängen. Damit taugen Kosten und Effizienz nicht länger als Argument: Wenn die Industrie sich auf das Spiel einlässt, sind die Steuerzahler nicht mehr davon betroffen. Allein die Sicherheitsbedenken bleiben. Aber wenn man ordnungspolitisch hohe Sicherheitsstandards vorgibt und CCS nicht in bevölkerungsreichen Gegenden praktiziert, wären die Risiken vertretbar, erst recht, wenn man sich klarmacht, welche Schäden vermieden werden könnten, die durch einen ungebremsten Klimawandel drohen.

Man sollte allerdings nicht wie Allen auf den Erfolg dieser Technik wetten (dazu sollten uns unsere Pensionen und Renten zu lieb sein!), sondern das Ganze als Parallelstrategie anlegen: *Wenn es klappt, prima, wenn nicht, ist das Sache der Konzerne.* Der Staat macht sich nicht abhängig von technischen Wundern, aber er schließt solche Wunder auch nicht aus und setzt Anreize für ihr Gelingen. *Es bleibt zu fragen, ob dieser Weg nicht allgemein für die Kosten von Forschung und Markteinführung verfügbar gemacht werden kann.* Kann man neben aktiver staatlicher Forschung in manchen Bereichen bestimmte Erfolge bei Entwicklungen von Vermeidungstechnologien und eventuell auch Geoengineering-Optionen nicht auch bestimmten Industrien, wie der Stahl- oder Zementindustrie, auferlegen, die weiter CO_2 emittieren wollen? Nennen wir das *obligate Forschungskooperation.* Um das Tricksen und Betrügen zu minimieren, kann man jedes emittierende Unternehmen mit Forschung beauftragen, die nicht direkt mit den Anwendungsvorhaben des Unternehmens zu tun haben. Das heißt nicht, die staatliche Forschung auf diesen Sektoren nicht auch auszubauen, aber geteilte Kosten sind immer ein Vorteil. Eine solche Politik kann eigentlich nur gewinnen.

5 Der absolute Wahnsinn?
Geoengineering – Fakten

Leider stehen die Chancen für das Gelingen einer großen Transformation derzeit nicht besonders gut. Der gesunde Menschenverstand rät einem in dieser Situation, mit dem Projekt »Fortschritt der Menschheit« auf sicheren Boden zurückzukehren, also im Sinne der Postwachstumsökonomie unseren Lebensstil zu überdenken, »weniger ist mehr« zur Lebensmaxime zu erheben und so wieder unseren Frieden mit der Natur zu schließen. Aber man muss eben aus vielen Gründen daran zweifeln, dass uns der Weg in dieses friedliche Idyll des Auenlandes noch offensteht.

Wenn aber jede vernunftgeleitete Transformation durch CO_2-Vermeidung scheitert, müssen wir jede sonst noch verfügbare Option mobilisieren, um Milliarden von Leben zu retten. Was könnte das sein? Die vielleicht radikalste Methode, die derzeit für die Rettung des Klimas diskutiert wird, ist (klimatisches) Geoengineering. Was genau ist das? Dahinter verbergen sich *technische Eingriffe ins Klima, meist auf globalem oder kontinentalem Niveau, um den Klimawandel durch eine Änderung des Klimasystems zu begrenzen beziehungsweise zu verzögern.* Das ist keine Transformation zur Klimawende, sondern eine Option für den Fall, dass diese scheitert. Sie therapiert die Ursache nicht, sondern lindert zeitweilig die Symptome, wenn sie gelingt. Durch *Solar Radiation Management* (SRM) soll eine höhere Reflexion der einfallenden Sonnenstrahlung beziehungsweise eine verringerte Absorption am Erdboden erreicht werden. Dazu gehören: weiß gestrichene Dächer, reflektorische Pflanzen, Sulfat-(oder andere Aerosol-)Injektionen in die Stratosphäre, Wolkenmanipulation und Sonnenspiegel (Royal Society 2009). Kurzum, eine weiße Welt verkörpert die gute Seite der Macht. Am bekanntesten ist die Option, Sulfat in die Stratosphäre zu bringen (*Sulfatinjektionen*): Wie es bei Vulkanausbrüchen auf natürliche Weise passiert, sollen Sulfate künstlich in die Stratosphäre gegeben werden. Die im Sulfat enthaltenen Aerosolpartikel kühlen, denn sie reflektieren Teile der Sonnenstrahlung in den Weltraum zurück. Sie sind nach zwei Jahren ausgewaschen, also muss man permanent nachspritzen. Wenn diese Methode versagt, schlägt die Hitze natürlich unvermindert zu, weil der CO_2-Gehalt der Atmosphäre selbst nicht verändert wird. Die Methode vertagt das Problem nur, wobei man dieses Verschieben nur beenden kann, wenn man wirkungsvoll CO_2 vermieden hat. Das klingt nach erst süchtig machen und gleichzeitig einen Entzugstermin festlegen. Eine weitere Ozeanversauerung findet trotz der Injektionen statt.

Andere Maßnahmen sind die Installation von Sonnensegeln und Spiegeln im Weltall, einen Staubring um die Erde zu legen, die Wolken weiß zu färben, die Wolkenzahl zu erhöhen und Reflektoren in Wüsten aufzustellen. Das alles soll die Sonnenstrahlung verringern, die auf der Erde ankommt. Sulfatinjektionen versprechen Wirkungen im großen Stil, die Risiken sind dort allerdings besonders hoch (Royal Society 2009, 31). Schlüsseln wir diese Aussage auf.

Bei Sulfatinjektion drohen mindestens folgende Nachteile:

1. Es fehlt eine Exitstrategie: Wann kann man auf Injektionen wieder verzichten? Das gelingt nur durch Vermeiden von Emissionen. Das ist also nicht umgehbar, sondern nur verschiebbar.

2. Das bedeutet, doppelte Kosten aufzuwenden, und legt nahe, gleich die ganze Energie und die ganzen Kosten für Vermeidung einzusetzen.

3. Der Himmel könnte milchig werden (»global dimming«).

Das betrifft nicht nur die Ästhetik und verändert die Sprache von Gedichten, sondern bewirkt auch Depressionen und Krankheiten. Weiterhin bedeutet weniger Sonneneinstrahlung weniger Pflanzenwachstum und damit geringere Ernten.

4. Der Wasserkreislauf verändert sich, die Regenmenge sinkt.
5. Die Ozonschicht wird beschädigt, gefährliche Strahlung trifft auf die Menschen.
6. Fällt die Technik aus, drohen Hitzewellen.
7. Es droht saurer Regen.
8. Es droht der Missbrauch durch Regierungen, Militär, Konzerne.

Das wäre also eine lange, leidige Liste möglicher Folgen, Wunderwaffen sehen irgendwie anders aus. Aber ob es mit diesen Folgen sein Bewenden hat und wie groß die Dimension dieser Folgen jeweils ausfällt, das weiß niemand: »Zwar existieren vereinzelt erste Studien zur Abschätzung und Quantifizierung dieser Technikfolgen. Diese sind aber noch weitgehend spekulativ, denn die Auswirkungen sind bei den angestrebten Größenordnungen noch völlig unbekannt« (Scheer und Renn 2016, 27). Also lehrt ein kurzer Blick auf die Fakten, dass eine Bewertung der Frage, ob man diese Art von Wahnsinn ausleben soll, noch viel zu früh ist. Um hier irgendein Urteil zu fällen, müssen wir forschen, forschen, forschen.

6 Der absolute Wahnsinn?
Geoengineering – Forschung

Aber selbst an Geoengineering zu forschen erzeugt Widerstand.
Philosophen wie S. Gardiner sehen darin auch große Nachteile
und plädieren gar für ein Forschungsverbot. Deshalb müssen
wir uns wenigstens um eine *Einschätzung dieses ernsthaft diskutierten Forschungsverbots bemühen.*

Verteidiger einer Anwendung oder Erforschung von Geoengineering argumentieren mit dem folgenden »Notfallargument des kleineren Übels« (vgl. Gardiner 2011, 353 f.):

1. Wenn nicht bald große Fortschritte bei der Emissionsver-
   meidung gemacht werden, wird ein Punkt erreicht (etwa in
   40 Jahren), an dem wir uns zwischen Klimakatastrophe und
   Geoengineering entscheiden müssen.
2. Beides sind schlechte Optionen.
3. Aber Geoengineering ist weniger schlecht, also weniger
   schädlich.
4. In Situationen, in denen wir nicht verhindern können, andere zu schädigen, sollten wir jene Option wählen, die insgesamt am wenigsten schädlich ist.
5. Wenn wir gezwungen sind zu wählen, sollten wir Geoengineering wählen.
6. Wenn wir nicht bald mit ernsthafter Forschung über Geoengineering beginnen, können wir nicht mehr wählen.
7. Daher sollten wir umgehend mit der Forschung an Geoengineering beginnen.

Unsere politische Untätigkeit lässt eine große Klimakatastrophe
wahrscheinlich werden. Geoengineering (meist verkürzt verstanden als Sulfatinjektionen) ist auch ein Übel, aber das im Ver-

gleich dazu geringere, also sollten wir sofort mit der Forschung an Geoengineering beginnen (Caldeira und Keith 2010, 62). Das Ziel ist dabei, in 30 bis 50 Jahren Geoengineering anwenden zu können und so mehr Zeit für das Vermeiden zu gewinnen (man beachte, wie spät das ist und wie warm die Erde bis dahin sein könnte, die Technologie vermag ja allenfalls eine dann zusätzliche Erwärmung zu verhindern, aber nicht, die Uhr zurückzudrehen). Für einen Forschungsstart mit erheblicher Forschungsförderung (und über mehr können wir beim jetzigen technischen Stand der Projekte gar nicht reden) führen Verteidiger zudem Folgendes ins Feld:

1. Die Forschung kann von einer Forderung nach einem Moratorium bei Anwendung und Feldversuchen begleitet werden, um Risiken erst abzuwägen (Ott 2011, 109).
2. Eine Erforschung zum jetzigen Zeitpunkt ist unerlässlich, da die technologische Entwicklung (vgl. Atombombe und so weiter) oft über Jahrzehnte in denselben Bahnen verläuft.

Gegen das oben rekonstruierte, auf den ersten Blick wasserdichte Notfallargument regt sich jedoch Widerstand: Mit Katastrophen könne man auf der Pro- und Contra-Seite nicht argumentieren, da man so wenige konkrete Vorstellungen von den zukünftigen Ereignissen habe, dass man diesen Ereignissen keine Eintrittswahrscheinlichkeiten und Schadenserwartungen zuordnen könne (Stelzer 2015, 207). *Was überhaupt wäre eine Katastrophe, und wann läge sie vor* (Stelzer 2015, 208 f.)? Und gebe es nicht viele mögliche Katastrophen, auf die man sich vorbereiten müsse? Sei die Klimakatastrophe die dringlichste, die gerade extreme Mittel wie Geoengineering rechtfertige (Gardiner 2011, 355 f.)?

Aber diese Kritik ist ein Schuss in den Ofen. Eine Katastrophe droht jedenfalls, wenn eine nennenswerte, ja sogar große Wahrscheinlichkeit dafür besteht, dass durch den Klimawandel Milliarden Menschen sterben werden. Das grenzt den Begriff zwar nicht sauber gegen alle möglichen Horroszenarien der Zukunft ab, aber die Klimaforschung lässt diese Dimension als möglich und wahrscheinlich erscheinen, und diese Dimension ist jedenfalls katastrophal. Für die Klimakatastrophe hat der IPCC sehr wohl Wahrscheinlichkeiten und Bedrohungspotenzial beziffert. Also kann man von einer sehr wahrscheinlichen und derzeit durch nichts Vergleichbares aufzuwiegenden Klimakatastrophe sprechen, die vor uns aus dem Nebel des Schicksals auftaucht. Möglicherweise droht eine Geoengineering-Katastrophe, die jedoch *nur möglich* ist und kaum größer als die Klimakrise ausfallen kann, was genau den Annahmen der Verteidiger des obigen Notfallarguments entspricht. Die Frage über die Natur von Katastrophen und kleineren Übeln führt nicht zu einem Gegenargument, das mich überzeugt. Ein weiterer Einwand lautet:

Wie soll man über eine Anwendung von Geoengineering politisch entscheiden, wenn es Vor- und Nachteile unterschiedlich austeilt? Dahinter steht die Überlegung: Wenn man Geoengineering aus politischen Gründen niemals anwenden kann, braucht man mit der teuren Forschung gleich gar nicht zu beginnen. Geoengineering brauche *einen globalen Konsens*, wenn es global angewendet werde, gerade wenn eine globale Besserung des Klimas mit einer lokalen Verschlechterung verbunden ist: Was passiert beispielsweise, wenn der Monsun in Indien wegfällt, aber Russland begünstigt wird (Stelzer 2015, 202 f.)? Wir haben keine Institutionen, um solche Konflikte (gerecht) zu lösen.

Aber: Auch der Klimawandel verursacht regionale und globale Schäden, und auch die müssten nach dieser Logik politisch verteilt oder kompensiert werden. Auch für sie muss Verant-wortung übernommen werden, wenn man sie hinnimmt oder verursacht. *Verantwortung gilt genauso für das Unterlassen wie für das Tun, wenn man die Macht hat, das, was ohne Eingriff ge-schehen würde, mit Eingriffen aufzuhalten.* Das ist eine Zauber-formel aus den Laboratorien des Utilitaristen, die man gar nicht oft genug vor sich hermurmeln kann. Zwar ist es auf den ersten Blick entlastend, wenn die Natur blind Schäden zuteilt, aber hier trügt der Schein. Sprich: Globale Institutionen erfordert der Klimawandel sowieso, erst recht, wenn wir gerechte Lösungen wollen. Dass wir noch keine Institutionen haben, rechtfertigt je-denfalls nicht, dass wir keine entwickeln sollten, denn die brau-chen wir mit und ohne Geoengineering. Wer meint, die Vertei-lung von Klimaschäden könne sich weiter allein auf die Macht des Schwertes stützen, der wird das genauso in Bezug auf Geo-engineering-Schäden vertreten. Fehlende gerechte Institutio-nen sind dann kein Argument.

Kommen wir nun speziell zu den Argumenten Gardiners, die zumindest unter Philosophen am meisten beachtet werden. Gardiner meint, wenn man sich damit beruhigen wolle, »nur zu forschen«, während man ein Anwendungsmoratorium ver-kündet, sei dies in gewisser Weise heuchlerisch: Man wolle be-stimmte Risiken jetzt nicht eingehen, sondern wälze diese auf die Zukunft ab (Gardiner 2011, 361; besonders gut illustriert in: Gardiner 2015). Irgendwann müsse die Forschung, wenn sie zur Praxis werden soll, den schmerzlichen Weg aus dem Labor ins Leben finden. Und die *moralisch korrupte Gegenwart* meine: nur nicht jetzt. Hierin sieht er ein Element der allgemeinen Strategie, Kosten aus der Gegenwart in die Zukunft zu verlagern (»moral buckpassing«) (Gardiner 2011, 378). Gerade weil man in der Gegenwart dieses Spiel so gerne spiele, sei diese moralisch korrupt.

Damit hat er zweifelsfrei recht, aber je mehr Wissen wir anhäufen, desto weniger Risiken birgt ein Einsatz beziehungsweise Test. Ein Einsatz wäre bei unserem heutigen Unwissen viel riskanter als in der Zukunft auf einer besseren Wissensbasis. Übrigens könnten ja auch irreversible Schäden aus heutigen Einsätzen in die Zukunft hineinragen, was eine Skepsis gegenüber einem vorschnellen Einsatz in der Gegenwart begründet. Getragen wird Gardiners Argumentation von der These, dass Wissen – zumindest über die Wirkung von Sulfatinjektionen – ohne einen großen globalen Test kaum zu haben sei (Stelzer 2015, 206). Wenn solche Erkenntnisse nur durch einen Harakiri-Großversuch zum jetzigen Zeitpunkt zu erhalten sind, mit dem wir Gegenwart und Zukunft aufs Spiel setzen, wäre ich auch dafür, nicht weiterzuforschen. Aber dass dies eine notwendige Bedingung von Erkenntnisgewinn ist, müsste man dann erst einmal beweisen, was bei der allgemeinen Unsicherheit der Lage schlicht nicht möglich ist. Aber wir können lernen, dass Erforschung nicht heißt, alle größeren Risiken zukünftigen Generationen aufzubürden, während wir die Trumps im Porzellanladen herumlaufen lassen und die Erde munter weiter aufheizen.

Ein Hauptargument gegen Geoengineering-Projekte lautet, dass die Geoengineering-Forschung andere Reaktionsweisen auf die Erderwärmung verdrängt (»moral hazard«) (Gardiner 2011, 356 ff.): etwa den Ausbau der erneuerbaren Energien, die Anpassung an Klimaschäden oder eine vernünftige Bevölkerungspolitik. Wenn wir mit Geoengineering eine Rückfallposition beziehungsweise eine Versicherung gegen den Klimawandel haben, verlassen wir uns laut Gardiner lieber auf sie, statt die Ärmel hochzukrempeln und die lästige Vermeidung von Klimagasen endlich anzupacken. Die auch im wiedergegebenen Notfallargument unterstellte politische Untätigkeit beim Vermeiden von Emissionen sei kein fixes Datum. Es stünde nach wie vor auf der Kippe, ob Vermeidung gelingen könne. Jede Vertagungsstrategie schwäche nur die Vermeidung. *Wenn man es als einzige Option ansähe zu vermeiden, würde man viel entschlossener auf diese Karte setzen.* Insofern sei die vom Argument unterstellte Untätigkeit das Resultat einer sich selbst erfüllenden Prophezeiung. Moralische Korruption setze da ein, wo unser desaströses Vermeidungsverhalten durch die Hoffnung auf Geoengineering gerechtfertigt werde. Es handele sich beim Geoengineering um eine Scheinlösung, die die Aufmerksamkeit von der eigentlich gebotenen Vermeidung ablenke. Andere Möglichkeiten (auch etwa in der Forschung) würden durch einen ausschließlichen Fokus auf Geoengineering ausgeblendet, und Geoengineering habe die Tendenz, alle Aufmerksamkeit und Mittel auf sich zu konzentrieren. Es verleitet dazu, weil es so bequem ist und weil wir so korrupt sind (Gardiner 2015, 252). Daher sei Geoengineering auch in einem Forschungsportfolio gefährlich.

Wenn die Gegenwart so schlecht und korrupt ist, wie Gardiner meint (sie benutzt Geoengineering nur als Feigenblatt für Untätigkeit), ist es unwahrscheinlich, dass die Gegenwart aktiver als bisher in die Vermeidung einsteigt, da sie eine hoffnungslose »Nach mir die Sintflut«-Einstellung hat. Das verstärkt das obige Notfallargument in der Annahme, dass unsere Bemühungen zu vermeiden ein Rohrkrepierer werden. Richtig ist an Gardiners Überlegungen, dass wir uns nicht nur noch auf Geoengineering-Forschung verengen dürfen. Politische Strategien sollten nicht nur auf Geoengineering setzen, sondern auch auf Vermeidung, zumal die bei vielen Geoengineering-Techniken unabdingbar ist. Insofern sind die Prämissen im obigen Notfallargument einseitig formuliert. Sie suggerieren ein finales Duell, bei dem wir nur auf einen der beiden Schützen setzen können, und da nehmen wir den offenbar sympathischeren. Dass aber noch andere Optionen existieren, die man erst mal ausschöpfen muss, verschweigt das Argument. Man kann hingegen sicherstellen, dass die Forschung nicht auf Geoengineering-Forschung zusammenschrumpft. Zumal die Forschungsgelder im Bereich Klimaschutz sowieso extrem ausgeweitet werden müssen. Gardiner meint jedoch, die Menschen tickten so, dass sie Geoengineering als einfachen und billigen Weg bevorzugen würden und dann Vermeidungsbemühungen unterließen. Sind wir in diesem Sinne moralisch korrupt? Dafür spricht vieles. Aber ist Geoengineering derart einfach und billig? Nichts spricht dafür, denn man weiß kaum etwas darüber, und das Vermeiden kann man nicht unterlassen, selbst wenn Sulfatinjektionen gelingen. Weiterhin könnte man Geoengineering-Forschung immer mit Beiträgen zu einem Entschädigungsfonds zugunsten zukünftiger Generationen koppeln, der dazu dient, Schäden zu erstatten, die Geoengineering in Zukunft anrichten könnte. Damit wäre es schwieriger, Geoengineering in die allgemeine Strategie des »moral buckpassing« einzubauen, also des Problemverschiebens zulasten der Zukunft. Die Kosten explodieren dann, man wird die lästige Vermeidung nicht los und kann Geoengineering nicht mehr als Teil der Strategie betreiben, Problemlösungen in die Zukunft zu verschieben.

Die beschriebene Lösung sieht auch Gardiner als Möglichkeit an, mit Geoengineering umzugehen, obwohl er sich nicht auf sie festlegt (Gardiner 2011, 396). Er hält durch Kant inspirierte Thesen für eventuell berechtigt, dass manche »geringeren« Übel so groß sind, dass sie auch nicht dadurch zu rechtfertigen sind, dass sie »geringer« als die der Alternativen sind (Gardiner 2011, 382). Jedoch meint er sicher, *wenn Geoengineering moralisch mit anderen Strategien verknüpft sei, sei Geoengineering ähnlich unattraktiv wie Vermeidung* (Gardiner 2011, 396). Es ergibt sich dann für ihn erneut die Frage, weshalb man nicht gleich auf Vermeiden setzen könne. Allerdings lässt das außen vor, dass rechtzeitiges Vermeiden eventuell nicht klappt (die Klimakonferenz von Madrid illustriert das Trauerspiel), sodass wir auf Ausweichstrategien angewiesen sein könnten, um Zeit zu gewinnen. Weiterhin sollten wir uns für die Zukunft so viele Wahloptionen wie möglich erhalten. Versicherungen (und man kann Geoengineering als eine Form von Versicherung ansehen) können zwar eventuell auch dazu führen, höhere Risiken einzugehen, aber sie werden letztlich doch als großer Segen empfunden (Stelzer 2015, 211). Wer von uns keine Versicherung abgeschlossen hat, werfe den ersten Stein!

Geoengineering-Forschung müssen wir betreiben, damit uns diese Option notfalls zur Verfügung steht. Doch dürfen wir uns nicht auf Geoengineering verlassen, sondern müssen die Forschung mit anderen Forschungen, vor allem an Vermeidungsoptionen koppeln. Mögliche Schäden durch Forschen an und Anwenden von Geoengineering sollten, soweit möglich, abgesichert werden, etwa durch Entschädigungsfonds. Jedenfalls ist die offizielle Haltung zum Geoengineering in Deutschland überdenkenswert: »›In Deutschland setzt die Bundesregierung weiterhin auf Klimaschutz und die Minderung von Treibhausgas-Emissionen sowie auf Anpassungsmaßnahmen. Ansätze des Geoengineering verfolgt sie dazu nicht‹, so die Antwort auf eine kleine Anfrage von SPD-Abgeordneten im Bundestag 2012, die am 15. März 2017 vom Presse- und Informationsamt der Bundesregierung so bestätigt wurde« (Bayrischer Rundfunk 2017).

Der Geoengineering-Forschung bläst zudem ein kalter Wind ins Gesicht, *weil sie von den falschen Akteuren gefordert wird.* Wie die Heinrich-Böll-Stiftung feststellt: »Auch wenn Geoengineering als ›Notlösung‹ für die Klimakrise verpackt wird, so zeigt ein genauerer Blick auf die treibenden Akteure und ihre Interessen schnell, dass Geoengineering vor allem bestehende

Machtstrukturen aufrechterhält und der notwendigen sozial-ökologischen Transformation, die wir dringend benötigen, im Weg steht« (Böll-Stiftung 2019). Wie bei der Frage der Bioenergie flammen offenbar alte klassenkämpferische Impulse auf. Geoengineering schwebt im Dunstkreis der dunklen Seite. Trotzdem darf dies nicht als Begründung dafür dienen, die Erforschung dieser »von den Falschen« offerierten Lösungen zu unterlassen, man sollte vielmehr gleich dem alten Klassenfeind sorgsam auf die Finger schauen. Wer glaubt, wir kämen in der derzeitigen Lage *sicher* mit Vermeidung und vergleichbar harmlosen Techniken aus, wenn wir uns auf sie konzentrieren würden, argumentiert schon ziemlich ähnlich wie die *Klimaskeptiker*. Er versteht noch nicht, welche Urkraft der Klimawandel freisetzt, und er verharmlost die Lage, wenn er uns glauben macht, es gebe noch eine Option, die zu ergreifen uns *sicher* schützen würde. Leider wird die Welt nicht gut, wenn wir alle nur noch grüne Klischees teilen. Dass uns eine Lösung vom »Gegner« angeboten wird, macht sie nicht automatisch zum Trojanischen Pferd. Wir befinden uns jenseits aller Sicherheit und müssen deshalb alles in Erwägung ziehen und erforschen, was uns verspricht, unsere fast unerreichbaren Ziele umzusetzen.

Transformationsfalle: Wir können es uns nicht leisten, über auch noch so wahnwitzig scheinende Technologien ein Denk- und Forschungsverbot zu verhängen. In Jahrzehnten arroganter Ignoranz haben wir diese Option verspielt. Wir sollten stattdessen dem Klimaschutz einen Primat bei den Forschungsgeldern zugestehen und diese dann auf verschiedene Optionen verteilen, inklusive obligater Forschungskooperationen, denn größere und dringlichere Aufgaben haben wir zurzeit kaum.

7 Sind unsere Schlafzimmer wirklich Privatsache?

Auch Bevölkerungspolitik könnte den Klimaschutz unterstützen, erst recht, weil sie selbst arme Staaten kaum etwas kostet. Sie zwingt niemanden, von seinen erworbenen Pfründen zu lassen. Sie verursacht keinen globalen Wettbewerbsnachteil, setzt nicht auf technologische Wunder und geht keine Risiken ein. Außerdem verbessert sie die Lebensbedingungen der ärmsten Menschen der Welt, denn der Kampf gegen das Bevölkerungswachstum lässt sich durch Frauenbildung, verringerte Säuglingssterblichkeit und Armutsbekämpfung vorantreiben.

Wachstumskontrolle ist aber gleichwohl politisch eine heiße Kartoffel: Erst einmal gibt es da religiös verankerte Maximen im Sinne von »Wachset und mehret euch«. Da reagiert etwa die katholische Kirche schon einmal empfindlich. Außerdem mischt sich die Politik hier in privateste Lebensentscheidungen ein – und Politik sollte doch tunlichst vor der Schlafzimmertür haltmachen. Mit Bevölkerungspolitik wurde oft Missbrauch getrieben, indem zum Beispiel die Fortpflanzung von Minderheiten besonders intensiv »kontrolliert« wurde (zum Beispiel durch Sterilisation). In Indien wurden Frauen sogar ohne ihr Wissen und ohne ihre Zustimmung sterilisiert oder mit Prämien zur Sterilisation verleitet und verstarben an der medizinisch dilettantischen Organisation solcher Eingriffe. Auch die an sich eleganteren Hormonpräparate stehen im Verdacht unerwünschter gesundheitlicher Nebenwirkungen. Es wurde argumentiert, die existenzielle Bedrohung der Menschheit rechtfertige nahezu jeden antidemokratischen und ungerechten Eingriff, bis hin zur Empfängnisverhütung über das Trinkwasser (Überblick bei Dyck 1977). Dass eine solche Politik indiskutabel ist, muss eigentlich nicht erwähnt werden.

Zudem ist die *freie Wahl der Nachkommenzahl ein Grundrecht*, das etwa vom achten Prinzip der UN-Kairo-Konferenz von 1994 betont wird (Attfield 1999, 124). *Der Gedanke einer »mit Zwang« vertretenen Bevölkerungspolitik wird von Kirchen und vielen NGOs verpönt* (eine Liste von Autoren, die ihn ablehnen, in Raikkä 2001, 67 f.). Hier haben sich schon verschiedene Päpste daran versucht, ihre treuen Schafe zu verschrecken. Aber muss man diese Politik mit »Zwang« umsetzen oder reichen Anreize? Und wo liegen die Grenzen zwischen Zwängen und Anreizen? Auf diese philosophischen Fragen geht der folgende Abschnitt ein.

Eine häufig artikulierte Kritik an jedweder Bevölkerungspolitik argumentiert, dass hier die *Privatsphäre der Menschen* derart stark berührt sei, dass dem Staat kein Eingriffsrecht zustehe. Das Schlafzimmer sei tabu. Dieses Argument greift allerdings nur, wenn Dritte nicht geschädigt werden (siehe oben Kapitel 1, Abschnitt 3), was bei Entscheidungen über Nachkommen de facto nie der Fall ist. Neben denen, die im Nahbereich der Eltern von Kindern betroffen sind (man denke an den armen Nachbarn, der jede Nacht durch die dünne Zimmerdecke mitbekommt, welches Spektakel sich in der Wohnung über ihm abspielt), sind gesellschaftliche Folgen heute überall zu finden. Das beginnt bei der Stadtplanung, geht zur Bildungspolitik über und gipfelt in Klimapolitik.

Mit Recht verweisen Verteidiger bevölkerungspolitischer Maßnahmen darauf, dass auch ganz andere Argumente für die Familienplanung sprechen, etwa die Emanzipation der Frauen und die Armutsbekämpfung. Viele Frauen in Entwicklungsländern wollen nämlich gar nicht viele Kinder. Die Zahl der unbeabsichtigten Schwangerschaften entspricht etwa dem jährlichen Bevölkerungswachstum. In vielen Entwicklungsländern haben die Menschen aber keinen Zugang zu Aufklärung und modernen Verhütungsmitteln. Das lässt sich ändern. Auch *Bildung* hilft gegen Kinderscharen: Viele Mädchen und Frauen entscheiden sich gegen Kinder, wenn ihr Bildungsgrad steigt. Bildung ist natürlich auch ein wichtiger Motor im Kampf gegen Armut. Wiederum lassen sich mehrere Fliegen mit einer Klappe schlagen. Armut ist eine Verbündete des Bevölkerungswachstums: Arme Menschen müssen auf Kinder als Arbeitskraft und Alterssicherung setzen und viele Kinder haben, weil bei ihnen die Kindersterblichkeit höher ist. Hohe Geburtenraten gibt es daher fast ausschließlich in armen Ländern oder Ländern mit einem großen Anteil armer Menschen. Die höchsten Raten findet man in den ärmsten afrikanischen Ländern (Ökosystem Erde o. D.). Bekämpfen wir Armut, ermöglichen wir eine demografische Wende. Mit anderen Worten: Das Verringern von Armut, zu dem wir ohnehin verpflichtet sind, hilft auch gegen den Klimawandel.

Ob ein Drehen an der Stellschraube Bevölkerungswachstum wirklich lohnend ist, entscheidet sich auch, neben diesen allgemeinen und philosophischen Fragen, an einigen empirischen Vorbedingungen. Man mag bezweifeln, *ob weniger Kinder wirklich einen nennenswerten Beitrag zum Klimaschutz leisten.* Dieser Beitrag soll nach Daten der US-Akademie der Wissenschaften schätzungsweise ein Fünftel einer Reduktion der Klimagase bringen, die bis Mitte des Jahrhunderts benötigt wird, um einem gefährlichen Klimawandel vorzubeugen (Hickey et al. 2016, 851). Der Gedanke ist plausibel. Er leuchtet ein, denn ein Nachfahre emittiert nicht allein, sondern zieht meist eine Kette weiterer Nachfahren nach sich, die unerfreulicherweise demselben Hobby frönen.

Außerdem kann man diskutieren, ob Bevölkerungs*politik* überhaupt wirksam ist. Lässt sich das Fortpflanzungsverhalten von Menschen politisch beeinflussen? Auch das eine empirische

Frage, auch hier meine Unterstellung, dass dies zumindest in einigen Ländern der Fall ist (positive Beispiele für die politische Beeinflussbarkeit: China, Singapur, Indien). Eine letzte empirische Vorfrage: Werden zukünftige Generationen überhaupt noch CO_2 ausstoßen? Wenn nein, können wir auf Bevölkerungspolitik verzichten. Vielleicht profitieren zukünftige Generationen schon vom Solarzeitalter (Cripps 2016, 121)? Allerdings tun wir uns mit dem Umstieg auf Solarenergie ja reichlich schwer, sodass es unwahrscheinlich ist, dass bald das Solarzeitalter anbricht. Wenigstens für einige Jahrzehnte noch werden auch süße kleine Babys jede Menge Klimagase emittieren. Zwar könnten sich meine durch mich erzogenen Kinder entscheiden, wenig zu emittieren, aber gar nicht zu emittieren ist de facto kaum möglich. Die zukünftige Neigung von Kindern vorauszusehen, sich mit Rauch von verbranntem Kohlenstoff zu umhüllen ist ebenfalls spekulativ. Die Wahrscheinlichkeit, mit Kindern Emittenten in die Welt zu setzen, bleibt groß.

8 Das Recht auf Fortpflanzung

Zukünftige Generationen haben Rechte uns gegenüber, weil sie sicher existieren werden, und diese Ansprüche werden nicht geringer, weil die, die sie einfordern können, weit in der Zukunft leben werden (vgl. Parfit 1987, 357). Gegen dieses Argument wird eingewendet, dass jeder Mensch auch das uneingeschränkte Recht auf Fortpflanzung habe und dass dazu gehöre, die Zahl seiner Nachkommen *völlig unbeeinflusst* selbst zu bestimmen. Entscheidungen darüber seien reine Privatsache. Davon stimmt nichts. Weder hat jeder Mensch dieses Recht (Jugendliche haben es nicht), noch ist völlig unbeeinflusste Selbstbestimmung der Zahl seiner Nachkommen eine Bedingung dafür, dass das betreffende Recht erfüllt ist. Es kann Anreize geben, die solche Entscheidungen beeinflussen, aber trotzdem kann das Recht erfüllt sein, seine Nachkommenzahl selbst zu bestimmen. Auch kann eine solche Entscheidung nicht zur Privatsache erklärt werden, denn sie betrifft wenigstens einen Partner und ein Kind wie auch die Gesamtgesellschaft (Raikkä 2001, 72).

Wann werden Rechte durch Anreize und Sanktionen aufgehoben? Das ist die entscheidende Frage. Sicherlich wird das Recht zur freien Fortpflanzung aufgehoben, wenn Fortpflanzung mit der Todesstrafe sanktioniert wird. Das wäre ein *Zwang.* Aber was, wenn die Ausübung eines Rechtes erschwert, aber keineswegs verunmöglicht wird? Staaten setzen fortwährend Anreize, die es erschweren oder erleichtern, bestimmte Rechte auszuüben, davon können wir ein Lied singen. Im Falle der Bevölkerungspolitik leben wir aktuell in einem System, das starke *Anreize für die Fortpflanzung* setzt. Jeder Kitaplatz ist ein solcher Anreiz. *Niemand wird behaupten, dass Anreize für Kinderreichtum es verunmöglichen, sich gegen Kinder zu entscheiden.* Anreize und Sanktionen, das heißt *Manipulationen*[*], und Freiheit sind bis zu einem bestimmten Grad kompatibel, *denn Freiheit ist nur aufgehoben, wenn »unabweisbarer« Zwang ausgeübt wird.* Die Todesstrafe oder zumindest eine Haftstrafe wäre von diesem Kaliber, das wir intuitiv in China verorten. Zwang ist meist ein Laserschwert, wie es die Lords der Dunkelheit führen. Dass es nicht nur Dosierungen von Medikamenten, sondern auch von Manipulationen gibt, lehrt die Medizinethik, in der man sich seit Langem unter dem Stichwort »Bedingungen von Autonomie des Entscheidens« über solche Fragen streitet (Faden

---

[*] Manipulation wird dabei als der Zwischenraum zwischen Zwingen und Überzeugen modelliert.

und Beauchamp 1986, 354 f.). Leider geben auch die Medizin-ethiker kein allgemeines Kriterium, wann eine Manipulation ein Zwang ist (Faden und Beauchamp 1986, 359 f.). Jedoch vertei-digt Tom Beauchamp, *dass Manipulationen in Graden über uns kommen:* »Nur bestimmte Formen der Manipulation berauben eine Person der autonomen Wahlmöglichkeit. Zum Beispiel An-gebote solcher Art, dass eine Job-Ausübung es erfordert, dass eine Person zu einem weniger wünschenswerten Ort umzieht, beabsichtigen zu manipulieren, aber sie berauben die mani-pulierte Person ihrer Autonomie nicht« (Beauchamp 2005, 316). In unserem Kontext zählt, dass es Anreize gibt, die Zwängen gleichkommen, und Anreize (zum Beispiel als »nudges« ver-ständlich; Sunstein und Thaler 2008), die man sehr wohl frei ab-lehnen oder annehmen kann. *Freiheit bedeutet eben nicht »völ-lige Freiheit von äußeren Einflüssen«, denn dann wäre niemand jemals frei.* Im Zeitalter von gezieltem Marketing und Werbung ist das eine Selbstverständlichkeit, wir leben nicht im Vakuum, weder hier noch sonst wo. Das bringt mich dazu, Beauchamps Analyse zu teilen, nach der Beeinflussung nicht notwendig Frei-heit ausschließt, denn wir finden uns derartig vielen Einflüssen ausgesetzt, dass ohne eine solche Verträglichkeit die Rede von Freiheit oder Autonomie sofort aufgegeben werden müsste.

In diesem Sinne sollte man den Begriff »Anreiz« definieren. Man kann einem Verhungernden Brot als »Anreiz« bieten, was zur Folge hat, dass er diesen »Anreiz« nicht ablehnen kann und dass der »Anreiz« de facto ein Zwang ist. Anreize sind jedoch so zu verstehen, dass man frei ist, sie abzulehnen, sonst liegen eben Zwänge vor (Hickey et al. 2016, 861). Dass Anreize, wenn wie oben vorgeschlagen definiert, bestimmte Rechte verunmög-lichen, wird selten vertreten (Wissenburg 1998, 97). Anreize, HIV zu vermeiden, gelten beispielsweise nicht als Einschrän-kung des Rechts auf freie Sexualität (Hickey et al. 2016, 859).

Analog lässt sich durch Aufklärung oder auch Werbung für Bevölkerungspolitik plädieren. Diese kann die Form von »nudging« annehmen, sie kann also in gewissem Grade manipulativ sein und politisch gewollte Entscheidungen leichter machen. Solange niemand gezwungen wird, bewegen wir uns im grünen Bereich.

Trotzdem bleibt das Risiko der übergroßen Anreize, die de facto Zwänge sind: »Zentral bleibt der Gedanke, dass nicht zwingende Anreize moralisch problematisch sein können, wenn die Vorteile, die sie verheißen, groß genug sind, um die freie und autonome Entscheidung des Betroffenen zu umgehen« (Hickey et al. 2016, 865). Dies sind Anreize, die man frei ablehnen könnte, die jedoch zugleich zu verlockend sind, um dies wahrscheinlich zu machen. Wenn ich schokoladensüchtig bin, wird das sonst durchaus zurückweisbare Angebot einer Tafel Schokolade zum Zwang. Die genauen Grenzen, durch die Schokoladentafel verlockt zu werden, kann man nur psychologisch und im Einzelfall ermitteln. Diese Gefahr bleibt immer bestehen, wenn man mit Anreizen arbeitet. Ein Anreiz kann objektiv (für Otto Normalverbraucher) kein Zwang, jedoch subjektiv (zum Beispiel für einen Einzelnen mit seiner besonderen Schokoladensucht) sehr wohl ein Zwang sein. Dass Anreize jedoch nicht *notwendig* die Entscheidungsfreiheit und auf dieser basierende Rechte aufheben und daher zu den legitimen Mitteln der Politik zählen, ist gleichwohl der Fall. Die in der Politik verwendeten Mittel können dabei nicht die psychische Verfasstheit jedes Einzelnen, das heißt die Schokoladensucht vereinzelter Bürger, im Auge behalten, sondern nur vom statistischen Normalfall ausgehen, wenn möglich aber mit Ausnahmeklauseln. Also verhindern auch übergroße Anreize nicht, dass es legitim ist, in der Politik Anreize zu setzen.

Dass Anreize gegen Elternschaft ein gesellschaftliches Klima schaffen, in dem Großfamilien schief angesehen werden, ist vorstellbar (Kukla 2016, 872). Aber ein Rechtfertigungsdruck ist per se kein Zwang, und auch heutzutage besteht ein solcher Druck für Menschen, die sich *gegen* muntere Kinderscharen entscheiden. Wäre dieser Druck ein Problem, so wäre die Freiheit des Kinderwunsches auch heute schon fraglich, denn ein Rechtfertigungszwang besteht schon, obwohl wir bis dato in vielen Nationen Fortpflanzungsfreiheit unterstellen.

Jede Förderung eines bestimmten Gebrauchs eines Rechts ist zudem mit Kosten verbunden, die andere Ausübungen von Rechten und Werten beeinträchtigen. So wird eine maximal auf Kinder ausgerichtete Gesellschaft ungerecht, denn die Kosten für die Kindergärtnerinnen tragen alle Steuerzahler (Raikkä 2001, 72). Zudem wird in einer solchen Gesellschaft die individuelle Wahlfreiheit bei der Fortpflanzung entweder unterwandert, weil starke Anreize für Kinder das Recht auf freie Nachkommenzahl untergraben, oder deutliche Anreize und Rechte können nebeneinander bestehen, weil man eben keine Kinder haben muss. Ich denke, die zweite Option ist zutreffend. Rechte werden nur dann außer Kraft gesetzt, wenn Zwang im Raume steht. Dies muss bei vielen bevölkerungspolitischen Maßnahmen nicht der Fall sein.

Wenn Geburtenkontrolle automatisch als ein Appell an arme, farbige und behinderte Frauen verstanden wird, auf Kinder zu verzichten, ist dies zweifelsohne ein verhängnisvolles Stigma (Kukla 2016, 875 ff.). Aber wenn ein Vorurteil durch einen politischen Anreiz begünstigt wird, heißt das nicht notwendig, dass dies gegen diesen Anreiz spricht. Man kann ihn sehr wohl setzen und das Stigma auf anderen Ebenen bekämpfen, denn solange diese stigmenförmige Schlange existiert, wird sie sich aus allen erdenklichen Erdlöchern hervorwinden. Genauso wie das dialektische Kunststück möglich ist, Steueranreize gegen Dieselfahrzeuge zu erlassen und gleichzeitig sozial schwache Pendler zu schonen, muss es möglich sein, klimapolitisch sinnvoll Bevölkerungspolitik zu betreiben, ohne einige Frauen besonders zu benachteiligen. Erneut muss man schließlich darauf hinweisen, dass das bestehende Anreizsystem auch zulasten von Frauen geht und sich immer noch dem Ideal von Haus, Küche, Herd, Kinderzimmer und Nagelstudio verdankt. Daher ist eine Bevölkerungspolitik vorstellbar, die eine politische Steuerung des Bevölkerungszuwachses durch Anreize oder Sanktionen anstrebt, die keinen Zwang ausüben. Im globalen Süden kann man etwa vermehrt auf positive Anreize und Belohnungen setzen, im globalen Norden empfehlen sich eher negative Anreize und Sanktionen (Hickey et al. 2016).[*] *Allerdings dürfen Anreize und Sanktionen nicht etwa ethnische oder religiöse Minderheiten diskriminieren, sondern sollten für alle gleich gültig sein. Weiterhin sollte eine gleichberechtigte und geteilte Verantwortung beider Eltern für die Familienplanung bestehen, die sich in der Struktur der Anreize widerspiegeln sollte. Beide Bedingungen leiten sich aus der hier zugrunde gelegten Vereinbarkeit von Individualrechten und Klimaschutz ab.*

Was ist nun mit China? Ist die bis 2015 gültige Ein-Kind-Politik vereinbar mit dem Recht auf freie Wahl der Nachkommenzahl? In China konnte man sich für mehr Kinder als eines entscheiden, ohne gekreuzigt zu werden. Eine solche Entscheidung wurde bestraft, aber das widerspricht dem Recht auf freie Wahl der Nachkommenzahl nicht per se, sondern nur dann, wenn

---

[*] Dieser Gedanke muss nicht zur Entscheidung einzelner Ehepaare führen, auf Kinder angesichts des Klimawandels völlig zu verzichten (Haas 2019). Dieser Weg ist extrem »teuer«, denn er beinhaltet erhebliche Opfer für viele Einzelne mit Kinderwunsch und für deren Selbstverwirklichung. Hier sieht man erneut, dass es sinnvoll ist, Kosten in Form von Wohlergehensverlusten zu messen.

diese Strafen Zwänge waren. Das Kriterium dafür ist schwammig und heißt: Konnte man die Strafen frei in Kauf nehmen? Wie sahen sie überhaupt aus? Es handelte sich um Geldstrafen und um Strafen in Form diverser Nachteile, wenn man sich für mehr als ein Kind entschied. Weitere Kinder hatten zudem schlechtere Bildungs- und Förderungschancen. Die finanziellen Strafen richteten sich zwar nach dem Einkommen, aber bei armen Bauern konnten sie das Jahreseinkommen um das Vierfache überschreiten (Internationale Gesellschaft für Menschenrechte o. D.). Zwar behauptet Sartre, dass sich auch ein Gefangener unter Folter frei entscheiden kann, seine Freunde zu verraten oder nicht, denn er kann die Folter auf sich nehmen. Aber das heißt nur zu leugnen, dass es Zwänge gibt. Ein armer Bauer hätte seine und die Existenz seiner Familie aufs Spiel gesetzt, wenn er mehr als ein Kind bekam. Das verbuche ich unter »objektivem Zwang«. Aber spätestens dann, wenn der Mammon herrscht, wird die Realität pervers: Reiche Bürger leisteten sich mehr als ein Kind als Statussymbol. Für sie lag sicher kein Zwang vor. Richtig, dabei leitet mich eine subjektive *Intuition der Verhältnismäßigkeit*. Die verdankt sich eher dem Alltagsverständnis des Begriffes, tiefer begründen kann ich das nicht. *Anreize und Sanktionen sind also prinzipiell legitim, müssen aber »verhältnismäßig« und »erträglich« sein. Verhältnismäßig waren Anreize und Sanktionen in China für viele Bürger nicht.*

Statt den eingeschlagenen Schmusekurs zwischen Individualrechten und Klimaschutz fortzusetzen, könnte man aber auch radikaler ansetzen: *Hat Klimaschutz nicht Vorrang vor Individualrechten wie dem Recht auf die freie Wahl der Nachkommenzahl?* Dürfen wir so drastische Maßnahmen wie in China aufgrund verletzter individueller Rechte ausschließen, oder erreichen wir die Klimaziele nur auf diesem Weg? Müssen wir die Individualrechte nicht einschränken, um effektiv zu sein? Hier bin ich – harmoniesüchtig und schmusebedürftig – der Meinung, dass wir Klimaschutz *nicht gegen die Individualrechte*, sondern nur mit ihnen durchsetzen können, obwohl oder gerade weil ich Utilitarist bin (vgl. Gesang 2016, Kapitel 5). Wenn wir sie einschränken, dann müssen wir das kohärent tun, also auf ähnliche Probleme ähnlich reagieren, das heißt mit dem Aufheben von individuellen Rechten. Dann würde unsere Gesellschaft insgesamt der Chinas gleichen, aber weil das die Mehrheit vehement ablehnt, wäre es ein wirksames Mittel gegen den Klimaschutz, diesen mit totalitären Strukturen zu verknüpfen. Solche Forderungen gefährden die beispielsweise in Europa gerade wachsende gesellschaftliche Stimmung für mehr Klimaschutz. Individualrechte sind der soziale Kitt, der die modernen, demokratischen Massengesellschaften zusammenhält. Ohne ihn lösen sie sich auf. Individualrechte schaffen also Nutzen, nicht zuletzt in Form von Sicherheit. Trotzdem ich gravierende Fehler an Chinas Ein-Kind-Politik aufgezeigt habe, sollte man der Ehrlichkeit halber bemerken, dass wir dieser Politik weltweit viel verdanken. Auf Bevölkerungspolitik zu verzichten ist keine Alternative.

Verteidigen wir aber nicht damit die Individualrechte aus den falschen Gründen? Läuft die Verteidigung nicht darüber, dass der Klimaschutz ermöglicht werden soll, statt zu behaupten, dass Individualrechte an sich einen unveräußerlichen Wert haben? Sicher, es geht mir um das Klima, aber mit manchen dieser Kritiker zu behaupten, dass unveräußerliche Rechte wichtiger sind als Milliarden von Leben, halte ich für pervers. Solchen Verteidigern der Individualrechte halte ich zugute, dass sie insgeheim immer noch nicht verstanden haben, welche Folgen der Klimawandel wirklich nach sich ziehen wird.

Andere Kritiker behaupten, *dass wir Menschen schaden, wenn wir sie nicht in Existenz bringen.* Tragen wir unsere Konflikte nicht auf dem Rücken hilfloser zukünftiger Babys aus? Aber man sollte bedenken, dass man nichtexistierenden Personen nicht persönlich schaden kann. Es ist einfach noch kein konkretes Subjekt da, dem man ein Leid antut – und es wird auch nie eines existieren. Natürlich kann es übergeordnete Prinzipien geben, die uns anhalten, mehr Menschen auf die Welt zu bringen. Bestimmte Varianten des Utilitarismus vertreten das. Aber: Diese Position hat die Konsequenz, dass es im Prinzip wertvoller ist, Menschen auf die Welt zu bringen, als dies zu unterlassen. Eigentlich muss man dann auch für eine *Zeugungspflicht* plädieren. Wir sollten dann so viele Menschen wie möglich in Existenz bringen. Diese letzte Konsequenz wird freilich kaum jemand akzeptieren. Damit sollten die Bedenken gegen jede Form der Bevölkerungspolitik ausgeräumt sein, die mit dem Recht auf freie Wahl der Nachkommenzahl argumentieren.

9 Bevölkerungspolitik bei uns!

Allerdings setzen diese Maßnahmen oft bei armen ungebildeten Frauen an. Es werden vorrangig Mittel diskutiert, um Bevölkerungsscharen im »Süden« zu bekämpfen. Aber gerade die Menschen mit großem ökologischen Rucksack in den Industrieländern sind die Klientel, die vorrangig von demografischen Maßnahmen betroffen sein sollte (Hickey et al. 2016, 855). Aber bedeutet das nicht Turbulenzen für die vom demografischen Wandel gebeutelten reichen Länder? Wie kann man hier Ausgleich schaffen?

Wir leben in Mitteleuropa, und da wird nicht nur der Klimaretter, sondern auch der Rentenzahler der Zukunft fieberhaft gesucht. Deshalb interveniert unsere Politik massiv für eine kinderfreundliche Republik. Das Problem, die Renten zu finanzieren, ist aber auch anders lösbar. Wie? Indem man Arbeit intelligent verteilt und Sozialsysteme immer weniger über die Arbeitskosten finanziert. Ernst von Weizsäcker schlägt dazu eine nur auf den ersten Blick paradoxe Mischstrategie vor: ein früherer Renteneintritt und gleichzeitig ein Verlängern der Lebensarbeitszeit: »Arbeitsplätze, die sich hauptsächlich für Jüngere eignen, sollten von den Älteren frühzeitig verlassen werden.« Dafür sollten »Arbeitsplätze geschaffen werden, die für Jüngere nicht ernstlich infrage kommen. Typischerweise handelt es sich um Teilzeitarbeiten, von denen ein Alleinverdiener niemals eine Familie ernähren könnte« (v. Weizsäcker 2000). Arbeit intelligent umverteilen, durchschnittlich längere Lebensarbeitszeit, die Jungen besser qualifizieren, die Alten lebenslang in Fortbildungskurse schicken und die Erwerbstätigkeit der Frauen steigern, das sind Maßnahmen, um ein nationales Alterspflegeheim zu vermeiden. Die *Digitalisierung* könnte ebenfalls helfen, indem sie menschliche Arbeitskraft ersetzt und dazu beiträgt, das Rentensystem umzugestalten, zum Beispiel auf Basis allgemeiner Finanzierung aus Steuern. Dazu kommen Mittel der Migrationspolitik: Wir brauchen Einwanderung in die Sozialsysteme.

In einer vornehmlich grauhaarigen Gesellschaft kann das vitale, natürliche Gleichgewicht fehlen. *Aber man kann durch ein neues Modell von Zuwanderung verhindern, dass wir überaltern. So kann man auch einen eventuellen volkswirtschaftlichen Leistungsabfall regulieren.* Es gibt viele Länder, deren Alterspyramide der unseren genau entgegengesetzt aufgebaut ist. Jede Unternehmensberatung würde hier zu Fusionen raten. Warum nicht einen neuen Gedanken wagen? Man sollte überlegen, Winwin-Partnerschaften zwischen je einem Industrie- und einem Entwicklungsland (oder einer Provinz desselben, je nach Ländergröße) zu etablieren, womit wir hier den Bogen zu staatlichen Transformationsmaßnahmen zurückspannen:

Erste Stufe: Wir fokussieren unsere Entwicklungshilfe auf ein politisch stabiles Land oder eine Provinz eines Landes, in der die althergebrachte Tauschwirtschaft nicht mehr funktioniert und Armut herrscht*, zum Beispiel auf einige Provinzen Brasiliens und deren Megametropolen, inklusive gruseliger Slums.** Unsere Hilfe wird dort besonders wirksam, weil die Lage politisch stabil ist und all die hübschen, neu gebauten Bahnhöfe und Hafenanlagen nicht sofort wieder kaputt geschossen werden. So werden stabile Verhältnisse auch für andere Entwicklungsländer erstrebenswert, denen Industrieländer Win-win-Partnerschaften in Aussicht stellen. Bei uns setzt – wie bei UNICEF-Patenschaften mit Personen – eine Identifikation mit »unserem Partnerland« ein. Das ruft auch private Hilfsbereitschaft hervor, wenn sie durch die Medien entsprechend unterstützt wird. Globale und daher oft anonyme Hilfe läuft den Gesetzen unserer Psychologie entgegen: *Wen wir kennen, dem helfen wir gern.* Wenn wir einen klar definierten Empfänger für Hilfeleistungen haben, den wir durch die Medien, durch Schüler- und Kulturaustausche und durch geschickte Tourismusförderung nach und nach kennenlernen, werden wir uns mit ihm identifizieren. Man beginnt, sich verantwortlich zu fühlen, und beobachtet die Fortschritte der Entwicklung, die man angestoßen hat. Wie bei

---

* Dass die ganze Welt nach dem Modell entwickelter Wirtschaften umgestaltet wird, können wir nicht wollen. In manchen Ländern funktioniert die traditionelle Lebensweise im Prinzip noch, da sollte man sich aus ökologischen Gründen zurückhalten. In anderen Ländern kollabiert das althergebrachte Wirtschaften, und es herrscht Armut. Da muss man intervenieren.

** Das Beispiel ist recht willkürlich gewählt und soll nicht bedeuten, dass Brasilien das optimale Partnerland für uns wäre.

einer Dokusoap kann man nicht abschalten, ohne zu wissen, wie es weitergeht. Wir würden also mehr Entwicklungshilfe geben, um begonnene Projekte erfolgreich zu beenden.

Zweite Stufe: Deutsche und Brasilianer könnten in beiden Ländern gemeinsam Schulen und Universitäten schaffen, an denen obligat die jeweils andere Sprache und Wissen um beide Kulturen vermittelt werden. Sobald die Brasilianer »Alle meine Entchen« auf Deutsch trällern können, sind sie in Deutschland hochgradig integrationsfähig. Die Brasilianer könnten als Arbeitskräfte nach Deutschland zuwandern und helfen, die Sozialsysteme zu sichern. Einige verjüngen unsere Gesellschaft dauerhaft, und Deutschland könnte von neuen kulturellen Impulsen lernen. Andere kehren nach Brasilien zurück und bringen Rentenansprüche und Wissen mit. Damit müssten sie ihre Altersvorsorge nicht mithilfe des fünften Babys sichern. Der Wohlstand steigt in Brasilien, und damit sinken dort Armut und das Bevölkerungswachstum.

Dritte Stufe: Wäre das Geschrei über den Ausverkauf der deutschen Wirtschaft nicht groß, wenn Löhne und Renten nach Brasilien abflössen? *Nicht, wenn man auf Dauer einen gemeinsamen Arbeits- und Absatzmarkt schüfe. Der deutschen Volkswirtschaft fehlen nicht nur Arbeitskräfte, sondern auch Konsumenten.* Für die hiesigen Konsumenten muss man schon immer neue Funktionen für das Smartphone erfinden, wo doch bekannt ist, dass die Kunden nur einen kleinen Teil der Funktionen des Wundergeräts nutzen. Da weht in Brasilien noch ein frischer Wind. Die Brasilianer konsumieren in Deutschland, solange sie dort arbeiten, einige werden auch dauerhaft bleiben. Und auch in Brasilien wird sich das Konsumverhalten ändern: Weil viele Brasilianer Deutsch sprechen und besondere Verbindungen zu Deutschland und Nutella haben, werden die Deutschen eine privilegierte Position beim Erschließen des immer stärker werdenden brasilianischen Absatzmarktes haben. *Ökonomisch holt Brasilien beziehungsweise die ausgewählte Provinz ihr Wachstum nach, aber gleich mit in Deutschland etablierten Techniken, also »sauberer«, als das sonst der Fall wäre.* Wenn sich in Deutschland eine Ökonomie etablieren sollte, die auf Wachstum und Konsum verzichtet, wird dieser Trend auch in Brasilien nachgeahmt. Das kann dann einsetzen, wenn die Wirtschaft auf einem Niveau ist, auf dem man darüber nachdenken kann, nicht mehr zu wachsen.

Sind die brasilianischen Arbeiter bei uns aber nicht eine ökologische Nullnummer, weil sie unsere Konsumgewohnheiten kopieren? Ich denke nicht. Sie sind in einem Entwicklungsland aufgewachsen und haben, bevor sie nach Deutschland kommen, dort weniger Emissionen verursacht als hiesige Kinder hier. Egal, in welchem der beiden Länder sie dann wohnen, sie reduzieren das Bevölkerungswachstum, das sie verursachen würden, wenn sie weiter in Armut lebten. Egal, in welchem der beiden Länder sie wohnen, sie nutzen sauberere Technologie und helfen »leap-frogging«, also das Überspringen »schmutziger« Phasen in der Technologieentwicklung, zu betreiben. Gesetzliche Regelungen zugunsten der Umwelt und des Klimas würden in beiden Ländern umgesetzt, dazu würde die Parallelität der Wirtschaftsstrukturen zwingen. Zukünftiger Konsum bei uns und in Brasilien muss als durch einen CO_2-Preis gebändigt gedacht werden. Zudem erhielte Deutschland politischen Einfluss, den es zum Beispiel für den Schutz des Regenwaldes einsetzen könnte.

Langfristig sollten wir also nicht nur Zuwanderung, sondern auch eine Art wirtschaftliche Fusion der Gesellschaften anstreben, die unsere Alterspyramide dauerhaft ausgleicht. Das beschriebene Modell stellt einen ersten Schritt auf diesem Weg dar. Probleme bei der Integration von Ausländern und Vorwürfe, das gerade beschriebene Modell sei Neokolonialismus und in verschiedenen Hinsichten ungerecht, habe ich anderenorts ausführlich behandelt (Gesang 2017a): Es wäre leichtfertig, im Kampf gegen den Klimawandel auf die Möglichkeiten der Bevölkerungspolitik zu verzichten. Wir sollten auch politisch um internationale Anreize gegen einen Bevölkerungszuwachs kämpfen und müssen über Bevölkerungspolitik im eigenen Land nachdenken, wo die ökologischen Fußabdrücke groß sind. Win-win-Partnerschaften können uns dabei helfen.

10 Soziale Gerechtigkeit oder Klimaschutz?

Versetzen wir uns in eine allabendliche Talkshow-Situation. Es geht natürlich um den Klimawandel. Der engagierte Vertreter der Grünen hat gerade einen mehr oder weniger radikalen Vorschlag unterbreitet, und wir haken an der Stelle ein, an der der große, grau melierte Moderator den Einwand bringt, dass die Ärmsten in der Gesellschaft am meisten für die Energiewende zahlen müssen: »Wollen Sie das Steak für Hartz-IV-Empfänger doppelt so teuer machen?« Eine wirklich alltägliche Situation, über die wir uns Gedanken machen müssen. *Wie ernst müssen wir soziale Gerechtigkeit nehmen, beziehungsweise kann sie engagierten Klimaschutz ausbremsen oder gar überwiegen?*

Bevor wir uns dieser Frage stellen können, müssen wir ein komisches Hobby der Philosophen praktizieren und etwas Begriffsanalyse betreiben. Es lassen sich vier Gerechtigkeitsprinzipien unterscheiden:

1. *Soziale Gerechtigkeit*: verstanden als gerechte Verteilung zwischen existierenden Bürgern in einem Staat.

2. *Soziale, intergenerationelle Gerechtigkeit*: verstanden als gerechte Verteilung zwischen existierenden Bürgern eines Staates untereinander und seinen zukünftigen Bürgern.

3. *Internationale Gerechtigkeit*: verstanden als gerechte Verteilung zwischen allen existierenden Staaten, zwischen deren existierenden Bürgern und gegenwärtig lebenden staatenlosen Menschen.

4. *Intergenerationelle Gerechtigkeit*: verstanden als gerechte Verteilung zwischen den global existierenden Generationen untereinander und zukünftigen Generationen.

Diese vier Prinzipien können beim Klimaschutz auf verschiedene Weise in Konflikt geraten oder Allianzen bilden: »Gerechtigkeit wird auf sehr verschiedene Weise verstanden. Teilweise dient der Bezug auf die Gerechtigkeit sogar dazu, völlig entgegengesetzte Strategien zu begründen« (Edenhofer et al. 2010, 56 f.). Klimaschutz bildet häufig eine Allianz mit intergenerationeller Gerechtigkeit. Der Vorwurf an die heutigen Staaten und deren Bürger lautet, dass die heute existierenden Generationen sich an den Vorräten bedienen, die zukünftige Generationen für ein menschenwürdiges Leben benötigen. Verteilungen werden global betrachtet, allein schon, weil sich viele Klimaschutzmaßnahmen global auswirken. *Klimaschutz als Aufforderung, Emissionen zu vermeiden, hat ein zwiespältiges Verhältnis zu internationaler Gerechtigkeit.* Der Klimawandel ist eine Ursache für heutige globale Armut, er zerstört Ernten und Lebensräume, daher ist Klimaschutz ein Gebot internationaler Gerechtigkeit. Aber selbstverständlich schränkt das Vermeiden von Emissionen Wachstum auf fossiler Grundlage ein und hemmt damit die Bekämpfung von Armut, zumindest kurzfristig. Hier kollidieren eine bestimmte Art des Klimaschutzes und das Prinzip der internationalen Gerechtigkeit. Uns geht es aber insbesondere um das Verhältnis von Klimaschutz und sozialer Gerechtigkeit (eingegrenzt durch die obigen Prinzipien 1 und 2). Wie wirkt sich Klimaschutz auf die Schlechtgestellten in unseren Industriegesellschaften aus? Das ist die große Frage der *Bild*-Zeitung. Auch bei diesem Verhältnis sind zwei Seiten zu beachten:

Erst einmal muss man feststellen, dass bei der Energiewende bisher wirklich Ungerechtigkeiten entstanden sind. Gerade die armen Menschen in den Industrieländern können Energiekosten kaum vermeiden. Sie können keinen eigenen Strom produzieren oder ihre Mietwohnung aufwendig dämmen. Außerdem belastet sie die Abgabe eines fixen Geldbetrags, beispielsweise für die EEG-Umlage, stärker, weil ein Haushalt nahe der Armutsgrenze damit ein höheres relatives Opfer erbringt als ein wohlhabender Haushalt. Das lehrt das Prinzip vom abnehmenden Grenznutzen, das besagt, dass ein Euro einem armen Menschen mehr nützt als einem reichen. So schreiben Heindl et al.: »Der Effekt von Steigerungen beim Strompreis trifft Haushalte mit geringem Einkommen doppelt so stark wie die oberen 70 Prozent der Einkommen« (Heindl et al. 2014, 512). Ob das Ansteigen des Preises wirklich durch die EEG-Umlage verursacht wird, ist umstritten (dagegen: Kemfert 2013, 5. Kapitel), aber das spielt auch keine entscheidende Rolle: In der öffentlichen Wahrnehmung wird dem EEG der schwarze Peter zugeschoben.

Die andere Seite der Debatte, die oft übersehen wird, ist folgende: *Der Klimaschutz nützt auch den schlechtgestellten Bürgern unserer Gesellschaften*, denn ihrer und vor allen Dingen ihrer Kinder Wohlergehen wird durch den Klimawandel mindestens genauso gemindert wie das eines jeden anderen Bürgers, etwa durch eine geringere Lebenserwartung in heißen Sommern. Auch hier entsteht eine soziale Asymmetrie, denn Reiche können in Zeiten der Hitzewellen verreisen oder teure Klimaanlagen installieren, was Arme nicht können.

Die soziale Ungerechtigkeit, die der bisherige Klimaschutz verursacht, kann ehrgeizigen Klimaschutz diskreditieren. Soziale Gerechtigkeit genauso wie internationale Gerechtigkeit müssen bei der Energiepolitik mitbedacht werden, um ihre Akzeptanz zu sichern. Nur so ist ein breiter Konsens für innovative Energiepolitik zu erreichen. Das haben auch alle verstanden, denn selbst die Grünen beabsichtigen, CO_2-Steuern und andere Abgaben den Geringverdienern auf anderem Wege zurückzuerstatten.* Auch international ist klar, dass vorrangig die Verursacher von Klimaschäden zur Kasse gebeten werden sollten, damit armen Nationen ein nachholendes Wachstum ermöglicht wird. Allerdings weigern sich die fest von den Fürsten der Finsternis regierten Nationen, die den Klimaschutz torpedieren wollen, hier wie auch überhaupt mitzuspielen. Hier könnte man die Debatte eigentlich schließen, der Klimaschutz muss soziale Gerechtigkeit einschließen, wenn er vom Fleck kommen will.

Aber den Philosophen interessiert auch die radikalere Frage, *ob soziale Gerechtigkeit (im Sinne des ersten obigen Prinzips) wichtiger als engagierter Klimaschutz ist* und diesen aushebeln oder erheblich relativieren kann. Das im letzten Absatz referierte Zugeständnis beachtet *soziale Gerechtigkeit ja nur als Mittel*, um energischen Klimaschutz umsetzen zu können. Sie ist die Voraussetzung, um einen Konsens für Klimaschutz zu erzielen. Kritiker könnten einwenden, hier werde erneut etwas Richtiges aus den falschen Gründen abgeleitet. Verdient soziale Gerechtigkeit nicht größere Beachtung, ja einen Primat vor dem Klimaschutz?

Diese Frage kann man aus verschiedenen Blickwinkeln beantworten. So stehe ich auf dem sehr unpopulären ethischen

---

* Einfach Geld zurückzuzahlen erzeugt jedoch nicht nachhaltigen Konsum. Gutscheine für den ÖPNV et cetera zur Auswahl zu stellen wäre wohl sinnvoller.

Fundament des *Utilitarismus*. Aus dieser Perspektive ist die Antwort auf die Frage nach der Wichtigkeit sozialer Gerechtigkeit einfach, manche mögen meinen, zu einfach. Zumindest ist sie so einfach, dass sie nicht talkshowfreundlich ist, denn sie zeigt den sozial Schwachen ein wenig die kalte Schulter. Wenn man den Klimaschutz insgesamt drastisch vernachlässigt, wird das in Gegenwart und Zukunft viel mehr Leid erzeugen, als es Verletzungen der sozialen Gerechtigkeit können. In der Zukunft werden wahrscheinlich viel mehr Menschen leben als in der Gegenwart, und es geht um deren Grundbedürfnisse und ihr Überleben. Deshalb überwiegt das Leid, das der Klimawandel zukünftig erzeugt, die Interessen in der Gegenwart, was bedeutet, *dass intergenerationale Gerechtigkeit für den Utilitaristen gegenüber sozialer und internationaler Gerechtigkeit (an den Stellen, an denen sie mit dem Klimaschutz kollidiert) einen Primat hat.** Gleichwohl sind die Anliegen internationaler und sozialer Gerechtigkeit wichtig, das heißt, auch sie verhindern viel Leid. *Daher befürwortet der Utilitarist eine Strategie, bei der, wenn möglich, alle vier Prinzipien beachtet werden.* Globale intergenerationelle Gerechtigkeit integriert die Perspektiven aus allen vier Prinzipien und gewichtet sie. Sie ist das einzige Gerechtigkeitsprinzip, das wirklich universell ist und nicht mit willkür-

---

* Ein vernünftiger Utilitarismus kann Konzepte wie Gerechtigkeit oder Rechte integrieren, ja er begründet sie allein überzeugend. Während der Corona-Krise konnte man beobachten, dass der Satz »Moderne Moralität ist deontologisch« (Nida-Rümelin 2015, 260) falsch ist, denn höchstens die deutsche Verfassung ist das. In Italien und in Schweden wurde eher utilitaristisch verfahren. Auch in Deutschland gab es ernsthafte Debatten, und wären unsere Intensivbetten überfüllt gewesen, wäre die intuitiv absurde deontologische Rechtsgrundlage sicherlich auch häufig »interpretiert« worden. Sie taugt zwar für Sonntagsreden, ist aber nicht praxisfest (vgl. die Debatte um das Luftsicherheitsurteil des Verfassungsgerichts und v. Schirachs Theaterstück »Terror«).

lichen Grenzen in Raum und Zeit arbeitet, die moralisch betrachtet keinen Unterschied machen. D. Parfit hat, wie bereits gezeigt, argumentiert, dass es keinen Pflichtenrabatt pro Kilometer und Stunde gibt, und genau den scheinen Vertreter rein sozialer Gerechtigkeit gern zu kassieren. Natürlich kann man erst in konkreten Situationen sagen, wie viel Einbuße an sozialer Gerechtigkeit durch wie viel mehr Klimaschutz gerechtfertigt werden kann, jedoch kann man hier abstrakt festhalten, dass beide Größen nicht gleichgewichtig sind.

Der Klimawandel trifft besonders die ärmsten Menschen der Welt in Gegenwart und Zukunft, da sie sich keinen Schutz vor Klimaschäden leisten können. *Der Utilitarismus vergleicht Leid global und über die Zeit hinweg:* Arme in Industrieländern sind *relativ arm*, verglichen mit dem Rest ihrer Gesellschaft. So besteht in diesen Ländern auch kein Risiko zu verhungern. Arme im globalen Süden und in zukünftigen, vom Klimawandel regierten Generationen sind hingegen oft *absolut arm*, das heißt, sie haben beziehungsweise werden gemäß internationalen Standards der Weltbank pro Tag weniger als 1,90 Dollar zur Verfügung haben. Der Utilitarismus zwingt uns zu diesem Vergleich *und zu einer Bevorzugung der Ansprüche von absolut Armen*. Also überwiegen sowohl intergenerationelle wie internationale Gerechtigkeit die soziale Gerechtigkeit. Relativ Arme in Industrieländern haben über das Sozialsystem eine Absicherung, die sie über die »Schwelle, ein gutes Leben zu führen« bringen und zur Teilnahme an der Gesellschaft befähigen sollte. Natürlich sieht die Praxis oft nicht ganz so rosig aus, aber in Bangladesch kämpfen die Menschen mit ganz anderen Problemen. Gerade hier greift das oben beschriebene Prinzip vom abnehmenden Grenznutzen. Platt gesagt: Die wegschwimmende Hütte in Bangladesch wiegt mehr als der Verzicht auf einen Kinobesuch.

Wenn in der besagten Talkshow ein Unionspolitiker dann plötzlich glaubt, energisch darauf hinweisen zu müssen, im demokratischen Rechtsstaat müsse man die *Menschenwürde aller Menschen* sichern und deshalb auch die sozial Schwachen mitnehmen, dann irrt er. Auswirkungen auf die Menschenwürde sind so definiert, dass sie wirklich erst bei drastischen Übeln für die Betroffenen entstehen. Übel dieser existenziellen Dimension kann der Klimawandel entstehen lassen, aber weniger eine Sozialpolitik, die weiterhin das Existenzminimum sichert. Es geht nicht an, die Erfüllung von Konsumbedürfnissen, die immer weiter ansteigen, in die Definition von Menschenwürde zu übernehmen. *Relativ arm zu sein ist, in gewissen Grenzen, nicht menschenunwürdig.*

So einfach und klar ist das utilitaristische Urteil, auch wenn man natürlich anerkennen muss, dass Armut in Gesellschaften der Industrieländer etwa soziale Isolation und damit zum Beispiel echtes Leid erzeugt, weil man etwa nicht an Freizeitaktivitäten teilnehmen kann. Dieses Leid soll überhaupt nicht kleingeredet, aber in Relation gesetzt werden zu dem gegenwärtigen und zukünftigen Leid in Entwicklungsländern. Freilich steht auch außer Frage, dass der monatliche Kinobesuch wichtiger ist als das Cabrio als Zweitwagen. *Ehe man irgendwelche Abstriche bei sozial Schwachen macht, ist es sowohl aus utilitaristischer wie aus gerechtigkeitstheoretischer Sicht geboten, den Reichen und Superreichen in die Tasche zu greifen.* Zwar diskutieren wir hier das Verhältnis von Klimaschutz und sozialer Gerechtigkeit und den Primat des Klimaschutzes, jedoch erfordert jede praktische Lösung, dass man dabei die soziale Gerechtigkeit innerhalb einer Gesellschaft nicht aus den Augen verliert.

Aber dieser utilitaristische Blick auf das Verhältnis von Klimaschutz und sozialer Gerechtigkeit ist vergleichsweise uninteressant, denn das Urteil ist vorhersehbar. Interessanter ist, dass selbst innerhalb des Lagers der Gerechtigkeitstheoretiker große Uneinigkeit darüber herrscht, wie weit das mit der sozialen Gerechtigkeit gehen soll. Ich will zeigen, dass sich das oben dargestellte erste Gerechtigkeitsprinzip *als ungerecht* verstehen lässt. So lässt sich ein Primat sozialer Gerechtigkeit vor dem Klimaschutz nicht als gerecht rechtfertigen, selbst wenn man die gerechtigkeitstheoretische Brille aufsetzt. Wenn das stimmt, ließe sich hier die Gerechtigkeitstheorie mit dem Utilitarismus verbinden. Damit wären wir auf dem Wege einer Konsensethik, die ihre Urteile auf Übereinstimmung zwischen möglichst vielen normativen Ethiken gründet, wie in der Einleitung gefordert.

11 Ist soziale
Gerechtigkeit gerecht?

Setzen wir uns also die bestaussehende Gerechtigkeitsbrille auf, denn eine solche Brille zu tragen zeichnet jeden echten Helden aus, auch wenn man in der Vergangenheit nicht dieses schicke Modell wählen konnte. Fokussieren wir den Konflikt der vier verschiedenen Gerechtigkeitsprinzipien auf drei, weil uns Binnenkonflikte zwischen internationaler und intergenerationeller Gerechtigkeit nicht interessieren, wenn es darum geht, die Defizite sozialer Gerechtigkeit aufzuzeigen. Die Beschränkung auf rein auf die Gegenwart bezogene, soziale Gerechtigkeit (eingegrenzt durch obiges Prinzip 1) wird wie folgt begründet:

Das Prinzip der sozialen und nationalen Gerechtigkeit geht inhaltlich davon aus, dass Gerechtigkeit auf einem Konsens (»Vertrag«) in einer Gesellschaft zum wechselseitigen Vorteil der Mitglieder dieses illustren Clubs basiert. Gerechte Behandlung als ein Recht können nur die Clubmitglieder beanspruchen, die selbst in der Lage sind, Pflichten zu erfüllen (vgl. Gosepath 2004, 262). Sollten einige Rechte haben, die keine Pflichten erfüllen können, wäre der wechselseitige Vorteil dahin.

Daher sind Tiere, zukünftige Generationen und meist auch wirtschaftlich schwache Staaten und deren Bürger (siehe unten) für diese Position schnurzpiepegal (Ott 2001, 129 f.; Gosepath 2004, 262). Zukünftige Generationen können zum Beispiel keine Pflichten gegenüber der Gegenwart erfüllen, also für die Kosten niemanden entschädigen, die es verursacht, sie zu schonen. Es verbleiben für diese ein wenig nüchterne Position des »Kontraktualismus« meist rein auf die gerade lebenden Mitglieder eines Staatswesens bezogene Gerechtigkeitsansprüche. Von Gerechtigkeit kann dabei die Rede sein, wenn folgende Grundidee gilt:

Wenn die Bürger eines Staates anlässlich seiner Gründung die Verteilungsgrundsätze und Institutionen auswählen, die Verteilungen regeln (Rawls nennt das »Wahl im Urzustand«), muss eine *generelle Unparteilichkeit der Entscheidung* gewahrt bleiben, damit man diese Wahl *gerecht* nennen kann, so John Rawls (Rawls 1993, 1–24.) Daher konzipiert Rawls für diese fiktive Stunde null einen »Schleier des Nichtwissens«, den jeder Bürger trägt und unter dem ihm *konkrete Informationen* über seine Situation in der Gesellschaft und seine Zukunft fehlen. Er weiß nicht, ob er ein Krösus oder ein Tellerwäscher wird beziehungsweise Bedingungen vorfindet, die das eine oder das andere begünstigen. *Verschleiert zu entscheiden bedeutet, gerecht zu wählen, nämlich zufällige Vorteile und Machtpositionen auszuschalten.* Dieses Gerechtigkeitsverständnis finde ich überzeugend, und es macht die Wahl dieser Brille so attraktiv. Zudem ist dieses Brillenmodell auch der Bestseller im Laden, weil es aus dem Hause Rawls stammt und daher von der bekanntesten Marke auf dem Markt ist. Letztlich wird jeder verschleierte Bürger Grundsätze wählen, die ihn in jeder möglichen Situation und nicht nur in seiner tatsächlichen Lage so gut wie möglich stellen, daran glaubte Rawls fest.

Rawls hat das bezüglich des Verhältnisses von Reichen und Armen beim Abgreifen von Gütern so ausbuchstabiert: *Innerhalb einer Gesellschaft soll* (aus stahlhartem Kalkül, nicht aus gefühlsduseligem Mitleid) *die Position der am schlechtesten gestellten Gesellschaftsmitglieder größtmöglich bei jeder ungleichen Verteilung von Gütern verbessert werden.* Nur dann ist eine ungleiche Verteilung gerecht. Dieser Ansatz wird auch *Differenzprinzip* genannt. So weit die Grundidee und die Rechtfertigung sozialer Gerechtigkeit.

Das Prinzip der sozialen Gerechtigkeit und seine inhaltliche Füllung sind vielfach angreifbar. Es verletzt viele moralische Intuitionen, denn dass Moral gerade die Schwachen auf der Welt nicht schützt, ist skandalös. Das Prinzip verletzt insbesondere Gerechtigkeitsintuitionen: Der Schleier des Nichtwissens scheint bei Prinzip 1 gehörig löchrig zu sein, denn man weiß, zu welcher Generation und welchem Staat man gehört (die Wahl findet in einem bestimmten Staat für alle seine Bürger und Institutionen statt). Sonst würde man diesem Prinzip nie zustimmen, da andere Generationen und Staaten, und damit man selbst in anderen Generationen und Staaten, bei der Bescherung leer ausgehen. Also ist bloße soziale Gerechtigkeit eigentlich gar nicht gerecht, wenn der Schleier des Nichtwissens Gerechtigkeit herstellt, denn in diesem Schleier haben sich Motten eingenistet. Kurz nachdem wir die Gerechtigkeitsbrille aufgesetzt haben, scheitert der Primat der sozialen Gerechtigkeit schon. Jedenfalls ist dieses Prinzip auch gemäß der berühmten Gerechtigkeitstheorie von Rawls nicht gerecht, denn dieser vertritt das 2. Prinzip, das der sozialen intergenerationellen Gerechtigkeit: Rawls buchstabiert die Idee der Verteilungsgerechtigkeit dabei ähnlich wie das 1. Prinzip innerhalb eines Staatswesens aus, nur dass er zukünftige Generationen der Staatsbürger einbezieht (ähnlich wie wir im letzten Kapitel den Demos definiert haben.) Ein nationales intergenerationelles Prinzip sozialer Gerechtigkeit begründet er wie folgt:

Gerechtigkeit bedeutet, wie gesagt, Unparteilichkeit, das heißt, einen Schleier des Nichtwissens zu tragen. Dieser gebietet es, dass die Bürger eines Staates zum Zeitpunkt der Wahl seiner Institutionen nicht wissen, welcher Generation sie angehören (Rawls 1993, 159). Um einen Zustand der Gesellschaft zu erreichen, in dem eine materielle Grundlage für gerechte Institutionen besteht, *sollte jede Generation etwas sparen, was sie der nächsten hinterlässt*. Da decken sich die Intuitionen von Rawls mit denen meiner Großeltern. Deshalb müssen die am schlechtesten Gestellten einer jeden Generation festlegen, welche Sparrate sie für fair halten. Das Sparen kommt nahezu allen Generationen zugute, sodass man sagen kann, dass die Generationen »Pflichten« zu sparen gegeneinander haben (Rawls 1993, 319–332). So weit, so nett.

Auffällig ist Folgendes: Engagierten Klimaschutz kann man auch schon mit diesem zweiten Prinzip rechtfertigen. Zwar können die am schlechtesten Gestellten den Umfang des Sparens bestimmen, jedoch kann dieser trotzdem erheblich sein, da Klimaschäden auf Dauer immens zulasten der Schlechtgestellten gehen. Klimaschutzmaßnahmen, die das verhindern, lassen sich nur als Anpassungsmaßnahmen national begrenzen. Wenn man nationalen Klimaschutz betreibt, indem man Emissionen vermeidet, betreibt man auch globalen Klimaschutz.

Auch das Prinzip der nationalen intergenerationellen Gerechtigkeit steht im Kreuzfeuer der Kritik: Es überrascht, dass Rawls die zeitliche Ausdehnung der Verteilungsgerechtigkeit, die er ja explizit fordert, anders behandelt als die räumliche, die er ablehnt. *Er weist eine internationale Theorie der Verteilungsgerechtigkeit zurück* (Zanetti 2017, 317) *und schließt extrem »belastete« (das heißt in der Regel sehr arme) Gesellschaften von der Wahl einer gerechten Ordnung der Völker aus.* Diese findet in einem Gedankenexperiment statt, das »Wahl im internationalen Urzustand« heißt und das der Wahl im nationalen Fall analog ist: Es werden in diesem Zustand und unter den bekannten Bedingungen eines Schleiers des Nichtwissens Grundsätze der Gerechtigkeit zwischen »wohlgeordneten«[*] Völkern von Vertretern solcher Völker gewählt. Aber die »belasteten« Völker sind bei dieser Wahl nicht beteiligt (Rawls 2002, 36; Zanetti 2017, 327). Man weiß also, dass man nicht zu diesen Schmuddelvölkern gehört, wenn man an dieser Wahl teilnimmt (Pogge 2001, 247). Da der Urzustand und die Wahl nicht real, sondern nur im Kopf stattfinden, kann man das so übersetzen, dass man bei der Überlegung, wie globale Gerechtigkeit aussehen könnte, die Perspektive und Interessen der Schmuddelvölker ignoriert. Das würde analog bedeuten, auf nationaler Ebene die sozial Schlechtestgestellten bei der Wahl im Urzustand auszuklammern. Gerade auf die kommt es Rawls aber auf dieser Ebene an, deshalb kann er auch als Beschützer der Hartz-IV-Empfänger in Deutschland gelten. Man hört förmlich, wie's hier im Gebälk der hehren Theorie ächzt und kracht, so verquer ist die gesamte Architektur. Man muss also einen ganzen Schwarm von Motten im Schleier des Nichtwissens diagnostizieren.

Rawls führt als Grund für diese verquere Architektur an,

---

[*] Wohlgeordnet sind liberale Demokratien und »achtbare« hierarchische Völker, die eine innere Ordnung haben. Was sich genau hinter diesen Begriffen versteckt, müssen wir nicht wissen. Jedenfalls werden »belastete« Gesellschaften ausgeschlossen, die durch »ungünstige Umstände« wie fehlendes Humankapital, fehlende materielle oder technische Ressourcen et cetera nicht wohlgeordnet sind (Rawls 2002, 131 f.).

dass Ungleichheit in den je nationalen Gesellschaften nur dann ein Übel darstelle, wenn sie dazu führe, dass Schlechtgestellte ein vernünftiges und lebenswertes Leben nicht mehr leben können. Eine ähnliche Gefahr wäre auf internationaler Ebene durch eine *Unterstützungspflicht* abgewendet, die für arbeitsfähige Regierungen sorge und die anstelle von Verteilungsgerechtigkeit zwischen den Völkern gelte (Rawls 2002, 141 f.). Also ignoriert er die Interessen der Schmuddelvölker nicht völlig, sondern führt eine ominöse Unterstützungspflicht anstelle von Gerechtigkeit ein. Gleichwohl irritiert, dass das Ziel dieser Unterstützungspflicht darin besteht, belasteten Gesellschaften eine funktionierende Regierung zu verschaffen, »auch wenn die Gesellschaften nach wie vor vergleichsweise arm sein mögen« (Rawls 2002, 137). Also sichert die Unterstützungspflicht den Bürgern belasteter Gesellschaften nicht etwa ein lebenswertes Leben (Zanetti 2017, 326). Man will also in einem Gebäude mit einem Stützpfeiler eine Decke sichern, die nicht durch die Wände getragen wird, aber der Stützpfeiler ist gar nicht mit der Decke verbunden. Skurril, kann man nur sagen, von so einem Architekten möchte man sich kein Haus bauen lassen.

Ist also das Gerechtigkeitsprinzip 2 das richtige oder muss man zu Prinzip 4 übergehen?

Das 4. Prinzip einer universellen intergenerationellen Gerechtigkeit besagt inhaltlich Folgendes: *Gerechtigkeit, im Sinne von Rawls'scher Verschleierung, sollte zwischen allen Wesen herrschen, die unter Gerechtigkeitsdefiziten leiden können* (Gosepath 2004, 259 f.).

Das schließt zukünftige Generationen und eine globale Anwendung ein (zur noch tieferen Begründung siehe Tremmel 2012; Gosepath 2004, 263 f.). Ansprüche gegenüber Tieren werden meist nicht durch Gerechtigkeit begründet, sondern durch deren Wohlergehen, da Tiere beispielsweise nicht unter Ungleichheit leiden, sondern einfach nur unter schlechten Lebensbedingungen.

Rawls weigert sich, wie gesagt, das 2. Prinzip nach seiner zeitlichen Universalisierung auch räumlich auszudehnen. Gerecht wäre nach der *Logik des Universalisierens* also das Prinzip 4, jedoch gibt der »berühmteste Gerechtigkeitstheoretiker aller Zeiten« die Forderung nach globaler Verteilungsgerechtigkeit lieber auf, statt der Logik zu folgen. Damit ist erneut klar: Nehmen wir die Gerechtigkeitsbrille aus dem Etui, ist ein Primat sozialer Gerechtigkeit nicht zu halten. Gerade mit dem Verständnis von Gerechtigkeit als Schleier des Nichtwissens muss man zu universeller Gerechtigkeit übergehen. Unser Beweisziel haben wir bereits mehrfach erreicht, soziale Gerechtigkeit reicht nicht aus.

Suchen wir nach den Gründen, warum Rawls eine so seltsame Pirouette dreht. Irgendetwas muss ja dafür sprechen, denn seine Weigerung, Verteilungsgerechtigkeit zu universalisieren, zerstört sein ganzes System, indem sie *massive Selbstwidersprüche* provoziert: *Der von ihm entwickelte Schleier des Nichtwissens wird von Rawls selbst zerrissen. Fast alle Gründe, die nach Rawls gegen eine Internationalisierung von Gerechtigkeit und Gleichheit sprechen, könnte man auch auf die nationale Ebene und damit auf das Differenzprinzip anwenden.*

Der wirksamste Grund gegen ein Ausdehnen besteht offenbar in der Befürchtung, intergenerationelle Verteilungsgerechtigkeit werde *extrem teuer* für die werden, die etwas besitzen (Rawls 2002, 145 f.; Miller 2012, 301). Intergenerationelle Gerechtigkeit würde als zahnloser Tiger enden und nie durchgesetzt werden, weil das zu teuer ist. *Ist es nicht sinnvoll, ethische Forderungen, die jedenfalls zu Überforderungen werden, erst gar nicht zu formulieren?* Steckt in dieser Frage die Weisheit, die man bisher schmerzlich bei Rawls' Theorie internationaler Gerechtigkeit vermissen muss? Sollte die Durchsetzbarkeit nicht letztlich entscheidend sein? Viele Philosophen antworten ablehnend, dass sich Umsetzung und Höhe von Forderungen aus zwei verschiedenen Überlegungen ableiten, die man nicht vermengen darf. Konkret: Wenn man Gerechtigkeit über den Schleier des Nichtwissens definiert, zwingt die »Logik des Begriffs«, ihn über Raum und Zeit auszudehnen. Wenn Gerechtigkeit wirklich durch diese Metapher ausgedrückt wird, geht das eben nicht anders. Fragen der Durchsetzbarkeit bewegen sich auf einer zweiten Ebene, die eben nicht dadurch bestimmt wird, was »idealerweise« richtig ist. Das Richtige besteht meist über einen längeren Zeitraum, je nach Theorie sogar zeitlos, während Durchsetzbarkeit sich je nach Umständen ändert. Wenn man ethische Forderungen gleich an der augenblicklichen Durchsetzbarkeit ausrichtet, wird Ethik witzlos, denn das »Sollen« wird dann gleich dem »Sein«. Es gibt kein Sollen mehr, denn mehr zu fordern als das, was ist, macht keinen Sinn. Wir alle kennen aber Beispiele, bei denen eine erst »undurchsetzbare« Norm später noch realisiert wurde. Das Gesollte kann das Sein verändern, was uns die Marxisten leider auf ihre Weise vorgeführt haben. Ergo: Geltung und Umsetzung von Normen sind erst einmal zwei verschiedene Themen.

Zudem kann man sich vor ausufernden Forderungen auch anders als Rawls schützen. Auch wenn man meint, eigentlich sei intergenerationelle Gerechtigkeit geboten, kann man anerkennen, dass uns das derzeit überfordert. Sodann wird man überlegen, ob (weil eigentlich viel mehr gefordert wäre) *wenigstens Mindeststandards vorstellbar sind, die die Welt ein Stück weit in Richtung des ethisch Richtigen bewegen.* Beispiele kennen wir aus dem 3. Kapitel, wo es um das »all affected principle« und sein abgestuftes Umsetzen ging, wie sie Goodin vorschlug (Goodin 2007, 65 f.). Wenn wir die Normen jedoch gleich der Durchsetzbarkeit anpassen, verlieren sie diese ihre Funktion als Wegweiser.

Auch dieser Versuch einer Begründung im Geiste von Rawls erklärt also nicht, weshalb man den mühsam gewebten Schleier des Nichtwissens gleich wieder durchlöchern sollte. *Damit ist es aus Gerechtigkeitsgründen notwendig, von sozialer zu universeller Gerechtigkeit überzugehen.* Zudem missachtet ein Primat sozialer Gerechtigkeit, dass der Klimaschutz auch den schlechtgestellten Bürgern unserer Gesellschaften nützt (vgl. wie diese Aussage untergeht: Heindl et al. 2014, 514). Vor dem Klima sind alle Menschen gleich.

Zu guter Letzt kann man noch eine andere Brille ausprobieren, weil aller guten Dinge drei sind: »Kommunitaristen« wie P. Taylor und M. Sandel behaupten, dass universelle Gerechtigkeit und universelle Nutzenmaximierung falschlägen: »Die Bürger sollen im Namen der Gerechtigkeit immer mehr Opfer bringen, aber sie stehen denen, für die das geschehen soll, immer ferner« (Kymlicka 1997, 192). Eine gemeinsame Lebensform sei nötig, um Opfer zu motivieren und zu rechtfertigen. Auf Deutsch: Wir und die, die zufällig in unserer Nähe weilen und uns bekannt sind, zählen mehr. America first! In der Tat, dies ist eine »Ethik«, die AfD und D. Trump gemeinsam nutzen können. Aber man weiß, dass Helden nicht wie Trump aussehen, zumal sie kein Toupet tragen. Gegen den Kommunitarismus lassen sich tonnenweise Argumente ankarren: Dieser Grundsatz entspricht einfach nicht unserem Begriff der Moral oder Ethik. Moral bedeutet, die Interessen beziehungsweise Rechte aller Betroffenen unparteilich zu beachten. Alles andere ist vom Gegenteil der Moral, dem Egoismus, inspiriert. Ich könnte jetzt seitenweise weitere Gründe gegen diesen Standpunkt finden, aber der Hauptgrund dafür, diese Brille schnell wieder abzusetzen, ist: Sie ist hässlich!

Transformationsfalle: Gewichte soziale Gerechtigkeit als solche nicht so hoch wie universelle Gerechtigkeit und prinzipiell schon gar nicht höher als engagierten Klimaschutz.

Aber vermeide, beides gegeneinander auszuspielen, um Verletzungen der sozialen Gerechtigkeit zu verringern und nicht zu gefährden, dass der Klimaschutz durchgesetzt werden kann. Allerdings wiegt soziale Gerechtigkeit mehr als die Luxusinteressen der Superreichen. Dennoch: Es gibt kein Recht auf Luxus für alle, und Klimaschutz darf, wenn das nicht anders geht, prinzipiell auch zulasten sozialer Gerechtigkeit gehen.

12 Gegen Tabus –
Die wichtigsten Thesen

1. Bei riskanten Technologien und Praktiken wie Biomasseausbau, BECCS, CCS, grüner Gentechnik und Geoengineering können wir es uns nicht mehr leisten, diese links liegen zu lassen. Wir müssen aber prüfen, wo sie primär den Profitinteressen mächtiger Industrien dienen und wo sie dringende Bedürfnisse der Armen und der Zukunft erfüllen.
2. Wachstumsbegrenzende Bevölkerungspolitik ist notwendig. Wenn sie über Anreize statt Zwänge umgesetzt wird, ist sie legitim. Mit Kindergeld und Kitas setzen wir heute Anreize für eine kinderreiche Gesellschaft, und diese Anreize unterwandern die freie Wahl der Nachkommenzahl nicht. Anreize sind legitim, Zwänge, wie in China eingesetzt, nicht.
3. Bevölkerungsbegrenzung sollte auch in den Industrienationen stattfinden, wo die Bürger einen viel höheren Pro-Kopf-Ausstoß an Klimagasen haben als in den Entwicklungsländern. Löcher in den Sozialkassen kann man durch eine

Mischung von intelligenter Verteilung der Arbeit und Zuwanderung stopfen. Win-win-Partnerschaften zwischen einem Industrie- und einem Entwicklungsland sind ein bisher nicht verfolgter Ansatz, um unsere Welt ein Stückchen besser zu machen.

4. Um Klimaschutz durchzusetzen, muss man ihn sozial gerecht gestalten. Ist soziale Gerechtigkeit aber nicht wichtiger als Klimaschutz? Nein, denn soziale Gerechtigkeit beschränkt sich auf Gerechtigkeit in den Industrienationen. Aber die Idee der Gerechtigkeit zwingt dazu, sie nicht nur auf bestimmte Nationen und die Gegenwart zu beziehen, und die erforderliche Gerechtigkeit zwischen den Generationen funktioniert nicht ohne Klimaschutz.

5. Klimaschutz kann sozialer Gerechtigkeit auch förderlich sein. Falls beide gegeneinanderstehen, wird er oft wichtiger als diese sein. Ehe Klimaschutz im Extremfall zulasten sozialer Gerechtigkeit geht, sollten allerdings die Reichen in den Industrienationen zur Kasse gebeten werden, statt relativ Arme gegen absolut Arme auszuspielen.

Kapitel 5
Ausblick

1 Schatten

Schaffen wir die Klimawende rechtzeitig? Rechtzeitig, um das 2-Grad-Ziel mit 2/3 Wahrscheinlichkeit einzuhalten, bedeutet, eine Emissionsgrenze von 700 bis 800 Gigatonnen zu beachten. Ansonsten riskieren wir, das 2-Grad-Ziel zu reißen und damit die schon beschriebene Feedbackschleife im Kohlenstoffkreislauf auszulösen. Das 1,5-Grad-Ziel setzt noch engere Vorgaben, aber weil schon das 2-Grad-Ziel illusorisch erscheint, habe ich ein schlechtes Gewissen, wenn ich vom 1,5-Grad-Ziel ausgehe. Was stimmt skeptisch? Manche meinen, historische Vergleiche stifteten Mut: dass man in Montreal bereits ein internationales Abkommen zum Verbot von FCKWs geschafft hat. Aber die Situationen ähneln sich nicht. Bei dem Abkommen von Montreal überwogen die Gewinne die Kosten bei Weitem, das Kosten-Nutzen-Verhältnis lag damals etwa bei 1 zu 64. Gewinne realisierten sich zumeist in Form von weniger Hautkrebs, was auch politisch kurzfristig vorzeigbar war. Beim Klima sind die Probleme verzwickter und die Erfolge langfristiger.

Es gibt zahlreiche Hürden auf dem Weg, das recht genau definierte 2-Grad-Ziel zu erreichen. Offen gesagt, es sieht schlecht aus. Pessimistisch stimmt, dass 2018 die CO_2-Emissionen ein Rekordhoch mit um 2,7 Prozent angestiegenen Emissionen gegenüber 2017 erreicht haben (Seidler 2017). Das Jahr 2019 dürfte nicht besser aussehen. Ebenso stimmt es sehr betrüblich, dass wir sehr viele *bestehende Kohlekraftwerke* haben und dass zahlreiche zusätzliche dieser CO_2-Schleudern bereits geplant sind. Ihre durchschnittliche Lebensdauer ist leider recht hoch. Der jetzige Bestand an Kohlekraftwerken wird im Laufe seiner Lebenszeit noch circa 500 Gigatonnen (Gt) CO_2 ausstoßen. Dazu kommen die *geplanten Kohlekraftwerke* mit einem Ausstoß von 150 Gt, über ihre Lebenszeit hochgerechnet, wenn sie wirklich gebaut werden. Weitere Emissionen verursachen der Verkehrssektor, die Landwirtschaft und andere Bereiche, die nicht in direkter Verbindung mit der Stromerzeugung stehen. Wenn wir das Verstromen fossiler Ressourcen mit den besagten 650 Gt beenden könnten (wozu bislang in vielen Ländern keine Absicht da ist), bleiben nur noch maximal 150 Gt, bis das 2-Grad-Ziel definitiv abgeräumt ist. O. Edenhofer schreibt, dass *Kohle wieder boomt* und in den meisten Regionen nach wie vor der billigste Brennstoff sei (Edenhofer und Jakob 2017, 80). Eine breite Strömung der Politik sympathisiert mit fossilen Energien, US-Abgeordnete und Senatoren beider politischen Parteien verdanken ihre politischen Karrieren zum Teil diesen Industrien. Im Zeitalter des Trumpismus ist es auch schwerer, Staaten wie China mit ins Boot zu holen, da China im Handelskrieg mit den USA keine Wettbewerbsnachteile riskieren kann. Außerdem lagern noch viele fossile Energieträger im Dunkel der Tiefen, sodass die Lords und Scheiche der dunklen Seite genügend Anreiz haben, ihre Bodenschätze zu vergolden, das »grüne Paradoxon« droht. Steuerpolitisch dagegen zu kämpfen erfordert globale Einigkeit, von der wir weit entfernt sind. Wenn wir aber alle fossilen Ressourcen verbrennen, die sich noch im Boden befinden, ist das Desaster gewiss.

Fehlende globale Einigkeit heißt auch der Tenor der *Klimakonferenz von Madrid*. Es macht keine Freude, nach solchen Ereignissen weiterschreiben zu müssen. Ich fürchte, wir müssen nun damit rechnen, weder das 1,5- noch das 2-Grad-Ziel zu erreichen. Die Welt hat sich also entschlossen, auf dem Rücken des Tigers zu reiten und sich der Dynamik des Klimasystems auszusetzen, egal, wohin das führt. Hoffentlich können wir doch noch irgendwie abspringen, ehe die Natur völlig aus dem Ruder läuft. Die Corona-Krise führt dazu, dass das Geld für einen Richtungswechsel knapper wird und dass global betrachtet Unsummen in die alten Strukturen der Wirtschaft fließen. Und zu guter Letzt steht uns auch noch die Digitalisierung ins Haus, die einen enorm gesteigerten Energiebedarf erzeugen wird, wenngleich sie auch großes Potenzial bietet, Energie einzusparen. Allerdings haben wir noch keine konkreten Ideen auf dem Tisch, wie das im großen Stil verwirklicht werden könnte, während die Nachteile auf der Hand liegen. Das Thema leitet damit vom Schatten zum Licht über, aber hier müssen wir festhalten, dass die Bataillone der Finsternis aus der Nähe betrachtet so erschreckend aussehen, wie in diesem Abschnitt beschrieben wurde.

2 Licht

Hier zeigen sich die Vorzüge des Fantasy-Genres. Übermächtige Feinde sind für große Siege notwendig, und Heere von Kreaturen der Finsternis wie Orks oder Trolle sind per definitionem riesig und grausig. Es wird nicht verzagt, sondern gekämpft, und zwar wie beim Tennis: »Immer den nächsten Ball spielen.« Genau das brauchen wir, Fantasy sollte die große Schule unserer Zeit sein. Es gibt auch viele Hoffnungsschimmer in den letzten Jahren, beflügelt durch das Pariser Klimaabkommen. Wie gewichten wir Licht und Schatten? Man muss sich erst einmal klarmachen, *dass Klimaschutz unverzichtbar ist, auch wenn wir das 2-Grad-Ziel reißen.* Wir wissen nicht sicher, ob der Klimawandel unaufhaltsam oder sich stetig zuspitzend verläuft beziehungsweise bis wann welches Modell vorherrscht. Wir müssen von der günstigeren Variante ausgehen, denn sonst stecken wir den Kopf vielleicht zu früh in den Sand. Dann ist mit Joachim Schellnhuber, dem ehemaligen Präsidenten des PIK und des WBGU, festzuhalten: »Der Klimawandel kann gestoppt werden, aber die Frage ist, wo genau wir ihn zum Stehen bringen. Jedes Zehntel Grad weniger Erwärmung dürfte einen spürbaren Unterschied machen« (Schellnhuber 2018). Zwar ignoriert das Statement die beschriebenen Schwellenwerte und die Eigendynamik des Klimawandels, aber selbst wenn uns diese zum Beispiel zu 6 Grad Erwärmung führen, wird es dennoch wichtig sein, ob wir auch 6,1 Grad reißen, solange Menschen auf der Erde leben.

Einzelbeispiele ermuntern: So ist es Dänemark gelungen, Wachstum und einen Anstieg der Energieintensität (vorläufig) zu *entkoppeln*, was nach Meinung der Postwachstumsökonomen unmöglich sein soll. 19 weitere Staaten haben dieses Ziel zeitweilig erreicht. Allerdings spielte dabei auch Atomenergie eine Rolle, wie sich am Beispiel Frankreichs zeigt. Saudi-Arabien geht bei der Installation erneuerbarer Energien voran und hat für 2030 das Ziel ausgegeben, seine Energie komplett aus Solarenergie zu decken (Alt 2018, 14). US-Milliardäre steigen entschieden in das Geschäft mit den erneuerbaren Energien ein, so hat der Milliardär Anschutz in Wyoming einen riesigen Windpark installiert. Ebenso wurde die Zahl der geplanten Kohlekraftwerke global deutlich nach unten korrigiert, und vielleicht gelingt es, aus bestehenden Planungen auszusteigen.

Indien hat sich das Ziel gesetzt, bis 2030 zu 40 Prozent auf erneuerbare Energien umzusteigen, und hat nach Paris ab 2022 keine neuen Kohlekraftwerke mehr geplant. Allerdings scheint dieser Weg intern umstritten zu sein (natur.de 2017). China hat im Jahr 2016 allein 300 Millionen Dollar in erneuerbare Energien investiert. Geplant sind zusätzlich bis 2020 340 Milliarden Dollar. Gerade die Solarenergie hat enorme jährliche Zuwachsraten, der jährliche Zuwachs der installierten Kapazität beträgt derzeit 38 Prozent. Vielleicht lässt sich unsere gesamte Hoffnung am realistischsten in einem Satz ausdrücken: *Hoffentlich wird Solarstrom bald flächendeckend billiger als Kohlestrom.*

Auch in der Finanzwelt gibt es Bewegung. Bis zum März 2017 haben 700 Institutionen, die insgesamt 5,46 Billionen Dollar schwer sind, ihre Anteile an fossilen Brennstoffindustrien verkauft. Das erzeugt wirtschaftlichen Druck auf das fossile Imperium und auch auf die Politik, immer weiter auszusteigen. Hoffnung kommt auch aus den Gerichtssälen dieser Welt: 133 Städte und Staaten in den USA haben derzeit Prozesse gegen fossile Unternehmen eingeleitet. Berühmt ist mittlerweile der peruanische Bauer, der RWE verklagte. Einer, der auszog, um die Welt zu retten, und der quasi mit Greta Goliath entgegensegelt. Diese Klage war erfolgreich, nur der genaue Anteil von RWE am Schicksal des Bauern und daraus resultierend die Entschädigungshöhe sind noch zu bestimmen. Das hat also funktioniert, und hat der Weg weiter Erfolg, müssen die Konzerne viel höhere Rückstellungen für Entschädigungen einplanen, was manchen fossilen Reibach zunichtemachen dürfte. Das sind deutliche Hinweise für eine *Energiewende von unten*, die zwar auch an Grenzen stoßen könnte, etwa an das »grüne Paradoxon«, aber sie ist zweifelsfrei ein Hoffnungsträger. Auch die *öffentliche Stimmung* ist zumindest in Europa ermutigend, nicht zuletzt seit dem Auftritt der »Fridays for Future«-Bewegung.

Fazit: Wir haben noch Optionen, auch wenn deren Zahl schrumpft. Leider naht keine Rettung aus dem Weltall, und ein strahlender Held der großen Transformation, der uns retten wird, konnte nicht gefunden werden. Daher können nur wir selbst, die Einsichtigen, die Helden der Transformation sein und diese auf allen drei Ebenen, die wir betrachtet haben, vorantreiben. Immerhin haben wir im Laufe des Buches einige neue Waffen dazu an die Hand bekommen und wissen vielleicht, wie wir uns besser wehren können. Auch wenn uns die Rolle des Helden der großen Transformation als zu groß erscheint, was bleibt uns anderes übrig?

Literatur

acatech (2012): acatech DISKUSSION, *Biotechnologie-Kommunikation,* unter:
www.acatech.de/fileadmin/../de/../acatech_DISKUSSION_Bio_Kom_
WEB.pdf (abgerufen am 25.02.2020).

Agora (2018): Agora Energiewende und Öko-Institut (2018): *Vom Wasserbett
zur Badewanne. Die Auswirkungen der EU-Emissionshandelsreform 2018
auf CO_2-Preis, Kohleausstieg und den Ausbau von Erneuerbaren*, unter:
https://www.agora-energiewende.de/fileadmin2/Projekte/2018/Reform_
des_Europaeischen_Emissionshandels_2018/Agora_Energiewende_Vom_
Wasserbett_zur_Badewanne_WEB.pdf (abgerufen am 25.02.2020).

Allen, M. (2013): »Why I think we're wasting billions on global warming, by
top British climate scientist«, in: *Mail Online*, unter: https://www.dailymail.
co.uk/news/article-2331057/Why-I-think-wasting-billions-global-
warming-British-climate-scientist.html (abgerufen am 25.02.2020).

Alt, F. (2018): *Lust auf Zukunft*, München.

Attfield, R. (1999): *The Ethics of the Global Environment*, Edinburgh.

Bayerischer Rundfunk (2017): »Mit Hightech den Klimawandel stoppen?«,
unter: https://www.br.de/wissen/geoengineering-climateengineering-
wettermanipulation-klimawandel-100.html (abgerufen am 25.02.2020).

Beauchamp, T. (2005): »Who deserves autonomy Autonomy deserves
respect?«, in: Taylor, J. S. (ed.): *Personal Autonomy*, Cambridge, 310–330.

Becht, M., und E. Böhmer (2003): »Voting Control in German Corporations«,
in: *International Review of Law and Economics*, 23(1), 1–29.

Beckmann, L. (2008): »Democratic Inclusion, Law, and Causes«, in: *Ratio
Juris* 21(3), 348–364.

Birnbacher, D. (2014): »Ein Weltgerichtshof für die Zukunft«, in: Gesang, B.
(Hg.): *Kann Demokratie Nachhaltigkeit?* Wiesbaden, 111–123.

Böll-Stiftung (2019): »FAQs zu 1,5 °C und Geo-Engineering«, unter:
https://www.boell.de/de/2018/09/11/faq-15-grad-ziel-geo-engineering?
dimension1=ds_radicalrealism#7 (abgerufen am 25.02.2020).

Bonoli, G., und S. Häusermann (2009): »Who wants what from the welfare
state? Socio-structural cleavages in distributional politics: evidence from
Swiss referendum votes«, in: Tremmel, J. (Hg.): *A Young Generation under
Pressure? The Financial Situation and the »Rush Hour« of the Cohorts 1970–
1985 in a Generational Comparison*, Berlin, 201.

Brennan, J. (2017): *Gegen Demokratie*, Berlin.

Briggs, R. (2016): »Normative theories of rational choice: expected utility«, in: *Stanford Encyclopedia of Philosophy* (Winter 2016 Edition), E. N. Zalta (ed.), unter: https://plato.stanford.edu/entries/rationality-normative-utility/ (abgerufen am 25.02.2020).

Budolfson, M. (2019): »The Inefficacy Objection to Consequentialism and the Problem with the Expected Consequences Response«. *Philosophical Studies*, Vol. 176, Issue 7, 1711–1724.

Budolfson, M., und D. Spears (2019): »The Hidden Zero Problem: Effective Altruism and Barriers to Marginal Impact«, in: Greaves, H., und T. Pummer, (ed.): *Effective Altruism*, Oxford, 184–201.

Buhl, J., et al. (2017): »How much environment do humans need?«, in: *Ressources*, 6(4), 67.

Bullock, S. M., et al. (2009): »A dangerous distraction: Why offsetting is failing the climate and the people: the evidence«, in: *Friends of the Earth*, London.

BUND/Misereor et al. (Hg.) (1998): *Zukunftsfähiges Deutschland*, Basel.

Caldeira, R., und D. Keith (2010): »The Need for Climate Engineering Research«, in: *Issues in Science and Technology* 27, 57–62.

Clare, A., et al. (2013): *An evaluation of alternative equity indices-part 1: Heuristic and optimised weighting schemes*, unter: https://www.cass.city.ac.uk/__data/assets/pdf_file/0007/353842/evaluation-alternative-equity-indices-part-1-cass-knowledge.pdf (abgerufen am 25.02.2020).

Clark, A., et al. (2008): »Relative income, happiness, and utility: An explanation for the Easterlin paradox and other puzzles«, in: *Journal of Economic Literature* 46 (1), 95–144.

Cox, P. M., et al. (2000): »Acceleration of Global Warming Due to Carbon-Cycle Feedbacks in a Coupled Climate Model«, in: *Nature* 408, 184–187.

Creutzig, F., et al. (2017): »The underestimated potential of solar energy to mitigate climate change«, in: *Nature Energy* 2, 17140.

Cripps, E. (2016): »On *Climate Matters*: Offsetting, Population, and Justice«, in: *Midwest Studies In Philosophy, XL*, 114–128.

Dahl, R. A. (1971): *Polyarchy: participation and opposition*, New York.

Della Mirandola, P. (1990): *Über die Würde des Menschen*, Hamburg.

DGCN et al. (2012): Deutsches Global Compact Network (*DGCN*) et al. (2012): *Menschenrechte achten: Ein Leitfaden für Unternehmen*, unter: https://www.globalcompact.de/wAssets/docs/Menschenrechte/menschenrechte achten_130109_download.pdf (abgerufen am 25.02.2020).

Diener, E., und M. E. P. Seligman (2004): »Beyond Money«, in: *Psychological Science in the Public Interest* 5(1), 1–31.

Ditfurth, H. v. (1985): *So lasst uns denn ein Apfelbäumchen pflanzen. Es ist soweit*, Hamburg.

Dörner, D., und F. Reither (1978): »Über das Problemlösen in sehr komplexen Realitätsbereichen«, in: *Zeitschrift für experimentelle und angewandte Psychologie* XXV(4), 527–551.

Downs, A. (1957): *An Economic Theory of Democracy*, New York.

Dyck, A. J. (1977): »An Ethical Analysis of Population Policy Alternatives«, in: *The Monist*, 60 (1), 29–46.

Edenhofer, O., et al. (2010): *Global aber gerecht*, München.

Edenhofer, O., und M. Jakob (2017): *Klimapolitik*, München.

Ehrenfeld, D. (1992): »Warum soll man der biologischen Vielfalt einen Wert beimessen?«, in: Wilson, E. O. (Hg.): *Ende der biologischen Vielfalt?* Heidelberg, 235–239.

European Commission (o. D.): *The common agricultural policy at a glance*, unter: https://ec.europa.eu/info/food-farming-fisheries/key-policies/common-agricultural-policy/cap-glance (abgerufen am 25.02.2020).

European Parliament 2011: *DIRECTORATE-GENERAL FOR EXTERNAL POLICIES OF THE UNION, DIRECTORATE B, POLICY DEPARTMENT STUDY: ACCESS TO ENERGY IN DEVELOPING COUNTRIES*, unter: https://www.ecologic.eu/sites/files/project/2013/dreblow_2011_accesstoenergy.pdf (abgerufen am 25.02.2020).

Faden, R. R., und T. L. Beauchamp (1986): *A history and theory of informed consent*, Oxford.

FDP (2019): *Europas Chancen nutzen. Das Programm der Freien Demokraten zur Europawahl 2019*, unter: https://www.fdp.de/sites/default/files/uploads/2019/04/30/fdp-europa-wahlprogramm-a5.pdf (abgerufen am 25.02.2020).

Felber, C. (2014): *Geld. Die neuen Spielregeln*, Wien.

Felber, C. (2018): *Gemeinwohl-Ökonomie*, München.

Finus, M., et al. (2006): »Stability of climate coalitions in a cartel formation game«, in: *Economics of Governance* 7, 271–291.

Focus (2018): »Bericht: Zehntausend Hitzetote in Deutschland im Rekordsommer 2018«, unter: https://www.focus.de/wissen/klima/sprunghafter-anstieg-bericht-zehntausend-hitzetote-in-deutschland-im-rekordsommer-2018_id_10993639.html (abgerufen am 25.02.2020).

Forum nachhaltige Geldanlagen (2015): *Marktbericht nachhaltige Geldanlagen*, unter: https://www.forum-ng.org/de/aktuelles/aktivitaeten/aktivitaeten/752-marktbericht-nachhaltige-geldanlagen-2015-deutschland-oesterreich-und-die-schweiz.html (abgerufen am 25.02.2020).

Fraenkel, E. (1991): *Deutschland und die westlichen Demokratien*, Frankfurt a. M.

Friedlingstein, P., et al. (2006): »Climate – carbon cycle feedback analysis: results from the C4MIP model intercomparison«, in: *Journal of Climate* 19(14), 3337–3353.

Friedlingstein, P., et al. (2014): »Uncertainties in CMIP5 Climate Projections due to Carbon Cycle Feedbacks«, in: *Journal of Climate* 27, 511–526.

Fülöp, S. (2014): »Die Rechte, Pflichten und Tätigkeiten des ungarischen Parlamentsbeauftragten für zukünftige Generationen«, in: Gesang, B. (Hg.): *Kann Demokratie Nachhaltigkeit?* Wiesbaden, 67–84.

Gardiner, S. (2011): *A perfect Moral Storm*, Oxford.

Gardiner, S. (2015): »Geo-Engineering«, in: Kallhoff, A. (Hg.): *Klimagerechtigkeit und Klimaethik*, Berlin.

Geißler, H. (2012): *Sapere Aude! Warum wir eine neue Aufklärung brauchen*, Berlin.

Gesang, B. (2003): *Eine Verteidigung des Utilitarismus*, Stuttgart.

Gesang, B. (2011): *Klimaethik*, Berlin.

Gesang, B. (2016): *Wirtschaftsethik und Menschenrechte*, Tübingen.

Gesang, B. (2017a): *Darf ich das oder muss ich sogar?* München.

Gesang, B. (2017b): »Climate Change: Do I make a difference?«, in: *Environmental Ethics* 39, 3–19.

Gesang, B. (2018): »Wie sollte eine Demokratie aussehen, die Nachhaltigkeit kann?«, in: Mannewitz T. (Hg.): *Die Demokratie und ihre Defekte*, Wiesbaden.

Gesang, B., und M. Möller (2019): »Bioökonomie und Diskursanalyse«, Umweltbundesamt (Hg.), unter: https://www.umweltbundesamt.de/publikationen/biooekonomiekonzepte-diskursanalyse (abgerufen am 25.02.2020).

Gesang, B., und R. Ullrich (2020a): »To Buy or Not to Buy«, in: *Food Ethics*, 5:12.

Gesang, B. (2020b, im Entstehen): »Utilitarianism and Heuristics«, in: *Journal of Value Inquiry*.

Global Footprint Network (o. D.): »Measure what you treasure«, unter: https://www.footprintnetwork.org/ (abgerufen am 25.02.2020).

Goldstandard (o. D.): »A higher standard for a climate secure and sustainable world«, unter: https://www.goldstandard.org/ (abgerufen am 25.02.2020).

Goodin, R. (2007): »Enfranchising All Affected Interests, and Its Alternatives«, in: *Philosophy and Public Affairs* 35(1), 40–68.

Göpel, M. (2014): »Ombudspersonen für zukünftige Generationen: Diktatoren oder Bürgervertreter?«, in: Gesang, B. (Hg.): *Kann Demokratie Nachhaltigkeit?* Wiesbaden, 89–110.

Gosepath, S. (2004): *Gleiche Gerechtigkeit*, Frankfurt a. M.

Gottwald, F. T. (2015): »Irrweg Bioökonomie«, in: *Kritischer Agrarbericht* 2015.

Gottwald, F. T., und A. Krätzer (2014): *Irrweg Bioökonomie*, Berlin.

Greenpeace (o. D.): »Golden Rice«, unter: https://www.greenpeace.org/
archive-international/en/campaigns/agriculture/problem/Greenpeace-
and-Golden-Rice/ (abgerufen am 25.02.2020).

Gregory, J. M., et al. (2009): »Quantifying Carbon Cycle Feedbacks«, in:
Journal of Climate 22, 5232–5250.

Grossarth, J. (Hg.) (2019): *Future Food*, Darmstadt.

Grübler, A., et al. (2018): »A low energy demand scenario for meeting the
1.5C target and sustainable development goals without negative emission
technologies«, in: *Nature Energy* 3, 515–527.

Grüne Fraktion (o. D.): »Gentechnik«, unter: https://www.gruene-bundestag.
de/themen/gentechnik (abgerufen am 25.02.2020).

Haas, M. (2019): »Aussterben ist keine Lösung. Oder doch?«, in: *Süddeutsche
Zeitung Magazin*, unter: https://sz-magazin.sueddeutsche.de/die-loesung-
fuer-alles/birthstrike-blythe-pepino-gebaerstreik-87007 (abgerufen am
25.02.2020).

Haesler, N. (2019): »Mediencommuniqué vom 2. Juli 2019: Weg vom Öl:
Klima-›Marshallplan‹ für die Energiewende«, unter: https://www.sp-ps.ch/
de/publikationen/medienmitteilungen/weg-vom-ol-klima-marshallplan-
fur-die-energiewende (abgerufen am 25.02.2020).

Hansen, J. (2009): *Storms of my Grandchildren*, New York.

Hansen, J., et al. (2007): »Dangerous Human-Made Interference with Climate:
A Giss ModelE study«, in: *Atmospheric Chemistry and Physics* 7, 2287–2313.

Heindl, P., et al. (2014): »Ist die Energiewende sozial gerecht?«, in: *Wirtschafts-
dienst* 7, 508–514.

Heinkel, R., et al. (2001): »The Effect Of Green Investments on Corporate
Behavior«, in: *The Journal of Financial and Quantitative Analysis* 36 (4),
431–449.

Herberer, B. (2015): *Grüne Gentechnik: Hintergründe, Chancen und Risiken*,
Wiesbaden.

Hickey, C., et al. (2016): »Population Engineering and the Fight against
Climate Change«, in: *Social Theory and Practice* 42(4), 845–870.

Hiller A. (2011): »Climate Change and Individual Responsibility«, in:
The Monist 94, 349–368.

Höffe, O. (1999): *Demokratie im Zeitalter der Globalisierung*, München.

Hourdequin, M. (2011): »Climate Change and Individual Responsibility:
A Reply to Johnson«, in: *Environmental Values* 20, 157–162.

HRCA (2006): The Danish Institute for Human Rights (*HRCA*) (*2006): Index
Quick Check Version 1.1.4 – June 2006*, unter: https://hrca2.humanrights

business.org/docs/file/HRCA%20Quick%20Check_English.pdf (abgerufen am 25.02.2020).

Hume, D. (1955): *Eine Untersuchung über die Prinzipien der Moral*, Hamburg.

Hyams, K., und T. Fawcett (2013): »The Ethics of Carbon Offsetting«, in: *WIRES Climate Change* 4, 91–98.

IAASTD (2009): International Assessment of Agricultural Knowledge, Science and Technology for Development, *Synthesebericht Weltagrarbericht*, unter: https://www.weltagrarbericht.de/fileadmin/files/ weltagrarbericht/IAASTDBerichte/IAASTDSyntheseDeutsch.pdf (abgerufen am 25.02.2020).

Internationale Gesellschaft für Menschenrechte (o. D.): »Das Recht an Kindern hat der Staat, Ein-Kind-Politik in der Volksrepublik China«, unter: https://www.igfm.de/china-ein-kind-politik/ (abgerufen am 25.02.2020).

IPCC (2019): *Sonderbericht über Klimawandel und Landsysteme (SRCCL)*, unter: https://www.de-ipcc.de/media/content/Hauptaussagen_SRCCL.pdf (abgerufen am 25.02.2020).

Irmer, J. (2016): »Gentechnik mit ohne Gene?«, in: *Spektrum*, unter: https:// www.spektrum.de/news/gentechnik-mit-ohne-gene/1406368 (abgerufen am 25.02.2020).

Johnson, B. (2011): »The Possibility of a Joint Communique: My Response to Hourdequin«, in: *Environmental Values* 20, 147–156.

Jonas, H. (1985): *Das Prinzip Verantwortung*, Frankfurt a. M.

Kagan, S. (2011): »Do I Make a Difference?«, in: *Philosophy and Public Affairs* 39, 105–141.

Kahneman, D. (2012): *Schnelles Denken, langsames Denken*, New York.

Kant, I. (1983): *Werke in zehn Bänden*, hg. von Weischedel, W., Darmstadt.

Kemfert, C. (2013): *Kampf um Strom*, Hamburg.

Kemfert, C. (2017): *Das fossile Imperium schlägt zurück*, Hamburg.

Kerl, C. (2019): »EU-Kommissarin warnt vor Klimafolgen durch Streaming«, in: *Berliner Morgenpost*, unter: https://www.morgenpost.de/politik/ article227919595/EU-Kommissarin-warnt-vor-Klimafolgen-durch-Streaming.html (abgerufen am 25.02.2020).

Kielmansegg, P. v. (2013a): *Die Grammatik der Freiheit*, Baden-Baden.

Kielmansegg, P. v. (2013b): »Demokratische Legitimation«, in: Kube, H., et al. (Hg.): *Leitgedanken des Rechts,* 1. Bd., Heidelberg, 641–650.

Kitzes, J., et al. (2009): »A research agenda for improving national Ecological Footprint accounts«, in: *Ecological Economics* 68(7), 1991–2007.

Klingholz, R. (2014): *Sklaven des Wachstums – Geschichte einer Befreiung*, Frankfurt a. M.

Kolstad, I. (2012): »Human rights and positive corporate duties:
the importance of corporate-state interaction«, in: *Business Ethics:
A European Review* 21(3), 276–285.

Kukla, R. (2016): »Whose Job Is It to Fight Climate Change?«, in: *Social Theory
and Practice* 42(4), 871–878.

Kutschera, F. v. (1982): *Grundlagen der Ethik*, Berlin.

Kymlicka, W. (1997): *Politische Philosophie heute*, Darmstadt.

Lagerspetz, E. (2015): »Democracy and the all-affected principle«, in: *Res
Cogitans* 10, S. 6–23.

Lorenz, K. (1973): *Die Rückseite des Spiegels*, München.

Loske, R. (2014): »Zum Spannungsverhältnis von Freiheit und Ökologie«, in:
Ökologisches Wirtschaften 4, 8–9.

Lynas, M. (2008): *Six Degrees*, London.

MacAskill, W. (2016): *Gutes besser tun*, Berlin.

Maltais, A. (2013): »Radically Non-Ideal Climate Politics and the
Obligation to at Least Vote Green«, in: *Environmental Values* 22,
589–608.

Mari, F. (2014): »Exportsubventionen nach Afrika sind nicht abgeschafft!«,
in: *Brot für die Welt*, unter: https://info.brot-fuer-die-welt.de/blog/
exportsubventionen-afrika-sind-nicht-abgeschafft (abgerufen am
25.02.2020).

Marsden, P. (1998): »Memetics and Social Contagion: Two Sides of the Same
Coin?«, in: *Journal of Memetics: Evolutionary Models of Information
Transmission* 2(2), 171–185.

Matheny, G. (2002): »Expected Utility, Contributory Causation, and
Vegetarianism«, in: *Journal of Applied Philosophy* 19, 293–297.

Meadows, D., et al. (1972): *The Limits to Growth*, Washington.

Meyer, K. (2018): *Was schulden wir künftigen Generationen?* Stuttgart.

Mill, J. S. (2001): *Über die Freiheit*, Stuttgart.

Miller, R. W. (2012) »Rawls and Global Justice«, in: *The Philosophical Forum*
43(3), 297–309.

Myers, N., und J. Simon (1994): *Scarcity or Abundance*, New York.

natur.de (2017): »Setzt Indien doch weiter auf Kohle?«, unter:
https://www.wissenschaft.de/umwelt-natur/setzt-indien-doch-weiter-
auf-kohle/ (abgerufen am 23.05.2020).

Neff, B. (2019): »›Dann geht in Gottes Namen unter‹: Der Ökonom Niko
Paech hat radikale Ansichten darüber, wie die Welt zu retten ist – aber er
will niemanden zu seinem Glück zwingen«, in: *Neue Zürcher Zeitung*,
unter: https://www.nzz.ch/international/nico-paech-dann-geht-in-gottes-
namen-unter-ld.1518768 (abgerufen am 25.02.2020).

Nefsky, J. (2012): »Consequentialism and the Problem of Collective Harm: A Reply to Kagan«, in: *Philosophy and Public Affairs* 39, 364–395.

Nida-Rümelin, J. (2015): *Die Optimierungsfalle*, München.

Nozick, R. (2011): *Anarchie, Staat, Utopia*, München.

O'Rourke, D. (2012): *Shopping for good*, Cambridge (Mass.).

Ökosystem Erde (o. D.): »Bevölkerung und Gesundheit: Wie 10 Milliarden Menschen auf der Erde leben können«, unter: http://www.oekosystem-erde.de/html/zukunft-bevoelkerung.html (abgerufen am 25.02.2020).

Ott, H. (2014): »Den zukünftigen Generationen eine Stimme zu geben, bedeutet mehr Basis einzubinden, eine Basis, die sonst nicht gehört werden kann«, in: Gesang, B. (Hg.): *Kann Demokratie Nachhaltigkeit?* Wiesbaden, 85–89.

Ott, K. (2001): *Moralbegründungen*, Hamburg.

Ott, K. (2011): »Domains of climate Ethics«, in: *Jahrbuch für Wissenschaft und Ethik* 16, 95–115.

Pachauri, R. K., et al. (2014): *Climate Change 2014*, unter: https://www.ipcc.ch/site/assets/uploads/2018/05/SYR_AR5_FINAL_full_wcover.pdf (abgerufen am 22.05.2015).

Parfit, D. (1987): *Reasons and Persons*, Oxford.

Paschotta, R. (2017): »CO_2-Vermeidungskosten«, in: *Das RP-Energie-Lexikon*, unter: https://www.energie-lexikon.info/co2_vermeidungskosten.html (abgerufen am 25.02.2020).

Perry, R. B. (1967): *General Theory Of Value*, Cambridge (Mass.).

Platon (1986): *Sämtliche Werke*, hg. v. Otto, W. F., et al., 3. Bd., Reinbek.

Pogge, T. (2001): »Rawls on international Justice«, in: *The Philosophical Quaterly* 51 (203), 246–253.

Polman, L. (2008): *Die Mitleidsindustrie*, Freiburg.

Precht, R. D. (2010): *Die Kunst, kein Egoist zu sein*, München.

Rahmstorf, S., und H. J. Schellnhuber (2018): *Der Klimawandel*, München.

Raikkä, J. (2001): »Coercive population policies, procreative freedom, and morality«, in: *Philosophy & Geography* 4 (1), 67–77.

Rawls, J. (1993): *Eine Theorie der Gerechtigkeit*, Frankfurt a. M.

Rawls, J. (2002): *Das Recht der Völker*, Berlin, New York.

Rees, W. (2000): »Eco-footprint analysis: merits and brickbats«, in: *Ecological Economics* 32, 371–374.

Reichert, T. (2014): »Exportorientierung – Intervention – Exportsubventionen? EU-Kommission führt Subventionen für Butter und Milchpulverlager wieder ein – Folgen Exportsubventionen als nächster Schritt?«, in: *Germanwatch*, unter: https://germanwatch.org/de/9079 (abgerufen am 25.02 2020).

Reybrouck, D. v. (2013): *Gegen Wahlen*, Göttingen.

Rorty, R. (1989): *Kontingenz, Ironie und Solidarität*, Frankfurt a. M.

Royal Society (2009): The Royal Society, »Geoengineering the climate«, unter: https://royalsociety.org/~/media/Royal_Society_Content/policy/publications/2009/8693.pdf (abgerufen am 15.01.2016).

Rux, J. (1999): »Intertemporale Strukturprobleme der Demokratie«, in: Bertschi, M., et al. (Hg.): *Freiheit und Recht*, Stuttgart, 301–333.

Sagoff, M. (2014): »Review of Climate Matters: Ethics in a Warming World«, in: *Mind* 123, 194–197.

Sartori, G. (1975): »Demokratie als Elitenherrschaft«, in: Grube, F., und G. Richter (Hg.): *Demokratietheorien*, Hamburg, 67–75.

Scheer, D., und A. Renn (2016): »Klar ist nur die Unklarheit«, in: *Politische Ökologie* 120, 27–29.

Scheler, B. (2018, im Entstehen): *Der Business Case für Responsible Investments*, Dissertation, Mannheim.

Schellnhuber, J. (2018): »Was heute geschieht, gleich einem kollektiven Suizidversuch«, in: *Tagesspiegel Potsdamer Neueste Nachrichten*, unter: https://www.pnn.de/wissenschaft/potsdamer-klimaforscher-hans-joachim-schellnhuber-was-heute-geschieht-gleicht-einem-kollektiven-suizidversuch/22937968.html (abgerufen am 25.02.2020).

Schick, G. (2014): *Machtwirtschaft*, Frankfurt a. M., New York.

Schmidt, M. G. (2010): *Demokratietheorien*, Wiesbaden.

Schneidewind, U. (2018): *Die Große Transformation*, Frankfurt a. M.

Schons, L. M., und M. Steinmeier (2015): »Walk the Talk – How Symbolic and Substantive Corporate Social Responsibility Actions Affect Firms' Sustainable Financial Performance Depending on Stakeholder Proximity«, in: *Corporate Social Responsibility and Environmental Management* 26 (3), 358–372.

Schweitzer, A. (1960): *Kultur und Ethik*, München.

Seidler, C. (2017): »CO_2-Ausstoß legt 2017 wieder zu«, in: *Der Spiegel*, unter: https://www.spiegel.de/wissenschaft/mensch/globaler-co2-ausstoss-die-emissionen-steigen-weiter-a-1177404.html (abgerufen am 25.02.2020).

Singer, M. G. (1975): »Verallgemeinerung in der Ethik«, Frankfurt a. M.

Singer, P. (1980): »Utilitarianism and Vegetarianism«, in: *Philosophy and Public Affairs* 9, 325–337.

Singer, P. (2013): *Praktische Ethik*, Stuttgart.

Sinn, H.-W. (2009): *Das grüne Paradoxon*, Berlin.

Sinnott-Armstrong, W. (2005): »It's Not My Fault: Global Warming and Individual Moral Obligations«, in: Sinnott-Armstrong, W., und R. B.

Horwarth (Hg.): *Perspectives on Climate Change, Advances in the Economics of Environmental Resources*, Bd. 5, 285–307.

Smith, N. (2003): »Corporate Social Responsibility: Whether or How«, in: *California Management Review* 45 (4), 1–76.

Smith, V. L. (1976): »Experimental Economics: Induced Value Theory«, in: *The American Economic Revue* 66 (2), 274–279.

Solar Power Europe (2015): *Global Market Outlook For Solar Power 2015–2019*, unter: https://resources.solarbusinesshub.com/images/reports/104.pdf (abgerufen am 25.02.2020).

Spiekermann, K. (2014): »Buying Low, Flying High: Carbon Offsets and Partial Compliance«, in: *Political Studies* 62, 913–929.

SRU (2019): Sachverständigenrat für Umweltfragen: *Demokratisch regieren in ökologischen Grenzen – Zur Legitimation von Umweltpolitik, Sondergutachten,* unter: https://www.umweltrat.de/SharedDocs/Downloads/DE/ 02_Sondergutachten/2016_2020/2019_06_SG_Legitimation_von_ Umweltpolitik.pdf;jsessionid=D99659A66C98CE60B9A8C555FBF6D8B1.1_ cid331?__blob=publicationFile&v=13 (abgerufen am 25.02.2020).

Steffen, W., et al. (2015): »Sustainability. Planetary Boundaries: Guiding Human Development on a Changing Planet«, in: *Science* (New York, N. Y.) 347 (6223), 1259855.

Steigenberger, K. (2013): Wirtschaftskammer Österreich (Hg.): *Gemeinwohlökonomie am Prüfstand. Eine umfassende und kritische Analyse*, unter: https://news.wko.at/news/oesterreich/Dossier_2013-08_Gemeinwohl oekonomie.pdf#page=1&zoom=auto,-75,492 (abgerufen am 25.02.2020).

Stein, T. (1998): *Demokratie und Verfassung an den Grenzen des Wachstums*, Opladen.

Stein, T. (2014): »Zum Problem der Zukunftsfähigkeit der Demokratie«, in: Gesang, B. (Hg.): *Kann Demokratie Nachhaltigkeit?* Wiesbaden, 47–66.

Stelzer, H. (2015): »Climate Engineering«, in: Kallhoff, A. (Hg.): *Klimagerechtigkeit und Klimaethik*, Berlin.

Stern, N. (2009): *The Global Deal*, New York.

Streit, B. (2007): *Was ist Biodiversität?* München.

Sunstein, C. R., und R. H. Thaler (2008): *Nudge: Improving Decisions about Health, Wealth, and Happiness,* New Haven.

Thompson, D. F. (2010): »Representing Future Generations: Political Presentism and Democratic Trusteeship, Democracy, Equality, and Justice«, in: *Critical Review of International Social and Political Philosophy* 13 (1), 17–37.

Traufetter, G. (2010): »Kopenhagener Klimagipfel: USA und China verbrüderten sich gegen Europa«, in: *Spiegel Online*, unter: http://www.spiegel.de/ wissenschaft/mensch/0,1518,733230,00.html (abgerufen am 25.02.2020).

Tremmel, J. (2012): *Eine Theorie der Generationengerechtigkeit*, Münster.

UBA (2015): *Globale Landflächen und Biomasse nachhaltig und ressourcenschonend nutzen, Positionspapier des Umweltbundesamtes,* unter: https://www.umweltbundesamt.de/sites/default/files/medien/479/publikationen/globale_landflaechen_und_biomasse_kurz_deutsch_bf.pdf (abgerufen am 25.02.2020).

UBA (2019a): »Der Europäische Emissionshandel«, unter: https://www.umweltbundesamt.de/daten/klima/der-europaeische-emissionshandel #textpart-1 (abgerufen am 25.02.2020).

UBA (2019b): »Bioökonomie und Diskursanalyse«, hg. v. Umweltbundesamt, unter: https://www.umweltbundesamt.de/publikationen/bioockonomie konzepte-diskursanalyse (abgerufen am 25.02.2020).

UBA (2020, im Entstehen): Einordnung der Bioökonomie in den umweltpolitischen Kontext hier: Ableitung konkreter Anforderungen an eine nachhaltige Bioökonomie aus ausgewählten SDGs (AP4).

USGCRP (2017): »U.S. Global Change Research Program«, in: *Climate Special Report: Fourth National Climate Assessment*, Volume I, unter: https://nca2018.globalchange.gov/downloads/NCA4_2018_FullReport.pdf (abgerufen am 25.02.2020).

Vollmer, G. (2010): »Interdisziplinarität – unerlässlich, aber leider unmöglich?«, in: Jungert, M., et al. (Hg.): *Interdisziplinarität*, Darmstadt, 47–76.

WBGU (2008): Wissenschaftlicher Beirat der Bundesregierung Globale Umweltveränderungen: *Welt im Wandel. Zukunftsfähige Bioenergie und nachhaltige Landnutzung*, unter: https://www.wbgu.de/fileadmin/user_ upload/wbgu/publikationen/hauptgutachten/hg2008/pdf/wbgu_jg2008. pdf (abgerufen am 25.02.2020).

WBGU (2011): Wissenschaftlicher Beirat der Bundesregierung Globale Umweltveränderungen: *Hauptgutachten Welt im Wandel: Gesellschaftsvertrag für eine Große Transformation*, unter: https://issuu.com/wbgu/docs/wbgu_ jg2011?e=37591641/69400318 (abgerufen am 25.02.2020).

Weimann, J. (2009): *Die Klimapolitik-Katastrophe*, Marburg.

Weimann, J. (2012): »Atomausstieg und Energiewende: Wie sinnvoll ist der deutsche Alleingang?«, in: *ENERGIEWIRTSCHAFTLICHE TAGESFRAGEN* 62,12, 34–38.

Weizsäcker, E. U. v. (2000): »Shareholder-Value-Mentalität und Umweltmüdigkeit«, in: *Frankfurter Rundschau* vom 8.8.2000.

Weizsäcker, E. U. v., et al. (2010): *Faktor Fünf*, München.

Weizsäcker, E. U. v., et al. (2017): *Wir sind dran*, München.

Welt (2019): »Grünen-Chefin will CO$_2$-Bremse in die Verfassung schreiben«, in: *Die Welt*, unter: https://www.welt.de/politik/article193137445/Klimapolitik-Gruenen-Chefin-will-CO2-Bremse-in-die-Verfassung-schreiben.html (abgerufen am 25.02.2020).

Whelan, F. (1983): »Prologue: Democratic Theory and The Boundary Problem«, in: Pennock, R. J., und J. W. Chapman (ed.): *Liberal Democracy*, New York, 13–47.

Wikipedia, »Welthunger« (o. D.), unter: https://de.wikipedia.org/wiki/Welthunger (abgerufen am 25.02.2020).

Winter, T. v. (1995): »Interessenverbände im gesellschaftlichen Wandel«, in: Jäger, T., und D. Hoffmann (Hg.): *Demokratie in der Krise? Zukunft der Demokratie*, Opladen, 145–168.

Wissenburg, M. (1998): »The Rapid Reproducers Paradox: Population Control and Individual Procreative Rights«, in: *Environmental Politics* 7, 86–97.

World Bank (2011): *State and trends of the carbon market 2011*, Washington, D. C.

Zanetti, V. (2017): »Hilfspflicht angesichts globaler Armut? Rawls' Vertragstheorie zwischen Völkern«, in: Bleisch, B., und P. Schaber (Hg.): *Weltarmut und Ethik*, Münster.